ちくま新書

朝鮮思想全史

小倉紀蔵
Ogura Kizo

1292

朝鮮思想全史【目次】

第三章　高句麗・百済・新羅　049

第五章 朝鮮時代Ⅰ——朱子学(性理学) 127

第十章　大韓民国　377

凡例

†引用文は一字アタマ下げにした。引用文の訳は、特に注記がない場合、すべて筆者による。

†人名・地名などの固有名詞の漢字は新漢字を使用したが、新漢字の表記だとまぎらわしい場合には、旧漢字（正字）を使用した。斉、齋、斎、齊や弁、辯、辨、瓣など。

†人名の表記は「姓＋名」あるいは「姓＋号」あるいは「水雲・崔済愚」などのように表記した。この場合、「水雲」が号で、「崔」が姓で、「済愚」が名である。朝鮮の人名は、特に近代以前の場合、号と名のどちらかで表記されたり語られたりすることが多いので、号だけ、名だけの表記だと誰を指すのか不分明な場合がある。その場合、「号・姓名」のセットで人名を表記することにした。だが多くの場合は、「姓＋名」あるいは「姓＋号」で表記した。

†多くの人物が複数の号を持っているが、本書ではそのうちの代表的なものだけを記載した。代表的な号が複数ある場合には、それらを記載した。

†人物の生没年・号・本貫は、その人物を重点的に述べる箇所で記載した。

†人名に＊が付いているものは、近代以降の研究者の名前である。たとえば新羅時代の思想家の説明のなかに＊の付いている人名が出てきたときは、これは新羅時代の人物ではなく、近代以降にこの新羅の思想家に関して研究した人物である。同一人物でも、思想家として言及するときには＊は付いていないが、研究者として言及するときには＊が付いている場合がある。

はじめに

本書は、著者（小倉）による朝鮮思想に対する解釈を中心に書いたというよりは、できるだけ著者個人の解釈は排除し、客観的な事実および韓国などの学界における定説を中心にして叙述した。

その理由は以下のとおりである。

わたしは、日本において朝鮮思想への関心や研究があまりにも低調な理由のひとつに、大学の学部生レベルの人たちが読むべき適当な思想史の入門書がないということがあると思っている。韓国の本の翻訳書はいくつかあるが、どれも初歩者にとってとっつきやすいものではない。朝鮮思想に対してあらかじめなんの知識もない人が、あるていどの客観的知識を身につけることができる平易な入門書が、どうしても必要なのである。本書はそのような意図のもと、できるだけ著者の自説を展開せず、客観的な記述を旨とした。コンパクトな器のなかに、朝鮮思想の全体図を俯瞰して見渡すことができる内容を盛ったということができる。

ただ随所において、著者自身の問題関心や独自の解釈が前面に出る部分はある(たとえば第一章で語る「朝鮮思想史の特徴」などは、わたし独自の朝鮮思想への視座である)。また、定説ではないが韓国や北朝鮮で唱えられている重要な「異なる観点」についても、随所で述べている。それらの叙述に関してはできるだけ、「これは著者の考えであるが」とか「最近韓国ではこの問題に関して以下のような異論がある」などという表現で、明確に表記してある。したがって読者は、叙述内容のうち、どの部分が韓国などでふつうに受け容れられている説であり、どの部分がそうでない異論や新解釈であるのかをはっきりと区別して知ることができるであろう。

*

この本は新書という小さな形式だが、その器にふさわしくないほど、できるだけ多くの原典からの引用を載せることにした。理由は明確である。日本の読者にただでさえ身近でない朝鮮・韓国の思想を理解していただくためには、わかりやすい解説も大切だが、できるだけ原文に触れていただき、朝鮮・韓国思想の生の息づかい、律動、声と交流することが近道だと確信するからである。もちろん原文そのままではなく日本語に翻訳された文ではあるが、それでも、解説のみの本文だけでは味わえない思想の世界をかいま見ることはできるだろう。小さな小さなソースブック(第一次原典集)の役割を本書が果たしてくれれば、と思う次第である。

第一章　朝鮮思想史総論

1　「朝鮮」の思想史ということ

†朝鮮とは

「朝鮮民族」という固有の実体があるわけではない。特に朝鮮半島の北部は中国東北地方とつながっているので、この地域を移動しつつ生活していた人びとの民族的分類を精密に行うことはほぼ不可能である。政治的な認識では、たとえば高句麗は朝鮮民族の国家であり、契丹や遼は朝鮮民族ではなくツングース系の民族だとされるが、その根拠も実は明確ではない。渤海も同断である。そもそも「朝鮮民族」という概念が近代にできたものであるからである。

また「朝鮮民族」をいかに定義しようとも、その民族が歴史的に朝鮮半島にだけ住んでいたのではない。さらに、現代の朝鮮半島で使われている朝鮮語という言語がいつ、どの空間において、どのように使われていたのかについては、よくわかっていない部分が多い。

このように、「朝鮮」という固有名詞で語られる対象は、曖昧性を持っている。

なお、現在の大韓民国では、「朝鮮」という固有名詞を嫌悪し、「韓国」という固有名詞を通時的に使用している。つまり、「紀元前三世紀の韓国では」とか、「六世紀の韓国において」などという表現がまったく問題なく使われている。網野善彦*のいうように、「日本という国号が成立する前のこの列島に関する叙述には日本という固有名詞を使うべきでない」という認識からいえば、「紀元前三世紀の日本」という言い方が間違いであるのと同じく、「紀元前三世紀の韓国」という表現は間違いである。しかし、大韓民国においてはまさに「韓国」という固有名詞が、「大韓民国」と、「韓半島（朝鮮半島）という地域、およびそこに歴史上存在してきた国家群の総称」の両方を明確に指すので、網野善彦*的な疑義が韓国社会で呈されることはない。

ただ、檀君神話に出てくる桓因・桓雄の桓の字（現代朝鮮語の音は「hwan」）を「ハン(han)」の当て字だとして、古代に「ハン民族」「ハン国家」が存在したという主張が韓国にはある（古代の三つの韓《ハン》国にその痕跡がある）。「ハン」は大、ひとつ、王などの意味にもなる。モンゴルの「ハーン」と同系統の語である。この場合、現代の「韓国」（音は「han guk」）も「ハン国」の意であり、古代から連綿とつづくひとつの民族の国家であるという主張になる。この場合には、「紀元前三世紀のハン国（＝韓国）」「九世紀のハン国（＝韓国）」などという表現に問題はないといえるかもしれない。

†朝鮮の呼称

伝統的には、朝鮮を呼称する名はいくつもあった。それらのいくつかは美称であり、現在でも稀に文筆家によって使われることがある。たとえば以下のとおり。「東国」および「海東」(中国の東側にあるという位置的な認識による呼称)。「槿域」(むくげの花を朝鮮の象徴とする美称)。「鶏林」(新羅の別称であるが、朝鮮全体のことを指す場合もあった)。「青邱」ないし「青丘」(朝鮮の古称)。「倍達」(朝鮮民族の別称)。

なお本書では「朝鮮」という固有名詞を使っているが、これはもちろん「朝鮮民主主義人民共和国(北朝鮮)」のことではない。韓国を排除するものでももちろんない。

2　朝鮮思想史の特徴

†革命か、ブリコラージュか

日本文化が、外部から到来する文化に対してブリコラージュ(修繕)的な包摂法を取る傾向が強い、というのは松岡正剛*の説だが、同じことは日本思想史においても語れるであろう。だが朝鮮の場合はこれと異なり、外部から到来した思想が、既存のシステムの全面的な改変を推進するという著しい傾向がある。

高麗時代には仏教によって社会を徹底的に変革したし、次の朝鮮時代には朱子学によって社会は革命的に変化した。現在の朝鮮民主主義人民共和国も、共産主義という思想によって社会の全面的改変が行われた。もちろん思想の多様性はそれぞれの時代に保たれていた。つまり高麗時代は仏教一辺倒ではなかったし、朝鮮時代の思想は儒教だけではなかった。その意味で、西洋のキリスト教的思想統制とは明らかに異なる。だが、東アジアにおける中国や日本と比較してみると、朝鮮における「思想の革命的な政治的役割」の大きさは際立っているといってよい。

†純粋性・ハイブリッド性・情報・生命・霊性

本書の叙述に際しては、できるだけ著者独自の観点を抑えるようにはしたが、やはりわたし(小倉)の著作である以上、わたしの観点が介在せざるをえない。一地域の思想史を書くのに独自の視点がまったく不在であるということはできない。

わたしが本書を執筆する際に念頭に置いたのは、純粋性、ハイブリッド性、情報、生命、霊性という五つのキイワードである(あくまでも念頭に置いたのであって、これらが主旋律となっているわけではない）。

朝鮮思想史を概観するとよくわかることだが、思想の純粋性をめぐる激烈な闘争が、この地域ではたびたび、それもかなり長い期間、展開された。この点は、日本思想史との明確な違いであり、中国思想史とすらはっきりと異なる点である。純粋性を保持しようとする陣営は、他陣営を不純な思想保持者として批判し、糾弾し、弾圧もするから、朝鮮の思想史はひとことでいって純粋性をめぐる闘争史であるといってよい。この「闘争」という語は現実的な意味でもある。というのは、思想の内容と政治的立場が一致し、思想闘争は政治闘争と直結するからである。朝鮮時代の儒教や、解放後の韓国と北朝鮮のイデオロギーに、その様相の典型を見ることができる。

思想の純粋性は、権力だけではなく権威とも結びついている。たとえば朝鮮時代の儒教は、中国の朱子学を最高権威として論争が展開されたため、朝鮮オリジナルな思想を開発するという方向性ではなく、朱子学にどれだけ忠実であるかをめぐって争うことが主流となった。このことをとらえて併合植民地時代の高橋亨《たかはしとおる》*などは、「朝鮮思想の独創性の欠如、中国への従属性」を唱えることとなった。だが、朝鮮思想の性格を単に「独創性の欠如」に還元するのでは、この地域における思想的営為の本質を理解できない。

むしろ朝鮮の地政学的条件を強く念頭に置くと、朝鮮の思想が純粋性を追求したことは、安全保障上の意味を強く持ったことが理解できる。中国（その他の外国勢力）に武力で対抗するのではなく、思想の純粋性によって中国（その他の外国勢力）より優位に立とうとする戦略である。

また、日本で好まれる「日本特殊論」の盲点は、朝鮮の純粋性という緩衝帯がなければ、つまり日本がもし中国と踵を接していたならば、はたして日本の「特殊性」は成り立ちえたか、という点に無関心であることである。この点は柄谷行人*が自覚的に論じている（『日本精神分析』）。わたしも『創造する東アジア——文明・文化・ニヒリズム』という著作で重点的にこの問題を論じた。朝鮮の思想的純粋性は、中国および日本との関係性を考慮するとき、はじめてその意味を理解できるのである。

さらに重要なのは、朝鮮における思想の純粋性の追求の対抗軸には、「不純性」が確固として存在するということである。その「不純性」は、朱子学（支配側）に対する西学や陽明学という「別の思想体系」であったり、あるいは三教（儒・仏・道）ないし四教（三教＋シャーマニズム）合一というような渾然一体型の「ハイブリッド思想」であったりする。「ハイブリッド思想」は新羅の風流思想を最後にして、表面上は国家の主流思想にはなりえなかったが、実は陰に陽に朝鮮主流思想の純粋志向性を脅かしてきた。

支配層側が思想の純粋性を追求するとき、さまざまな形で思想の統制が行われる。外部から流入する思想を遮断するということも、朝鮮では頻繁に行われた。すなわち情報のコントロールである。

朝鮮では、他の地域で情報の動きが加速化する時期に、逆に情報の動きに制動をかけるということがたびたびあった。たとえば十六世紀後半に西洋から思想・文物が東アジアに大量に流入したとき、日本ではキリシタン大名が出たり南蛮文化が流行したりした。しかしこの時期、朝鮮の支配層は情報を統制し、思想の純粋性を守った。朝鮮最初のカトリック信者は、十八世紀後半にようやく出現している。十九世紀後半に西洋近代の思想・文物が中国や日本に大量に流入したときにも、朝鮮では「衛正斥邪《えいせいせきじゃ》（正しい儒教を守り、間違った西洋思想・文物を排斥する）」運動によって「洋倭（野蛮な西洋と日本）」の侵入を遮断しようとした。これらは、思想の純粋性を守るための実践である。現在の北朝鮮が自らの体制とチュチェ（主体）思想を守るために外部からの情報を統制している（遮断ではない）のも、同じ理由である。

ただ、情報の遮断や統制だけが行われてきたわけではもちろんない。十八世紀に支配層が西洋思想・宗教の流入を統制・遮断していたときも、それに対抗して西学を研究した学派があった。朱子学が支配するなかで陽明学を信じる学派もあった。学者は従順ではなく、抵抗と自主の伝統が強くあった。しかしそれらは結局、傍流であったり秘密の学統であったりした。

だがやがて、支配層側の「思想の純粋性を守る」という行為が、自国や自民族の安全や生存を保障するという正の回路からはずれる転回点がやってくる。このことに気づかぬ場合、情報の統制・遮断によって思想の純粋性を死守しようという動きが、負の回路に変わる。このときに出てくるのが、生命の思想である。もはや共同体の生命を維持できなくなった純粋思想を打ち捨て、情報の流入を全開状態に近くして新しい生命の維持・進展を模索する。このフェーズに突入したときの朝鮮は、実にダイナミックに変貌する。歴史上、高麗の仏教から朝鮮の儒教へと大転回したときや、朝鮮時代末期に新しい宗教的霊性が全開状態になったときや、大韓帝国時代から併合植民地時代に近代思想が大流入したときや、現代韓国における民主化の大波動などにおいて、そのような霊性的躍動性を見ることができる。それらは速度ではなく加速度の時代である。「霊性的加速度の時代」といってもよい。ただ、併合植民地時代の大変革は日本という邪悪な支配者を媒介して行われたため、現在の韓国でも北朝鮮でも、その思想的・霊性的意味をまったく直視しえていない。朝鮮民族にとって、残念なことである。

以上をまとめるならば、朝鮮思想史に特徴的な変化法則は、以下のとおりである。

まず、自国の安全保障上の理由や統治権力の安定性という理由により、朝鮮では思想の純粋性が追求される傾向が著しく強い。ただしこれには「別の思想体系」や「ハイブリッド志向」という対抗軸がある。思想が純粋性の獲得をめざして運動している時期は、きわめて躍動的な社会が実現される。この純粋な思想によって統治がなされ、国家や共同体の成員の生命が維持され、充実している時期は、継続して純粋性が追求される。この時期には情報が統制される。だが、ある時点を境にして、純粋な思想の現実的効力が失われはじめると、統治権力の意志によって、情報の遮断など負の回転が始まり、思想の純粋性を死守しようという運動が、国家や共同体の成員の生命を劣化させる。生命の劣化が極度に進むと、あるとき電撃的・革命的に新しい思想が導入されたり発明されたりし、情報の流入・混淆は奔流のように進行し、それとともに社会の霊性的躍動性（加速度）が一気に高まる。そして新しい思想による新しい生命が社会を果敢に変革していく。

朝鮮思想史には、躍動性と静態性の両方がある。そのどちらかのみを本質として認識してはならないのである。

†朝鮮的霊性のネットワーク

朝鮮思想の純粋志向性とそれに対する対抗は、運動として理解されなければならない。そしてこれは、霊性と呼ぶべき精神性と、強く結びついている。

純粋性を獲得しようと運動しているときも、純粋性を維持しているときも、純粋性が頽落していく過程でも、朝鮮の思想は著しい霊性を帯びる。たとえば、純粋性が頽落するとは、その思想によって営まれる生命が劣化することを意味しているが、朝鮮では、そのような局面においても、思想は朽ち果てることなく、霊的な力を発揮する。国家や共同体の成員の肉体的生命を超える霊性が、思想の炎のように燃え上がる。「あらゆる思想は、人間の肉体的生命の保全のために機能すべきだ」という考え方から見れば、生命を営めず、守れない思想などに一片の価値もないであろう。しかし、思想とはそのようなものではない。個々の肉体的生命を超える思想というものがあるのである。

鈴木大拙が「日本的霊性」を語ったことに範を取り、これを「朝鮮的霊性」と呼んでもよいであろう。

知性でも理性でも感性でも説明できない精神の現象というものがある。霊性という言葉でしか説明できない精神現象である。たとえば、第七章でも言及するが、十九世紀に慶州で東学を創始した崔済愚《チェジェウ》は、新羅の元暁《ウォニョ》（七世紀）の和諍の論理「不然・大然」と似た哲学を披瀝し、また新羅の花郎《ファラン》の影響を受けたであろう剣舞を重要視した。さらに、天の心と人の心は同じだとして「侍天主」を重視する崔済愚の思想は、敬天・畏天・事天を重要視して天人合一の道を追求した安東（慶州と同じく嶺南＝慶尚道）の李退渓《イテゲ》（十六世紀）と酷似している。実際、崔済愚の父（崔鋈《チェオク》、号は近庵《クナム》）は李退渓の学問を修めた人物であった。これらのことを総合して考えると、慶州や嶺南地方には、「天と人は同じである」という霊的な世界観や、対立するものどうしの会通の霊性があり、それが元暁や花郎や李退渓や崔済愚という形をとって歴史の表面に時折噴出するようにして現われるのではないだろうか。これは慶州や嶺南地方という土地の霊（地霊）と密接に関連しているはずだし、学脈や姻戚関係などのネットワークとも強く関連しているはずだ（特に母系のネットワークは表面上の族譜＝家系図などの記録には詳細に現われないが、霊性的影響関係という意味ではきわめて重要である）。

このような「霊性のネットワーク」とでも呼ぶべきものがあり、朝鮮思想史全体を動かす目に見えない動力となっているのはあきらかである。だがこれまでの思想史の記述においては、このような要素はまったくといってよいほど勘案されなかった。明確な党派的学統（師と弟子の関係）および姻戚関係（父系の血統のみが重要視される）を確認できるものだけが記述されるので、「海東の朱子といわれた朝鮮の大儒学者」である李退渓と「東学（反儒教の民衆思想）の首魁として朝鮮政府に処刑された」崔済愚とのあいだにはなんの関係もないばかりか、「理を重視した支配層」側の李退渓と「気を重視した民衆側」の崔済愚とは完全に正反対の立場の思想家としてしか記述されてこなかった。しかしそのような「理性的な分析」はほんとうに正しいのか。そうではない。「理」や「気」などの概念や、文献で確認できる歴史的事実関係のみで思想史を記述してしまうと、欠落してしまう部分があまりにも多くなる。それを穴埋めするのが、霊性的な視点なのである。

なお韓国でも、このような「霊性的視点から朝鮮思想史を考える」という方法は、過去にも現在でもほとんどなされていない。わたし（小倉）の知るかぎり、金泰昌*を中心とした研究者の自由な集まりでのみ、このような発想が行われている。崔在穆*（陽明学研究）、朴孟洙*（東学研究）、趙晟桓*（儒教・東学研究）などが金泰昌*とともに、朝鮮思想をこれまでとはまったく異なるあたらしい観点から把え直そうとしている。わたし（小倉）も、その仲間に加わり大きな刺戟を受けながら、朝鮮思想史を考えている。

「はじめに」で述べたように、本書ではできるだけ客観的な記述を心がけたので、「朝鮮的霊性」に特別に焦点を合わせるわけではないが、そのことを念頭に置きながら、思想史を叙述していきたい。

第二章
神話および「古層」

1 檀君神話

†「単一民族」と檀君

現代の韓国でも北朝鮮でも、自分たちの国家は単一民族によって構成されているという意識が非常に強い。韓国は近年になって、外国人が韓国籍を取得する事例が多くなっているので、事実として単一民族ではなくなっている、という認識はあるが、もともとは単一民族国家であった、という意識は強固に維持されている。

そもそも朝鮮時代には現在の朝鮮半島全体が朝鮮（王朝）というひとつの国家によって統治されていたのであり、この国家を構成する民族はほぼ単一であると認識されていたのだから、少なくとも朝鮮（王朝）が成立した一三九二年には、現在の韓国と北朝鮮を合わせた地域がほぼ単一の民族によって統治されたという認識は成立しうる（ただし朝鮮半島最北部はツングース系の諸民族が混住している地域であった)。

朝鮮王朝以前に関しても、韓国では統一新羅が、北朝鮮では高麗がそれぞれ朝鮮半島をはじめて統一したと認識されているので、韓国では統一新羅以降、北朝鮮では高麗以降に単一民族になったという認識は問題なく成立する。もちろん史実としては、統一新羅も高麗も現在の朝鮮半島全域を統治していたわけではないので、現在の韓国および北朝鮮を合わせた地域が統一新羅ないし高麗以降に単一民族国家となったというのは史実に反する。しかし、政治的認識としての単一民族国家論は、堅固に維持されている。

それだけではない。統一新羅以前の高句麗・百済・新羅の三国、あるいは伽耶を合わせた四国が並立していた時代もまた、「韓民族ないし朝鮮民族という単一民族が三国ないし四国に分裂していたのだ」と、韓国でも北朝鮮でも認識されている。学問的には、高句麗・百済・新羅・伽耶の民族的な異同や言語の差異などについては正確にはわかっていない。したがって、この四国の並立状態を、同じ民族の分裂状態として認識するのは問題がある。だが、韓国でも北朝鮮でも、「分裂状態であった」という認識はきわめて強固であって、ほぼ一点の疑いもない事実として受け容れられている。

その単一性認識を遡った原点に、檀君《タングン》神話がある。檀君王倹《ワンゴム》が朝鮮を建国して統治したという神話である。元来は平壌地方に伝えられた説話だったといわれるが、朝鮮民族全体の始祖神話として完全に定着している。現在の韓国でも北朝鮮でもこの神話の威力は想像を絶するほど大きい。韓国人の多くは「檀君は実在の人物」であると信じており、「檀君神話」という表現を強く批判する人びとも多い。韓国の小学校・中学校・高等学校で使われている国定国史教科書では檀君に関する事柄が神話ではなく「歴史」として記述され、教えられている。また韓国では若者もふくめて多くの国民が、「自分は檀君の子孫である」と信じている。

わたし（小倉）は韓国で多くの若者に「あなたは檀君の子孫だと思っているか」と質問したが、たいていの場合、「檀君が実際に何年間統治したかなどという事実に関してはよく知らないし、さして重要なことだとは思わないが、いまの自分が檀君の子孫であるということは信じている」という回答が多い。なお、北朝鮮では檀君の骨がほぼ完全な状態で発掘されたとされ、平壌郊外の巨大な檀君陵に祀られている。

†『三国遺事』における檀君

檀君（壇君）に関する事柄が記録されているのは、高麗の一然《イルリヨン》（一二〇六〜一二八九）が一二八〇年代に撰述した『三国遺事《サムグクユサ》』においてである。この書における「古朝鮮［王倹朝鮮］」の記録は次のようなものである（金思燁《キムサヨプ》*訳）。特に重要なので、全文を載せる（文中の［ ］は訳者である金思燁*による注）。

古記にいうには、むかし桓因［帝釈をいう］の庶子、桓雄はつねづね天下に対して関心をもち、人間世界を欲しがっていた。父は子供の気持を察して、下界の三危太白（三危は三つの高い山、太白はその中の一つ）を見おろしてみると、（そこは）人間をひろく利するに十分であったので、（その子に）天符印三個を与え、降りていって（人間世界を）治めさせた。（そこで）雄が部下三千を率いて太伯山《テベクサン》の頂上［太伯は今の妙香山］の神壇樹の下に降りてきて、そこを神市と呼んだ。この人が桓雄天王である。（彼は）風伯・雨師・雲師らをしたがえて、穀・命・病・刑・善・悪をつかさどり、あらゆる人間の三百六十余のことがらを治め教化した。

時に一頭の熊と一頭の虎とが同じ穴に住んでいて、いつも神雄（桓雄）に祈っていうには、「願わくは化して人間になりとうございます」。そこで、あるとき神雄は霊妙な艾《よもぎ》ひとにぎりと、蒜《にんにく》二十個を与えて「お前たちがこれを食べて百日間光を見なければ、すぐに人間になるだろう」といった。熊と虎がこれをもらって食べ、物忌みすること三七日（二十一日）目に、熊は変じて女の身となったが、虎は物忌みができなくて人間になれなかった。熊女は彼女と結婚してくれるものがいなかったので、いつも神（壇）樹の下で、みごもりますようにと祈った。桓雄がしばらく身を変えて（人間となって）結婚し、子を生んだ。名前を壇君王倹といった。

（王倹は）唐高（尭）が即位してから五十年たった庚寅［唐高の即位元年は戊辰であり五十年は丁巳であって、庚寅ではない。たぶん間違いであろう］に、平壌城［今の西京］に都し、はじめて朝鮮と呼び、また都を白岳山の阿斯達《アサダル》に移した。そこを弓［方とも書く］忽山、または今弥達ともいう。国を治めること一千五百年間であった。

周の虎王（武王。高麗の恵宗〈二代〉の諱である「武」を避けたもの）が即位した己卯年（BC八一三年）に、箕子を朝鮮に封ずると、壇君は蔵唐京に移り、後に阿斯達にもどってきて隠れて山の神となった。寿命が一千九百八歳であったという。

以上が、『三国遺事』における檀君に関する記述のほぼすべてである。

†檀君神話の思想的性格

この檀君神話には、仏教・道教・儒教・シャーマニズム・トーテミズムなどが混淆している。桓因が「帝釈」とされるのは、仏教的・インド的要素といってよい（帝釈は元来、インドラ神）。「風伯・雨師・雲師」は『周礼』的であるが道教的でもある。桓雄が道徳的統治をしたというのは儒教的要素である。桓因が桓雄に天符印を与え、桓雄が地上に降りて神市としたという部分はシャーマニズムの要素が色濃い。神壇樹はシャーマニズムの宇宙樹であろう。桓雄と熊とのあいだに檀君が生まれたというのはトーテミズムの要素である。このようにこの短い神話には、諸思想が絶妙に混淆している。また日本神話の天孫降臨や三種の神器などとの類似性はきわだっており、韓国には「檀君神話が日本神話の原型」とまでいう学者がいる。

『三国遺事』とほぼ同時期に成立した李承休《イスンヒュ》の『帝王韻記《チエワンウンギ》』(一二八七)という本では、檀君は具体的に、尸羅(新羅)・高礼(高句麗)・南北沃沮《オクチヨ》・東北扶余《プヨ》・穢《イエ(ママ)》・貊《メク》を一千三十八年統治したとされる。高麗時代に確立した檀君の伝説は、契丹や元の侵入によって民族存亡の危機に面していた高麗人が、朝鮮半島から中国東北部全体の民族の始祖であり統治者である存在を創造したものであると考えてよいだろう。

この神話は、現代の韓国人にとって絶対的ともいえる力を発揮している。もっとも重要なのは次の三点である。

†弘益人間――檀君神話の要素①

まず、金思燁*が「人間をひろく利するに十分であった」と訳した部分の原文「弘益人間」という言葉である。この言葉こそ、現代韓国人が「われらは民族の始祖の時代から道徳的であった証左である」という強固な認識の源泉となっているものである。

「弘益人間」という言葉は韓国の学校やメディアなどの場で実に頻繁に使用される。この「人間」は「にんげん（human beings）」という意味ではなく、中国古典にて使用される「じんかん（人間の世）」という意味だが（たとえば『荘子』の「人間世篇」）、朝鮮語ではどちらも「インガン」と読んで区別しないので、現代韓国ではこの「人間」を「近代的な人間」という意味に解釈する場合が多い。「弘益人間」は「人間（社会）をひろく利する」といういうきわめてリベラルな政治行為の凝縮的な表現と解釈され、これは「わが民族はその始祖の時代からリベラルな道徳的政治を理想とし、かつ実践していた」という共通認識となっている。

日本で強いて似たような政治的認識の古層を探すとすれば、『古事記』に記録された仁徳天皇の事績であろう。しかし『古事記』の場合、原初的な神々の赤裸々な非道徳的行為を前半部で縷々記述したあとに仁徳天皇による道徳的統治の叙述があるのに対し、檀君神話では最初から統治者は道徳的なのである。

金思燁*が「治め教化した」と訳した部分の原文「理化」も重要である。この「理」は「治める」「統治する」という普通の（特に朱子学的ではない）意味であるが、韓国では、朱子学の「理」を射程に入れつつ、「古朝鮮では儒教が流入する以前から道徳原理（理）によって民を治めることが行われていた」というイメージ形成の論拠とされている。

檀君神話は、記録された時代が日本の『古事記』と比べて新しく、儒教的倫理が浸透したあとだったこともあり、統治者による理想的統治を「弘益人間」というキイワードで明確に語りえた。「道徳的である」という一点こそ、この神話の最大の重要性であり、またこの神話が現代の韓国人に与えているアイデンティティ意識の中核に、この道徳性という命題があるのである。韓国の中学校で使われている国定国史教科書（二〇一二年版）には、次のような記述がある。「檀君による古朝鮮建国は、わが国の歴史が非常に古いことを語っている。また、檀君の建国の史実と弘益人間の建国理念は、わが民族が困難に遭うたびに矜持の心をふるい起こす原動力となった」。

わたし（小倉）が、檀君という史実を信じる現代韓国人の問題点として第一に挙げたいのは、まさにこの点である。民族の全体が、その起源から現在に至るまで、「道徳性」を本質化した形でしか認識されえなくなってしまっているという点である。

このことは、神話が国民統合に利用されるという意味において、きわめて重要な意味を持っている。日本の場合は戦前、『古事記』に描かれたエピソードや歌が国民統合と動員とに利用された。それらは仁徳天皇に関する儒教的な記録以外は、まさに「神話的」なものであった。韓国でも国民統合のために檀君神話が利用されるが、その内容は反神話的で儒教的なものである。それだけではない。解釈によっては現代社会に通用するリベラルで民主主義的な思想となりうるのである。

†熊——檀君神話の要素②

次に重要なのは、熊と虎が人間になりたいと願い出て、よもぎとにんにくを食べながら物忌みをしたが、熊だけが人間になることができ、神雄（桓雄）と結婚して檀君王倹を生んだ、という記述である。

これに関して韓国では、さまざまな説が唱えられている。

虎と熊とが競い合ったが、結局虎は人間になれず、熊だけがなれたのは、朝鮮民族の忍耐強く、堅忍不抜な性格を表しているという考えがある。

また、この説話は東北アジアにおける熊トーテム部族と虎トーテム部族の抗争の歴史を記述しており、朝鮮民族は熊トーテムの子孫である、という解釈もある。

そもそも、東北アジアにおいて一般的なトーテミズムの一表現として、この神話を分類することが可能である。たとえば熊女房の昔話は、日本、アイヌ、漢民族にも存在する。だが、韓国では、そのように相対化した比較の視点は好まれない。むしろ、朝鮮語で熊は「コム：gom」なので、熊を神とする朝鮮民族の世界観が日本にも伝わったために、日本語でも熊を「くま」、神を「かみ」と類似音で表現している（アイヌの神＝カムイも同源）、という「朝鮮起源説」のほうが説得力が強い。

また宗教学者の柳東植《ユドンシク》*（一九二二〜）は、この神話に「自己否定的かつ媒介的結合」を見て、次のようにいう。「熊は女人に変わり、天の神は人の身に変わることによって、神と人とが結合された。天と地が人間において一つに結ばれる。ここに朝鮮民族の人間理解とヒューマニズムを見ることができよう」（柳東植*『韓国のキリスト教』四頁）。神話に「ヒューマニズム」を見出すというのも、韓国的な心性の強い一傾向といえる。

†垂直性と男性中心性――檀君神話の要素③

檀君神話の叙述の基調は、その垂直性と男性中心性にある。神は桓因→桓雄→檀君と、完全な垂直性によって連結されている。そして女性は熊という動物の姿以外に登場しない。このことも、「弘益人間」と同じく、この神話が記録された時代の価値観に強く影響されている可能性がある。つまり儒教的価値の定着後に記録された物語である、という意味だ。

檀君神話のこの垂直性は、たとえば日本の神話と比較すると際立っている。『古事記』によれば、天地が開けて高天原《たかあまのはら》にはじめて成った神は天之御中主神《あめのみなかぬしのかみ》、高御産巣日神《たかみむすひのかみ》、神産巣日神《かみむすひのかみ》という三柱であった。ここでは最初から、一個の個体が持つ正統性が全的に次の一個の個体に垂直的に移転するという「統」の思想がない。最初から三者が並び立っている。たしかに檀君神話でも、「天符印三個」や「三危太白」や「風伯・雨師・雲師」の三神など「三」という数字は目立つが、正統性の始原はあくまでも「一」である。また『古事記』には伊邪那美命《いざなみのみこと》や天照大神などの女神が冒頭から登場し、きわめて重要な役割を担うが、檀君神話にはそのような女性の神は登場しない。

檀君神話のこの垂直性と男性中心性が、現代に至るまで、朝鮮民族の精神性を形成するうえでなんらかの影響を及ぼしていると考えてもよいであろう。

†天符——神話から偽書へ

また、この檀君神話に出てくる「天符印」と関連して、『天符経《チョンブギョン》』という文書が存在する。宇宙の摂理を「一」と「三」という数字を中心に説明した八十一文字の短い文書だが、これこそこの民族のもっとも重要な哲学的文書であるとの信仰が、十九世紀から二十世紀にかけて起こった。なお、『天符経』全文は以下の通り。

一始無始一、析三極無尽本、天一一、地一二、人一三、一積十鉅、無匱化三、天二三、地二三、人二三、大三合六、生七八九、運三四、成環五七、一妙衍万往万来、用変不動本、本心本太陽、昂明、人中天地一、一終無終一。

このことを含めて古朝鮮の史実を民族至上主義的に書き記したのが、『桓檀古記《ファンダンゴギ》』という書物である。『桓檀古記』はその記述中に、近代における語彙や事実が含まれているので、十九世紀末から二十世紀初頭に書かれた偽書であることはまちがいない。しかし偽書だからといって価値がないのではない。『桓檀古記』という書物には、朝鮮王朝という中国の「属国」の立場から脱して、ユーラシア的視野で自民族を眺めることができるようになった朝鮮知識人が、日本の神話や国粋主義などから強い影響を受けもして、自民族の始原（上古史）をどのように遡ったのかという近代的な願望が書き込まれているのである。

†檀君神話の性格

そもそも東アジアの神話において、日本の『古事記』に描かれたような、神々に関する生々しい詳細な記録は、中国や朝鮮にはない。中国には盤古神話があるし、朝鮮には檀君神話があるが、どれもそのナラティブ（語り）は饒舌でない。

このことは何を意味しているのだろうか。

「神話」を、「ひとつの人民（社会の全構成員）、ひとつの文明、ひとつの宗教に固有の（狭義の）諸々の神話、諸々の伝説を包括する全体」（『グラン・ロベール辞典』）と定義するなら、中国や朝鮮の場合は、多数で多様な民族の流動性がきわめて高かったため、「ひとつの人民」「ひとつの文明」「ひとつの宗教」という意識が形成されたときにはすでに、神話を超克する「哲学」「思想」が発生ないし浸透してしまったのかもしれない。中国はあきらかにそうだ。周代、殷代ないしそれ以前の神話が、秦代および漢代に「ひとつの人民」のものとして収斂される以前に、儒家や道家などの「哲学」すなわち反神話的世界観が強力に登場してしまった。朝鮮の場合は、檀君神話が記録された高麗時代以前の神話は、高麗という「ひとつの国家」が成立する以前に、仏教や儒学という反神話的世界観の導入と浸透とによって、駆逐されてしまったのではないだろうか。

日本の『古事記』に描かれた神話も、道教・仏教・儒教などの反神話的・合理的世界観の浸透を強く蒙ってはいる。だが、それらの世界観が導入されてからまだ時間が長く経っていなかったため、つまり反神話的世界観の導入・浸透から百年ないし二百年ほどしか経っていない時点で記録されたのが『古事記』であったため、日本ではかろうじて神話的世界観が保存されたのであろう。

2　その他の神話および伝説

†始祖伝説と卵生

高句麗・百済・新羅・伽耶の始祖伝説はすべて、卵生神話によって成り立っている。

高句麗の建国者は朱蒙《チユモン》だが、彼は卵から生まれた。その伝説は以下の通りである。あるとき東扶余の金蛙王《クムワワン》が太白山の近くで柳花《ユファ》という女に出遭った。柳花は河伯《ハベク》の娘だったが親に捨てられた。金蛙王はその女を東扶余に連れて帰ったところ、女は卵をひとつ生んだ。王はその卵を捨てたが、犬も牛も馬もその卵を避けた。叩き割ろうとしたが割れない。そこへ鳥たちが現われて翼で卵を温めた。王は卵を柳花に返すと、柳花はその卵を温めた。すると男の子が生まれた。これが朱蒙であり、後に高句麗を建てることになる。

百済は、朱蒙の子である温祚《オンジョ》が高句麗の南方に建てたのが始まりとされるので、百済の源流もやはり卵生神話と関連がある。

新羅の建国者である朴赫居世《パクヒョツコセ》もまた、辰韓の蘿生という井戸のそばにあった卵から生まれたとされる。

伽耶の建国者は、ひとつの卵から生まれた六人の男であるとされる。朝鮮半島最南端にある亀旨峰《クジボン》に降りてきた一筋の縄の先に結びつけられた行李のなかに、黄金の卵が六つ入っており、その卵から六人の子が出てきた。この六人が分担して、六つの国を治めた。それを総称して駕洛国といった。なかでも金首露《キムスロ》王の金官駕洛が全体を統括した。

併合植民地時代の碩学・崔南善《チエナムソン》*（一八九〇～一九五七）は、この卵生伝説およびそれに関連して登場する金色の蛙、黄金櫃、七宝櫃などはすべて太陽を表象している、という。つまり卵生とは太陽崇拝の表現形式であるという。

金思燁*によれば、東扶余の金蛙王の金蛙は「黄金の蛙」という意味ではなく、高句麗語の音写であり、「金＝kom」＋「蛙＝a」＝「koma（コマ）」である。つまり「金蛙王」とは「コマの王」という意味であるという。日本で「高麗（高句麗と混用される）」を「こま」と読むのは、高句麗語であるというわけだ。

†動物婚

朝鮮には卵生だけでなく、動物と人間の間に生まれた子の伝説も多い。

崔致遠《チエチウオン》（八五八～?）といえば新羅の国際的な大知識人であるが、一伝説によれば彼は金色の豚と地方長官の妻との間に生まれた子で、長官が部下にその子を川に流すように命じたが部下は不憫に思って子を道端に捨てた。老婆がその子を拾って育てたところ、大文豪の崔致遠になったという。この説話によれば、名門・慶州崔氏《キヨンジユチエ》の始祖は金豚だということになる。

魚《オ》という姓を持つ一族の始祖伝説は、次のとおりである。ある日川で洗濯をしていた女のところに鯉が現われ、尾で女の腰を叩いた。女は妊娠し、子を生んだ。その子の姓を魚とした。

また平康蔡氏《ピヨンガンチエ》の始祖は、平康にある沼の大亀と村の長者の娘の間に生まれた子であった。この子は蔡元光《チエウオングアン》という人物で、文武に優れて朝廷で大臣にまでなった。

そのほか、大蛇と生娘の交情など、動物と女性の通婚の伝説が朝鮮には非常に多い。

3　「古層」あるいは「基層」の問題

†「古層」はあるのか

朝鮮の歴史と思想に関して、そのまとまった形としては高麗時代後期の文献にまでしか遡れないという事実を勘案するとき、朝鮮思想の「古層」を軽々に議論してよいのか、という問題が生ずる。つまり、先にも述べたように、始原の叙述自体にすでに儒教的・仏教的な思想の影響が色濃く反映されているのだから、これ自体を「アルケー」とすることはできない。

一例を挙げると、日本では仏教を受容したあとの思想的葛藤が比較的復元しやすい形で残っている。たとえば八世紀初めには、神宮寺《じんぐうじ》という形式で仏教と神道を習合させたシステムをつくりあげている。それに似た動きが朝鮮半島にもたしかにあった。つまり、土着的なシャーマニズムと仏教が公的な領域において合体するということがあった。しかし、それに関する文献や実物が少ないので、なかなかその実態が明確にできない。これは朝鮮思想史における「純粋性」の問題にかかわるだけではなく、日本思想史の「特殊性」の正否に関する重要な問題でもある。だが、この問題に対して残念ながら正確な知識をわたしたちは得ることはできない。

朝鮮の「アルケー」としてもっとも魅力的なのは、シャーマニズムにおける「古層」である。「三」という数字を重視し、宇宙樹を中心とした整然たるコスモスを表現するシャーマニズムこそ、朝鮮民族の思想と霊性の源泉であるという考えである。

†「古層」の言説──「風流」をめぐって

朝鮮思想の「古層」を語るうえで、代表的な言説のひとつとして、柳東植*によるものを挙げることができる。彼は、「文化史は民族的ビジョンの実現過程である」「朝鮮文化史は、これを政治的興亡や宗教・哲学の展開を主軸として理解するよりは、芸術的美の追求を主軸にすることによって、よりよく捉えられる」という考えのもとに、「風流道」こそが「朝鮮の文化史全

体を基礎づけてきた民族的霊性」だと考える。そして風流道の内容は、「ハン（한）」「モッ（멋）」「サム（삶）」の三つであり、これが合わさると「超然とした粋な生」が実現されるとする。新羅の崔致遠《チエチウオン》が、「わが国には玄妙なる道がある。これを風流という。……これは実に三教（儒・仏・道）を包含するものであり、群生に接しては彼らを教化す」といったが、柳東植*はこの「玄妙なる道」を「霊性」と解釈する。

さらに、「風流」という語は「韓《ハン》的霊性」という「民族固有の霊性」であるが、これは朝鮮語「ブル」を漢字表記したものだとする。「ブル」は火・光明などを意味し、ウラル・アルタイ語の「ブル」「ブルカン」と同じく、光明なる天の神信仰に由来するものだとする。檀君の子を「夫《ブ》婁《ル》」といい、太陽神としての新羅の始祖である赫居世《ヒヨツコセ》を「弗矩《ブルコ》内《アン》」と呼んだのも、「ブル＝風流」信仰との関係だという。この「ブル」思想に関しては、併合植民地時代の碩学・崔南善《チエナムソン》*の「不咸《ブルハム》文化論」（一九二八）がその嚆矢として非常に有名である。

「ハン」「モッ」「サム」という言葉（すべて朝鮮固有語）の原義はそれぞれ「一、大」「粋」「生」である。柳東植*はこれを宗教学的に解釈し、次のようにいう。「ハン」は超越的・宗教的であり、全体性を意味する。「モッ」は美的・芸能的であり、「生動感と律動性にかかわる興」および「超越的な自由」「意気相通ずる調和性」のことである。「サム」は現実的・生産的であり、生物的な生命と社会的な生活の両方を含む。そして「各宗教には、その本質からして一つの性格がより支配的に現われる」として次のように語る。

> 仏教は縁起法を中心にした超越的な「ハン」が強く支配し、儒教は現実治理的な「サム」にその強調点が置かれている。これに対しキリスト教は、霊的超越と歴史的現実との調和を強調している、つまり「モッ」の理念が支配的であると理解される。そこで、三つの宗教が入れ替わり循環螺旋を描いて展開されてきた（朝鮮の――小倉注）宗教文化史の全体は、一つの風流道的構造をもったものと見られる。すなわち韓《ハン》的霊性の自己展開の歴史であり、朝鮮人が夢みた「人間らしい生」の形成過程であったと言うことができよう。

柳東植*の「韓《ハン》的霊性」論は、崔南善*の「ブル・ハン」論の影響を強く受けながら、韓国人の霊性の起源を古層にまで遡って語る典型的な思惟であるといえる（以上、柳東植*『韓国のキリスト教』東京大学出版会、一～二〇頁による）。

ただしこれらの思考は、言語学的な実証にもとづいてなされているものではなく、あくまでも思想的・宗教的な、あるいは霊性的な「解釈」であることには注意する必要がある。たとえば「モッ」という固有朝鮮語が古代から存在したわけではなく、言語学的にいえば「マッ（味）」という固有語の母音変形により中世期に発生した語が「モッ」である。

†「北」の優位

北朝鮮においても韓国においても、この民族が自らの「古層」を考える場合、意識はほぼ九割以上が「北方」を向いている。科学的にいえばこの民族のルーツは純粋に北方（ユーラシア大陸北部）を起源としているわけではないのはもちろん、かなり多くの南方系のＤＮＡおよび文化がはいりこんでいる。しかしこの民族が自分たちの「古層」ないし源流をほぼ北方一辺倒に考えているのには、いくつかの理由が考えられる。

ひとつは、伝統的に「北方のほうが高い文明・文化の地である」という根強い考えがあるからだ。この場合の北方は主に中国を指す。近代地図における位置関係とは異なり、伝統的に朝鮮は、中国を自国より北方に位置していると認識していた。これは元・明・清の都の位置が高麗・朝鮮の都から見て若干北に位置していたことと強く関連している認識であろう。逆に朝鮮は日本を自分たちの南側に位置していると認識していた。これは高麗・朝鮮の都から日本に渡るときに半島最南端の富山（釜山）を経由したことと強く関連している認識であろう。いずれにせよ、「北に文明・文化はあり、南には文明・文化はない」という伝統的な方向感覚が、「自分たちは北方文明・文化に属している」という認識を生むことになったものと思われる。

もうひとつは、高麗時代および近代以降には、ユーラシア大陸北部との強い関連性を自己認識したことが大きい。高麗は高句麗を継承したと認識しており、高句麗こそは北方の代表的な強国の表象であった。近代以降には、檀君神話や偽書の『桓檀古記』（後述）の影響もあり、自民族の源流をバイカル湖のさらに西にまで伸ばし、ウラル・アルタイ山脈まで遡求する考えが大きな影響を与えた。

このような理由により朝鮮・韓国では「南」の文明・文化に対する自己同一的感性は鋭敏ではない。

†近代における「古層」の発見、創造

先に述べたように、檀君神話は近代にはいって、民族主義的に再解釈され、それにもとづく新興宗教が生まれる。一九〇九年に羅喆《ナチヨル》によって始められた大倧教《テジョンギョ》がその代表的なものである。大倧は桓因、桓雄、檀君王倹を指す。日本による併合という民族的危機を迎えて、日本よりずっと長い道徳的な歴史を持つ朝鮮の矜持を檀君に収斂させて認識する宗教であった（二十世紀初頭における日本の神武天皇即位による紀元は二千六百年弱であったのに対し、朝鮮の檀君紀元は四千二百年以上であった）。

また桂延寿《ケヨンス》（一八六四～一九二〇、号・雲樵《ウンチヨ》）編著の『桓檀古記』という書物を土台にして、ユーラシア大陸の歴史を書き換えようという運動も存在する。『桓檀古記』は二十世紀に書か

れた「偽書」であるが、これを「真実の書」だと主張する運動である。それによれば、約七千年前のユーラシア大陸東北部に「桓国《ファングク》」という巨大な文明国家があった。『三国遺事』の檀君の条に「昔有桓因」という記述があるというのは日本の併合植民地時代の歴史家・今西龍*による捏造であって、元来の刊本には「昔有桓国」とあったとする。この「桓国」の大文明が起源・中心となってその後各地に文明が伝播し、シュメール文明、黄河文明、インダス文明、エジプト文明、ヨーロッパ古文明などになったというものである。「桓国」において栄えた人類の原型文化を「神教」と呼ぶ。その根本原理は「三」と「一」の合一である。その哲学を記した文献が「天符経」である。

このような「桓国」の偉大な歴史は、朝鮮時代までは伝えられていたが、日本による併合植民地時代に朝鮮の「上古史は完全に抹殺されてしまい、今日の韓国人の歴史意識はいまだに植民主義の奴隷史観の枠からまったく抜け出しえていない」とされるのである（安耕田《アンギョンジョン》*訳注『桓檀古記』三八七頁）。

第三章

高句麗・百済・新羅

1　三国時代以前――古朝鮮・漢四郡・三韓

†箕子朝鮮

中国漢代の『管子』に、「朝鮮」という固有名詞が初めて現われる。朝鮮は春秋時代の中国の諸国と交易していたとされる。遼東半島から朝鮮半島北西部にかけてがその領土だったらしい。

この「朝鮮」との関係は不明だが、前章で語った檀君の朝鮮と、以下に語る箕子朝鮮および衛氏朝鮮（衛満朝鮮）の三つを合わせて古朝鮮と呼ぶ。

中国の『史記』などによると、殷の貴族であった箕子《きし》は紂《ちゅう》王を諫めて容れられず、朝鮮半島に亡命し、平壌に都した。これを箕子朝鮮という。最後の王・準《じゅん》が前二世紀初めに衛満によって追放されて、箕子朝鮮は滅んだ。

箕子は礼義を以て民を統治したとされる。その証左が「犯禁八条」である。八条のうち内容がわかっているのは、以下のとおり。①人を殺した者は死罪を以て償う。②人を傷つけた者は穀物を以て償う。③盗みを働いた者は、男はその家の奴となり、女はその家の婢となることで償う。その風俗は美風良俗で、儒教的な統治がなされたとされる。ただこれは儒教的な理念によって構築された認識なので、実際の史実とはいえない。

箕子朝鮮の重要さは、特に後の朝鮮王朝時代において士大夫たちがこれを追慕し、自尊したことによる。儒教的な歴史認識に則って、朝鮮士大夫は、殷の悪王である紂を諫めた箕子を高く評価し、彼が朝鮮に渡って儒教的な理想国家をつくったと考えた。これは虚構ではあるが、儒教的な歴史観にとってはきわめて尊崇すべき「史実」だったのである。

ただ、韓国の民族主義的な歴史意識の持ち主は、朝鮮士大夫たちの箕子朝鮮への評価を事大主義であるとして批判する。中国人による朝鮮支配を尊崇する慕華主義であるという批判である。

いずれにせよ、箕子朝鮮の存在は虚構である可能性が高く、そのかわり、この時期（漢による中国統一前）にすでに、朝鮮半島に王権を持つ政治勢力が存在していたと考えられる。

なお、二十世紀の併合植民地期まで、平壌には箕子廟があった（写真が絵葉書として現存している）。平壌の別名は箕城であった。この箕子廟は、解放後に北朝鮮政権によって破壊された。事大主義という理由からであろう。

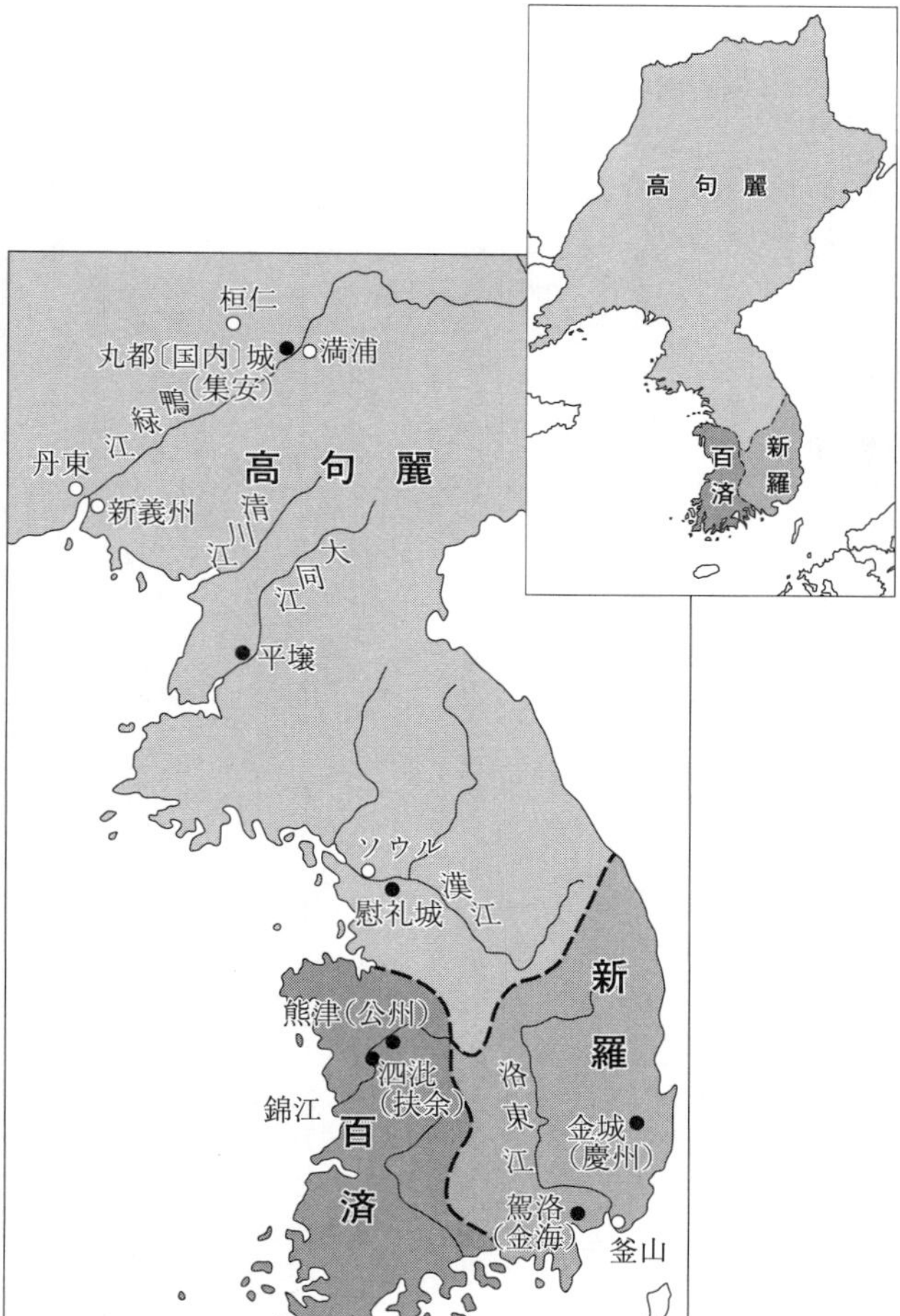

三国時代の朝鮮半島（時期によって各国の版図は異なる）

†衛氏朝鮮(衛満朝鮮)

秦の後に漢が中国を統一すると、燕王・盧綰《ろわん》が匈奴に逃亡した。王の部下だった衛満《えいまん》は、燕から古朝鮮に渡り、箕子朝鮮最後の王である準王の部下となる。準王によって衛満は古朝鮮西部の統治を任される。すると衛満の政治がよかったため、中国からも数多くの移住者が渡来し、もとの住民との融和もうまく行った。強力な権力を握った衛満は準王を追放して紀元前一九四年に政権を掌握し、王倹城(今の平壌付近)を都とした。これを衛氏朝鮮《えいしちょうせん》または衛満朝鮮《えいまんちょうせん》という。

衛氏朝鮮は鉄製の武器を巧みに利用して周辺地域を支配し、領土を拡大した。ためにこの時期、鉄器文化が花開いた。

しかし衛満の孫・衛右渠《えいうきょ》が漢・武帝との戦いに敗れ、衛氏朝鮮は紀元前一〇八年に滅亡した。衛氏朝鮮の思想について知られていることは少ない。

†漢四郡

古朝鮮(衛氏朝鮮)との戦争(前一〇八年)に勝利した漢・武帝は、朝鮮半島北部に郡県(漢四郡)を設置した。楽浪《らくろう》郡・臨屯《りんとん》郡・真番《しんばん》郡・玄菟《げんと》郡である。

このうち楽浪郡がもっとも領土も大きく、漢と朝鮮半島との貿易で約四世紀のあいだ栄えた。楽浪郡の中心地はほぼ現在の平壌であった。地域は朝鮮半島北西部を占めていた。臨屯郡・真番郡は前八二年に廃され、玄菟郡も縮小されて一部は楽浪郡に組み入れられた。二〇四年には遼東の豪族・公孫度が楽浪郡を二分し、その南部を帯方郡とした。倭の卑弥呼が中国に送った使者が経由したのが帯方郡である。三世紀前半に魏が楽浪郡・帯方郡を支配下に置き、さらに晋が二郡を支配下に置いた。その後、楽浪郡は三一三年に高句麗に滅ぼされ、帯方郡も同じ頃半島南部の韓・濊《わい》諸族によって併呑された。

楽浪郡を筆頭とする四郡を、中国の半島支配の拠点と見るのか、それとも朝鮮側による独自の統治機構の性格を持っていたと見るのかに関して、見解が分かれる。楽浪郡時代の建物・道路・溝・古墳などから多くの遺物が出土している。それらの出土品から窺われるのは、この地の文化は漢を中心とする中国文化の影響下にあったという事実である。

おそらく楽浪郡時代のものとして（時代は定かでない）、朝鮮の大同江《テドンガン》における悲話が中国・漢代の民謡に伝えられている。ある日、大同江の渡し場の卒である霍里子高《かくりしこう》が船を漕いでいると、壺を持ち髪を振り乱したひとりの狂夫が河を渡ろうとする。その妻が止めようとするが、ついに狂夫は水に溺れて死んでしまった。悲嘆した妻はその場で箜篌《くご》（弦楽器）を弾きながら、次のように歌った。

公、河を渡る無かれ
公、竟《つい》に河を渡らば
河に堕ちて死すらむ
まさに公を奈何《いか》にすべきや

もの悲しい声でこのように歌った後、妻は夫を追って河に身を投げて死んだ。この話を子高がその妻・麗玉《れいぎょく》にすると、彼女は狂夫の妻の声を模して曲をつくった。これが民間に「箜篌《くご》引《いん》」として伝えられた。唐代の鬼才詩人・李賀《りが》が、朝鮮のこの逸話をもとに「箜篌引」という詩を書いている。

†三韓——馬韓・辰韓・弁韓

古朝鮮および漢四郡は朝鮮半島北部に位置していたが、同じ時期に半島南部には、馬韓・辰韓・弁韓（弁辰または弁辰韓とも）という三つの国があった。これを三韓という。

馬韓は西方に五十余国、辰韓は東方に十二国あり、弁韓は辰韓に雑居していた。これらは部族連合的な統治をしていたらしいが、詳しいことはわかっていない。馬韓の伯済国が中心となって後に百済が成立し、辰韓の斯盧《サロ》国が中心となって後に新羅が発する。弁韓は後に加羅となる地域で、現在の慶尚南道に位置したとされる。弁韓は鉄の産地だったので韓・濊・倭が争ってこの地の鉄を得たという。

『三国志』「魏志　韓伝」によれば、馬韓の宗教はシャーマニズムであったようだ。五月の播種のときと十月の収穫のときに、天神を祭る舞踊をしたという。馬韓には蘇塗《そと》という制度があった。これは馬韓のそれぞれの国にある「別邑《べつゆう》」であり、大木を立ててそこに鈴・鼓を懸け、鬼神に事《つか》えた。この蘇塗の中に逃亡して入ると、その逃亡者を中から外に還すことはなかったという。この蘇塗は一種のアジール（聖別された不可侵の場所）であり、治外法権の場であったようだ。また併合植民地時代の民俗学者・孫晋泰《ソンジンテ》*によれば蘇塗は朝鮮語の「ソッ［sot］」（立つの意）であり、別邑の入り口に立てられた宗教的な大木のことだという。

朝鮮語で「そびえる、（太陽などが）昇る、（液体が）噴き出る、隆起する」の意味である「ソッ［sos］」は日本語の「そそり立つ」の「そそる［sosoru］」（高くそびえる）とつながる語であり、エネルギーが横溢して高く直立したり噴き上がることを指す。おそらく日本神話の須佐之男（すさのを）や須勢理毘売命（すせりびめ）とも通じる（「すすむ」や「すさぶ」も同系統の語であろう）。このことから推察すると、蘇塗とは、生命力の高揚を表象する大木を結界として、鬼神を媒介とした宗教的かつ政治的な禁忌の領域を形成し、その空間を聖別されたアジールとしたものなのだろう。『古事記』に記録された須佐之男による日本最古の歌に登場する「八重垣」「妻籠み」という言葉にも、この蘇塗のような宗教的＝政治的なアジールの意味が内包されているのかもしれない（「八雲立つ　出雲八重垣　妻籠みに　八重垣作る　その八重垣を」）。

井上秀雄*は、三韓においては中国的な善悪や刑罰の概念がいまだ存在していないと推定し、馬韓のアジールもまた、非中国的な法意識の現われであると見る（『古代朝鮮』）。

2　高句麗

†高句麗の略史

現在の韓国・北朝鮮とも、「高句麗は自民族（韓民族、朝鮮民族）の国家」だとしている。北朝鮮では「高句麗こそ、自主独立と尚武の精神に富んだ誇り高き朝鮮民族の国家」だと考えられている。だが、高句麗が民族的に、現在の韓民族、朝鮮民族とどのような関係にあったかについてはまだわかっていない部分がある。

高句麗の名は、玄菟郡の主たる県の名として紀元前八二年に初出する。玄菟郡において文化的に高い水準を誇る雄県であった。紀元前七五年に玄菟郡を遼東地域に追放した貊《ばく》族の部族連盟が、高句麗国家の起源である。

紀元前一世紀に、朱蒙《チユモン》（東明王《トンミヨンワン》）が出て、部族・小国を統括し、紀元前三七年に高句麗を建てた（『三国史記』）。四九年には中国・山西省まで進出した。一一八年には濊貊《わいばく》、馬韓などをまとめて周辺と戦い、東方における盟主となり、遼東郡・玄菟郡・楽浪郡などの中国勢力を弱体化させた。

二〇四年に都を卒本から集安（鴨緑江中流）に移した。四世紀には中国との度重なる戦闘に明け暮れ、三三五年に高句麗・故国原王《コググオンワン》は前燕の冊封を受けた。朝鮮の王が中国から冊封を受けた最初の事例となる。三七一年に百済軍に平壌城を攻められて故国原王が戦死すると、次の小獣林王《ソスリムワン》は文化統治を実施し、仏教や儒教を積極的に導入した。その後、広開土王《クワンゲドワン》と長寿王《チヤンスワン》の時代に高句麗は領土を急拡大させた。四二七年には都を平壌に移した。

1	東明王	前 37-前 19
2	瑠璃明王	前 19-後 18
3	大武神王	18-44
4	閔中王	44-48
5	慕本王	48-53
6	太祖大王	53-146
7	次大王	146-165
8	新大王	165-179
9	故国川王	179-197
10	山上王	197-227
11	東川王	227-248
12	中川王	248-270
13	西川王	270-292
14	烽上王	292-300
15	美川王	300-331
16	故国原王	331-371
17	小獣林王	371-384
18	故国壌王	384-391
19	広開土王	391-412
20	長寿王	413-491
21	文咨明王	491-519
22	安蔵王	519-531
23	安原王	531-545
24	陽原王	545-559
25	平原王	559-590
26	嬰陽王	590-618
27	栄留王	618-642
28	宝蔵王	642-668

表1　高句麗王朝（年数は在位年）

六世紀中葉に南方の新羅が勢力拡大を始めると、国境地帯における高句麗との争乱が続くようになる。五八九年に隋が中国を統一したが、煬帝《ようだい》は六一二年に二百万の大軍で高句麗を攻めた。このとき薩水の戦いで奮迅し、隋撃退の大功を建てたのが乙支文徳《ウルチムンドク》である。高句麗派兵と土木工事および国内反乱によって疲弊した隋が六一八年に滅びると、その後の唐もまた高句麗を数度にわたって攻撃した。このときに功を建てたのが淵蓋蘇文《ヨンゲソムン》（泉蓋蘇文《チョンゲソムン》とも）である。六六一年の唐・新羅連合軍による攻撃は撃退したが、六六八年に再び唐・新羅連合軍に攻撃された高句麗は、ついに滅びる。しかし滅びた後も高句麗復興運動は已《や》まなかった。六九八年に大祚栄《テジョヨン》が震国（後の渤海）を建国したのも、高句麗を継承するという認識に基づくものである（表1参照）。

†高句麗の文化、祭天儀礼

高句麗は東北アジアの狩猟民族的文明を土台にしながら、農耕文明をも採り入れ、当時最先端の仏教・道教の思想を花開かせた。

高句麗を建国したのは朱蒙《チュモン》だが、朱蒙とは「弓の達人」の意であるとされる。高句麗において弓矢という武器の持つ特別に重要な宗教的意味を象徴している逸話である。高句麗と同じく勇猛果敢な戦闘国家であった新羅において、剣の象徴的意味がきわめて重要だったのとよい対比をなす。

『三国志』「魏志　東夷伝」には、高句麗には天神を祭る「東盟《トンメン》」という名の大会があり、十月に行われたという記録がある。高句麗以外にも、扶余では正月に天神を祭る「迎鼓《ヨンゴ》」という名の大会があり、数日の間、国中で歌舞と飲食を行ったとある。また濊では十月に天神を祭る「儛天《ムチヨン》（舞天とも）」という名の大会があり、昼夜を通して歌舞飲酒をしたとある。これらの祭天儀礼は東北アジア一帯に暮らしていたツングース系民族の、類似した風俗であったと考えてよい。

†高句麗の仏教

中国から朝鮮に仏教が入ってきたのは高句麗がもっとも早い。まず三七二（小獣林王二）年に前秦から順道によって仏像と経文が伝えられた。さらに三七四（小獣林王四）年に魏から阿道によって仏教が伝えられた。三七五年には寺院が建てられた。順道が依拠した省門寺（肖門寺とも）と、阿道が依拠した伊弗蘭寺がそれである（『三国史記』『三国遺事』『海東高僧伝』）。これが朝鮮における仏教の始まりであった。だがその前に、東晋の支遁道林（三一四〜三六六）が高句麗の道人（仏僧のこと）に文を送ったという『梁高僧伝』『海東高僧伝』の記録がある。これにより、高句麗への仏教の伝来を四世紀前半ないし中葉（正確な年は不明）とする説もある。

高句麗の仏教は「国家仏教的」な性格を持っていたとされる。高句麗仏教の哲学的な内容は、三論宗系統が中心であったとされる。

五五一年頃に恵亮《ヘリャン》が新羅に行き仏教を伝え、また恵慈《ヘジャ》および曇徴《タムジン》が日本に渡って大きな影響を与えるなど、国外への伝播に関しても高句麗仏教の功は大きかった。

僧朗《スンナン》（五世紀、文咨明王《ムンジャミョンワン》代）は高句麗出身の最も著名な仏僧である。高句麗・遼東城の出身だが長寿王代（四一三〜四九一）の後期に中国に行き、鳩摩羅什および僧肇系統の三論思想を学んだ。また華厳も学んだ。斉末の建武年間（四九四〜四九七）には江南に行き、そこで三論思想をさらに磨いた。梁武帝の時代に摂山・棲霞寺に行き、そこで僧朗が展開した三論思想は梁武帝の信仰を得た。僧朗自身は著作を残さなかったが、弟子の法朗の系統に嘉祥大師・吉蔵が出て、三論宗を集大成した。なお、吉蔵門下の高句麗僧・慧灌《ヘグァン》が推古天皇代に日本に来て元興寺にて空宗を始め、日本三論宗祖となったことからも、高句麗仏教の性格が理解できる。僧朗（高句麗↓中国）↓吉蔵（中国）↓慧灌（高句麗↓中国↓日本）という知の連関は、まさに東アジア的規模のものであった。

†高句麗の儒教・道教・風水思想

小獣林王は三七二年に太学（大学）を建てて、儒学教育を始めた。儒教的理念にもとづいて中央集権的な統治を遂行しようという小獣林王の意図は、律令の制定とともに、高句麗の政治体制を強化するのにつながったと評価される。三七二年は高句麗に仏教が入ってきた年であることに注目すると（ただし前述のように高句麗への仏教伝来をもっと以前のこととする文献的根拠はある）、高句麗は儒教と仏教を同時並行的に摂取し、普及させたと考えることができる。

六世紀になると、高句麗の古墳壁画に四神図がよく描かれるようになる。このことをもって現代韓国の風水専門家・崔昌祚《チエチャンジヨ》*は、この時期の高句麗にすでに「風水的思考の基本観念」が整っていたとする。しかし風水思想が正式に伝来したのは統一新羅時代であるとする（崔昌祚*『韓国の風水思想』四七頁）。なお、高句麗の古墳壁画は日本にも大きな影響を与えた。

高句麗末期の栄留王《ヨンヌワン》（六一八〜六四二）、宝蔵王《ポジャンワン》（六四二〜六六八）の代には、道教が盛んとなった。唐の高祖が高句麗に道士を派遣して老子を講じさせた。淵蓋蘇文が六四三年に唐に道士の派遣を求めたのも、これと密接に関連する動きである。宝蔵王は仏教寺院を道観に変え、道士を儒士よりも上位に列した。五斗米道もこの頃高句麗に流入して大流行している。

†高句麗の文学・芸能

高句麗の文学作品として全篇が現存しているものはひとつもない。断片がわずかに残っているにすぎない。

高句麗の人は歌舞を好んだ。王山嶽《ワンサナク》は中国・晋の琴を改良して玄鶴琴（玄琴）という琴を発明し、多くの曲をつくった。

高句麗の楽舞（音楽と舞が一体化した芸能）は仮面劇を持つことを特徴とする。日本には新羅楽、百済楽、高句麗楽の順に伝わったので、伝来の順としては最も遅い。

3 百済

†百済の略史

百済は朝鮮半島南西部を占める国だった。馬韓の支配地域と重なる領土を支配したが、その領土は現在の中国にまで広がっていたという説もある。建国年は不明である。高麗時代の史書『三国史記』には紀元前一八年の建国となっているが、真偽のほどはわからない。韓国においては百済の建国年はこの年になっている。中国の史料では四世紀に百済という国号が初めて出てくる。

百済建国の民族は北方ツングース系の扶余族とする説が有力だが、韓族という説もある。伝説では、高句麗初代の王・朱蒙の子である温祚が百済を建国した。

百済は北方の高句麗と劇しい勢力争いを繰り広げた。その過程で百済は、東方の倭と結ぶようになった。三九六年以降、五度にわたって百済と倭は連合して高句麗と戦った（「広開土王碑文」による）。

百済の都は最初は現在のソウル南方である漢城《ハンソン》だったが、高句麗に押されて南方の熊津《ウンジン》（現在の忠清南道公州）に移り、さらに泗沘《サビ》（現在の忠清南道扶余郡）に移った。

六世紀には、急速に勢力を拡大した新羅との抗争が劇しくなり、朝鮮半島にはここに新しく、「百済と高句麗」対「新羅と唐」という対立構図ができあがった。

六六〇年、唐軍に攻められた百済は滅亡する。だが王族である鬼室福信《クイシルポクシン》や僧・道琛《トチム》らが百済復興のために起ち上がり、六六二年には大和王朝の人質だった王子・豊璋《プンジャン》も帰国した。六六三年に倭は百済に援軍を送り、百済の復興を企図する。しかし白村江《はくすきのえ》の戦いで唐軍に惨敗する。

百済は倭と深い関係があり、百済から倭には儒教・仏教などをはじめとする先進文化が伝えられた。聖明王《ソンミョンワン》の時代には倭に仏教を伝えた。王仁《ワンイン(わに)》が倭に

1	温祚	前 18-後 28
2	多婁	28-77
3	己婁	77-128
4	蓋婁	128-166
5	肖古	166-214
6	仇首	214-234
7	沙伴	234
8	古爾	234-286
9	責稽	286-298
10	汾西	298-304
11	比流	304-344
12	契	344-346
13	近肖古	346-375
14	近仇首	375-384
15	枕流	384-385
16	辰斯	385-392
17	阿莘	392-405
18	腆支	405-420
19	久爾辛	420-427
20	毗有	427-455
21	蓋鹵	455-475
22	文周	475-477
23	三斤	477-479
24	東城	479-501
25	武寧	501-523
26	聖（聖明）	523-554
27	威徳	554-598
28	恵	598-599
29	法	599-600
30	武	600-641
31	義慈	641-660

表２　百済王朝（年数は在位年）

『論語』と『千字文』をもたらしたのは有名である。百済から日本に亡命した王族・貴族も多かった。二〇〇一年に日本の天皇が言及したように、桓武天皇の生母・高野新笠《たかののにいがさ》は百済第二十五代・武寧王《ムニョンワン》の子孫である(表2参照)。

†百済の文化

百済で漢字が使用されはじめたのは近肖古王《クンチョゴワン》の代(四世紀後半)だとされる。三六九年に倭王に贈与された七支刀(天理市の石上神宮《いそのかみじんぐう》の神宝)は百済からのものだとする有力な説があるが、この銘文に漢字が使用されている。阿直岐《あちき》や王仁が倭に漢字や千字文、儒学の経典を伝えた。近肖古王の代には老子も読まれていたとされるので、百済では儒教・仏教・道家思想が同時並行的に受け入れられていたと考えられる。

また李夕湖《イソッコ》*によれば、新羅の文化は王冠などに見られるように「出」字型の直線および角ばっているのが特徴だが、百済の文化は流麗な曲線と円を基本とするという。武寧王陵から出土した忍冬紋の王冠飾がその典型であるとされる(『日本文化の源流　百済の地霊』泰流社、一九八九、六四頁)。もちろん新羅にも流麗な曲線の美はあるが(石窟庵の石仏を見よ)、百済側からの見方として参照すべきであろう。

†百済の仏教

仏教は百済に三八四（枕流王元）年に入ったとされる。西域の僧・摩羅難陀（童学）が東晋から伝えた。高句麗に仏教が伝わったほぼ十年後である。土着の宗教や信仰と仏教が衝突したという記録はなく、平穏な受容であったとされる。その後、仏教文化が広範囲に花開いた。百済仏教の特徴は、その学問的性格と戒律的性格とにある。五二六（聖明王四）年に謙益《キョミク》がインドに赴いて仏教を学んだが、その内容は主に律典であったとされる。一説では聖明王の下で謙益は律部七十二巻を訳したという。

百済では特に仏教美術が盛んとなった。だが、百済滅亡後に破壊や盗掘に遭い、現存するものは多くない。

百済仏教はまた日本との関係も深いし、この関係にも百済仏教の戒律的性格が反映している。五七七（敏達天皇六）年に百済から経論律師が送られている。五八七（用明天皇二）年に蘇我馬子は百済僧の恵聡《ヘチョン》に受戒の法を尋ねた。また五八八年には日本の島女《しまめ》・豊女《とよめ》・石女《いしめ》という三少女が百済に渡って、戒律を学んだ。善信尼・禅蔵尼・恵善尼である。この三人の少女は日本で初めて出家した者とされる。また遣隋使よりも早く百済に出ているので、日本からの最初の公式留学生ということができる。五九〇年に彼女らが百済から飛鳥に帰国すると、一気に女性たちが多数出家するという事態が起きた。善信尼の甥が、六〇六年に飛鳥大仏をつくったとされる鞍作鳥《くらつくりのとり》（止利仏師《とりぶつし》）である。また重要なのは、これは日本と百済だけの交流だったのではなく、百済を拠点として日本と中国南部が交流していたという点である。尼僧の活躍も当時の中国南部の影響とされる。

†百済の文学

百済の版図は現在の全羅道に及んでおり、全羅道は朝鮮時代以降、歌曲や文学が盛んだったことがわかっているので、おそらくその芸術精神を遡れば百済に行き着くのではないかと推測される。だが、残念なことに現存する文学作品はほとんどない。

『高麗史』には、百済の俗楽として、「禅雲山」「無等山」「方等山」「井邑」「智異山」などが挙げられている。そのなかで現存するものは「井邑」一曲のみである。ただし朝鮮時代の一四七五年に編纂された『楽学軌範』に記録されたものなので、どれほど原形を留めているかは不明である。内容は、行商から帰らぬ夫の安全を心配して待つ妻の心を歌ったものである。歌詞は次の通り。

月よ　高くのぼり

遠く遠く　照らされんことを
市場に行かれたのか
ぬかるみを踏みたもうなかれ
なにとぞ心を安らかに
そなたの足元の　ぬかるむを怖る

妻が夫を想った歌であるが、その想いの切実さが、臣の王に対する想いに通ずるとして、高麗および朝鮮の宮中で歌われ、舞われた。

†百済の芸能

『隋書』「東夷伝」には、百済伎として投壺・囲碁・樗蒲・握槊・弄珠之戯が挙げられている。樗蒲は現在でも広く行われている双六《すごろく》風の遊戯であるユンノリを指す。

百済の歌楽は日本との関係が深い。五五四（欽明十五）年に百済から百済楽が伝えられた。また六一二（推古二〇）年には百済の人・味摩之《みまし》が伎楽を伝え、桜井に少年たちを集めて伎楽の儛を習わせた。真野首弟子《まののおびとでし》と新漢済文《いまきのあやひとさいもん》がこれを習得して伝えた（以上『日本書紀』）。これがまさに伎楽面を使った仮面舞踊劇である。日本における楽舞の起源とされ、奈良県桜井市にその舞台が残っている。

日本の古代芸能に朝鮮半島からの影響が強く残っているのは広く認められている事実だが、具体的に朝鮮半島のどの芸能が日本のどの芸能にどのような影響を与えているのかに関しては、資料の不足という理由により、まだわかっていない部分が多い。日本の宮中における神楽歌を聞いた人の証言では、「韓神人長舞」の部分で延々と「阿知女《アジメ》、於介《オゲ》」と歌うそうである（「阿知女作法」）。演者はこの阿知女を「阿＝天、知＝地、女＝人」に相当すると説明したそうだ。「アジメ、オゲ」は朝鮮語では「母よ、来たれ」という意味になる（「アジメ」は現代朝鮮語では「おばさん」の意だが、南方方言では「母」の意になるという）。また京都の某大社（渡来人系の神社である）における謡でも、同じく「阿知女《アジメ》、於介《オゲ》」という言葉が繰り返されるという報告もある。これらの断片的な情報から、日本と朝鮮半島の文化的・宗教的なつながりを解明していくことも、今後の学問的課題であろう。

4　新羅の略史と文化

†新羅の略史

新羅の歴史は、朝鮮半島統一（六六八年）より前の時期と、統一後の時期に分かれる。後者を前者から明確に区別したいときには、統一新羅という名称を用いる。

ただし、「朝鮮半島をはじめて統一したのは新羅である」というのは大韓民国におけるかつての歴史認識である。朝鮮民主主義人民共和国の歴史認識では、朝鮮半島をはじめて統一したのは新羅ではなく高麗である。理由は、新羅は唐という外国勢力と野合して百済、高句麗という自民族の国家を滅ぼしたので、民族反逆国家であるというものである。また高句麗の広大な領土も新羅は失ってしまった。「高麗こそが、朝鮮半島ではじめての統一国家であり、単一民族国家である」というのが北朝鮮の公式見解である。したがって北朝鮮では、統一新羅という名称は用いない。また韓国でも近年、「新羅が韓半島（朝鮮半島）全体を統一したのではなく、高句麗・百済滅亡後には北の渤海と南の新羅が並存した」という認識が一般的になってきている。この認識においては、統一新羅の時代は「南北国時代」と呼称され、当然、統一新羅という名称も避けられる傾向にある。

神話によれば新羅の建国は紀元前五七年であり、朴赫居世《パクヒョクコセ》が初代の王であった。統一新羅（南北国時代の新羅）が滅亡して高麗王朝が成立するまで、約千年の間続いた国家ということになる。

歴史的にいえば、新羅の母体は、現在の慶州市を中心に形成された辰韓の斯盧国である。四世紀半ばに歴史に登場する斯盧国は四世紀後半に新羅国と改称する。新羅は当初、百済や倭に攻め込まれたりして弱体であったが、やがて軍事的強国として成長し、百済や高句麗との戦闘を繰り返すことになる。新羅のこの軍事的性格には、仏教や風流（後述）という思想の土台があった。三国時代から新羅では、国家的な決定を行う際に和白《ファベク》という会議を開催した。国内の有力貴族が参加する和白は、全員一致を原則とする合議制度であった。

なお、「新羅」の現代朝鮮語読みは「シルラ」であり、日本語読みは「シンラ」である。いずれも「しらぎ」とは読めない。ではなぜ日本では新羅を「しらぎ」と読むのか。「ぎ」とは「城」の意味であるとする説が有力であるが、別の説もある。現代韓国の金容雲《キムヨンウン》*は、これは「シンラ」に侮蔑を表す「ng-i」という接尾辞が付いた形だという。「ng-i」は、「虎＝horang-i」「尻＝eong-deong-i」「（憎々しく悪がしこい）大蛇＝gurong-i」など、怖ろしいもの、価値の低いもの、邪悪なものを表すときに語末に付くことが多い音である。百済系の人びとが新羅を蔑称して「しんら＋ng-i」と発音していたのを、日本語で表記して「しらぎ」となったというのが、金容雲*説である。

†統一新羅の略史

金庾信《キムユシン》（五九五〜六七三）将軍は、新羅による三国統一を積極的に推し進めた。彼自身は金官伽耶の王族の出身だったが、金官伽耶が新羅に併合された後、彼の妹が新羅の武烈王《ムヨルワン》（金《キム》春秋《チュンチュ》）に嫁いだ。

金庚信は新羅・唐の連合軍を組織して六六〇年に百済を滅ぼした。六六三年には、倭が朝鮮半島に援軍を出し、百済の残存勢力とともに新羅・唐連合軍と戦ったが倭・百済側の惨敗で終わった。この後、倭は新羅との関係をほぼ断つことになる。新羅・唐連合軍は六六八年には高句麗をも滅亡させる。ここに、朝鮮半島の三大国家は新羅一国に収斂されることになった（ただし半島北部から北方に渤海ができる）。

金庚信の死後、新羅軍は唐を撃破し、中国勢力の侵入を防ぐ。この時期を前後して新羅は律令体制を確立していく。六五一年から始まった官僚化は六八五年に完了したが、その後、貴族勢力との角逐となる。律令制度と貴族体制の対立は新羅滅亡まで続く。

	姓		在位年
1	朴	赫居世	前 57-後 4
2	朴	南解次々雄	4-24
3	朴	儒理	24-57
4	昔	脱解	57-80
5	朴	婆娑	80-112
6	朴	祇摩	112-134
7	朴	逸聖	134-154
8	朴	阿達羅	154-184
9	昔	伐休	184-196
10	昔	奈解	196-230
11	昔	助賁	230-247
12	昔	沾解	247-261
13	金	味鄒	261-284
14	昔	儒礼	284-298
15	昔	基臨	298-310
16	昔	訖解	310-356
17	金	奈勿	356-402
18	金	実聖	402-417
19	金	訥祇	417-458
20	金	慈悲	458-479
21	金	毗処(炤知)	479-500
22	金	智証	500-514
23	金	法興	514-540
24	金	真興	540-576
25	金	真智	576-579
26	金	真平	579-632
27	金	善徳女王	632-647
28	金	真徳女王	647-654
29	金	武烈	654-661
30	金	文武	661-681

表３　新羅王朝（統一まで）

	姓		在位年
30	金	文武	661-681
31	金	神文	681-692
32	金	孝昭	692-702
33	金	聖徳	702-737
34	金	孝成	737-742
35	金	景徳	742-765
36	金	恵恭	765-780
37	金	宣徳	780-785
38	金	元聖	785-798
39	金	昭聖	798-800
40	金	哀荘	800-809
41	金	憲徳	809-826
42	金	興徳	826-836
43	金	僖康	836-838
44	金	閔哀	838-839
45	金	神武	839
46	金	文聖	839-857
47	金	憲安	857-861
48	金	景文	861-875
49	金	憲康	875-886
50	金	定康	886-887
51	金	真聖女王	887-897
52	金	孝恭	897-912
53	朴	神徳	912-917
54	朴	景明	917-924
55	朴	景哀	924-927
56	金	敬順	927-935

表４　新羅王朝（統一以後）

九世紀後半になると地方勢力の台頭により、新羅の中央権力は弱体化し、やがて一地方政権にまで転落する。八九二年に甄萱《キョンフォン》が後百済を建て、九〇〇年に正式に後百済王となった。八九五年には弓裔《クンイエ》が後高句麗を建てた。ここから先を後三国時代という。九一八年に高麗を建てた王建《ワンゴン》は弓裔の後高句麗から出ている。九二七年に新羅の景哀王《キョンエワン》が甄萱によって殺され、九三五年、ついに敬順王《キョンスンワン》が高麗に降ってここに新羅は滅亡した。

新羅は真の意味で国際的な国家であった。多くの知識人や商人が中国を中心とした東アジア世界で活躍した。崔致遠《チェチウォン》のように中国の科挙に合格して国際的に活躍した知識人も多かった。また仏僧にも、中国で活躍した者が多かった。また元暁《ウォニョ》のように、新羅から出ることはなかったがその著作が中国・日本に渡って高く評価された仏僧もいた。商人たちは朝鮮半島を出て中国に拠点を持って活躍した。「国際的であること」の意味を、この時代の日本と新羅との違いから考察することも可能であろう。日本は新羅に比べると圧倒的に非国際的であった。もちろん「奈良はシルクロードの終着点」という認識は正しいし、中国や朝鮮半島との交流も盛んだった。だが新羅のような中国との距離的・心理的な近接さは、日本には足りなかった。高句麗や百済を滅ぼす過程およびその後に、唐とのあいだに政治的な緊張や対立があっても、結局は文明的世界観において新羅は中国化した。これに対して日本は結局、国風化という方向性を歩んだ。この違いは、後の日本と朝鮮半島の歩みを考えるうえで重要である（表3、表4参照）。

†新羅の文化

新羅の国祖である朴赫居世と第二代の南解次々雄《ナメチャチャウン》はあきらかに司祭王であり、巫であった。したがって新羅文化にはシャーマニズムの色彩が濃い。

新羅で漢字が使用され始めたのは高句麗・百済よりかなり遅く、六世紀のことであるとされる。

新羅では山と河に対する信仰があった。統一後には五岳《オアク》という五つの山（吐含山《トハムサン》、父岳《プアク》、太伯山《テベクサン》、地理山《チリサン》＝智異山《チリサン》、鶏竜山《ケリヨンサン》）に対する信仰があり、国家的祭祀の対象となった。五岳には五岳神君や五岳神と呼ばれる山神がいるとされた。

山水に遊ぶことは、花郎《ファラン》思想（後述）ともあいまって、新羅の思想の根幹をなす。現代韓国の歴史家・李基白《イギベク》*は「新羅の国家的祭祀の対象になった山・川・鎮・海などは、みなこのような花郎の呪術的宗教的な儀式を行なう、いわゆる遊娯の対象地であったのであろう」という

(『韓国史新論』)。また、五岳すべて華厳思想と関係があったともいう。「遊娯」こそ、朝鮮民族の美意識の根幹ともいえる「モッ」(第二章参照)という概念と密接に結びつく。それは自然の霊的なエネルギーの流動と自己の身心を同期させ、人工的な価値の体系から逸脱することである。

新羅時代の著名な建築や芸術作品は、主として仏教思想によってつくられたものである。都には大伽藍の壮麗な仏教寺院が数多くつくられた。また仏国寺《プルグクサ》の石窟庵《ソックルアム》にある石仏(如来坐像)はその優美かつ泰然とした姿が傑出しており、東アジア仏教美術の最高傑作のひとつと考えて間違いない。「燦爛たる」という形容にまさにふさわしい仏教文化が花開いたのが、新羅であったといえる。そしてその美は、踵を接する諸隣国との軍事的戦闘を含めた、極度の危機意識と死の自覚の最先端から発出していた。

なお、新羅には「新羅的霊性」とでも呼んでよいような、特別な精神性がある。この「新羅的霊性」が、元暁(会通の仏者)、義湘(理の華厳学者)、花郎(風流的霊性)から後代の李退渓(理の儒学者)、崔済愚(東学の創始者)などへ脈々と流れてきたのだと考えると、歴史的に慶尚道から次々に輩出されてきた高い精神性の体現者を理解する、ひとつの切り口になるかもしれない。ふつうは韓国でも北朝鮮でも、国家あるいは民族単位で思想史を考えるので、右のような(新羅的霊性の継承という)把え方はしない。たとえば前にも述べたように、李退渓は支配者側の理の思想家であり、崔済愚は民衆により近い気の思想家であって、両者は完全に反対側の方向を向いた接点のない人物であるというのが、一般的な韓国・北朝鮮の思想史における把え方である。だが、「新羅的霊性」という概念を導入して歴史を見てみるならば、李退渓の理の発動性・能動性および天への畏敬と、崔済愚の気的霊性の発動性および自我と天との合一感とは、深い底流のどこかでつながっているという新鮮な見方も可能になってくる。思想史の枠組みを国家や民族という単位から解放する道を切り開くことにもなる。

5 新羅の仏教

†仏教の興隆

新羅は仏教が盛んであった。新羅の仏教は「新羅の」仏教というだけでなく、同時に世界仏教でもあった。中国仏教の最先端を中国とリアルタイムで共有し、それとの同時発展という性格を持つ。円測・元暁・義湘などがその典型的な例である。また唐の山東半島には多くの新羅人が居住し、張保皐《チャンボゴ》(七八七〜八四六)が建立した赤山法華院という寺もあって多くの新羅僧が修行していた。だが実は、新羅仏教の全貌はまだくわしく解明されていない。護国的性格が強いとされ、特に統一以前は軍事的性格がきわめて強かったとされる。

新羅には高句麗、百済よりも仏教は遅く入った。入った年は不詳だが、訥祇王代《ヌルジワン》(四一七〜四五八)という説と毗処《ピチヨ》(炤知《ソジ》)王代《ワン》(四七九〜五〇〇)という説がある。前者が有力である。

そもそも新羅は高句麗や百済に比べると中国から遠く、中国との交通路が高句麗・百済によって遮断されていた。このことが、新羅への仏教伝来が遅かった最大の理由であろう。しかしこのほかに、新羅自体の文化的理由もある。これについては諸説があるが、主なものは次の二つである。ひとつめは、新羅のシャーマニズム的な思想土壌があまりにも強かったので、仏教が容易に入りえなかったとする説。これは日本が仏教を受容したときの状況と似ている。もうひとつは、新羅の質実剛健な気風が、仏教のような精緻な教理体系を容易に受け付けなかったという説である。いずれにせよ、新羅では当初、仏教に対する排斥運動が強く展開された。しかし一旦仏教が受容されると、一気に仏教全盛の時代を迎えることになった。

金煐泰《キムヨンテ》*によれば、統一新羅時代に五教宗および九山禅門が形成されていたが、これらが明確な宗派として成立していたという証拠はない(『韓国仏教史』八七頁)。

なお、仏教の信仰・祭祀施設を「寺」というが、この語は本来、中国では「役所」の意味であった。日本語では「てら」、朝鮮語では「절(チョル)」という。日本語「てら」の語源は、堂宇の荘厳が照り輝くからだという説(契沖による)や、パーリ語の「thera」であるとする説

があるが、前者は牽強付会にすぎないし、後者のパーリ語は「長老」という意味なので見当違いの説である。「てら」の語源はふつうに考えて朝鮮語「절（チョル）」であるといってよいだろう。

だが、この「절（チョル）」の語源はそもそも何であろうか。「寺刹」の「刹」という漢字の朝鮮語読み（「チャル」）であるという説や、「礼拝」を表す朝鮮語（「チョル」）から来ているという説などがあるが、これらに対して江田俊雄*と許充*は次の説を唱える。『海東高僧伝』などによると、新羅訥祇王（四一七〜四五八）のときに墨胡子《ムクホジャ》が高句麗から一善郡にやってきて仏教を伝えたのだが、そのときに郡人の毛礼という者が自宅に窟室をつくって墨胡子を迎え入れた。さらに毗処王代（四七九〜五〇〇）に阿道《アド》和尚が高句麗から来たときも、その侍者とともに毛礼が自宅に迎え入れた。新羅では最初仏教がなかなか浸透せずに排斥されたが、数少ない信者たちは毛礼の家を訪れて信仰に入った。この毛礼を郷札（万葉仮名のようなもの。後述）で読むと、「トルレ」となる（「毛」の訓が「トル」）。新羅仏教の最初期に弾圧された仏教信者たちの秘密の集会所だった「トルレ（毛礼）」の家が、新羅において仏教信仰施設の名となり、それが日本に伝わって「てら」となったとするのである。

この説は、「刹（チャル）」説よりも母音調和の点で説得力がある（「절〈チョル〉」も「毛＝トル」も陰母音だが「刹〈チャル〉」は陽母音）。魅力的な説といえよう。

新羅は偉大な僧を数多く輩出した。代表的な僧は以下のとおり。

円光《ウォングアン》法師。五八九年に中国に行く。中国で名高い。後述。

慈蔵《チャジャン》律師。唐で戒律学を修め、新羅の仏教組織・教団を整備した。

円測《ウォンチュク》法師（六一三〜六九六）。唯識。新羅の王族の出身である。中国で玄奘の弟子となった。唯識学の大家である。著述としては『成唯識論疏』二十巻、『唯識二十論疏』二巻、『解深密経疏』十巻があったが、現存するのは『解深密経疏』の第一巻から第九巻までである。これはチベットにまで伝わった。弟子に道証《トジユン》があり、その系統に大賢《テヒヨン》がある。

元暁《ウォニョ》大師。和諍・会通。後述。

義湘《ウイサン》（義相）大師。海東華厳。後述。

憬興《キョンフン》法師。新羅浄土の代表だが唯識も修める。

大賢《テヒヨン》（太賢）法師。新羅瑜伽の開祖。後に海東法相宗の祖とされる。

無相《ムサン》大師。新羅禅。

真表《チンピョ》律師。法相宗といわれる。

道義《トイ》国師。南頓禅を新羅に公式的に初めて導入した。そのため、曹渓宗祖とされる。

無染《ムヨム》国師。南頓禅。

順之《スンジ》和尚。禅教会通。

梵日《ポミル》国師。禅。
道詵《トソン》国師。高麗建国時に高麗側で活躍。

†円光と「世俗五戒」

統一以前の新羅仏教の軍事的・護国的性格をよく表すものとして「世俗五戒」がある。真平王《チンピョンワン》代（五七九〜六三二）に円光《ウォングァン》（五四二〜六四〇、俗姓は朴《パク》）が貴山《クイサン》・箒項《チュハン》という二信士に「世俗五戒」を示した。円光は辰韓（新羅）出身だが陳・隋で大乗・小乗の仏教を修め、中国で名声が高かった僧である。儒教および道家思想にも通じており、九十九歳まで生きた。「世俗五戒」は以下の通りである。①君に事えるに忠を以てす。②親に事えるに孝を以てす。③友に交わるに信を以てす。④戦に臨むに退く無し。⑤生を殺すに択《えら》ぶ有り。貴山・箒項は百済との戦闘において「臨戦無退」を実践して壮烈な戦死を遂げた。

この「世俗五戒」は円光がつくったのではなく、古くから伝承されてきたものを円光が祖述したものだとする見解があるが、この立場のなかには、このような倫理がすでに古朝鮮ないし三韓の時代から朝鮮にあったのだとする見解がある。

†元暁

元暁《ウォニョ》（六一七〜六八六、俗姓は薛《ソル》、和諍国師《ファジェンククサ》）は新羅が生んだ真に国際的なレベルの哲学者である。「元暁」は「セベあるいはカッパルギ＝あかつき、夜明け」の訓写といわれる（金思燁＊の説）。

元暁は多作であり、仏教の経論に対する註釈九十部など総二百四十巻の本を書いた。なかでも『華厳経』や『大乗起信論』に対する註は有名で、中国や日本でも大いに参照され、尊崇された。

彼の行住座臥は自由奔放であり、風顚《ふうてん》（破天荒なこと）する僧であった。街で念仏歌舞をしつつ山で座禅をし、酒楼や軍陣や宮廷にも出入りした。彼の息子の薛聡《ソルチョン》は大儒として著名となった人物であるが、王（武烈王）が元暁に嫁がせた新羅宮廷の王女とのあいだにできた子である。なお、元暁の弟子の審祥《シムサン》が日本に華厳を伝えた。

元暁といえば有名な故事がある。義湘（後出）とともに入唐しようと試みて遼東まで進んだ元暁が、ある夜、闇夜に宿った塚間にて一器の水を飲んだ。翌朝それが、髑髏に溜まった汚水であったことを知った元暁は嘔吐を催したが、たちまち悟るところがあった。そして「心生ずれば種々の法生ず。心滅すれば髑髏不二、三界唯心にして心外に法なし、胡《いずくん》ぞ別に求めんや。

我唐に入るを要せず」といって新羅に引き返した。この故事は東アジア全域で有名なものであり、日本にも大いに伝わった。三島由紀夫の小説『春の雪』にもこのエピソードが挿入されている（ただし不正確である）。

元暁は破天荒な行動で有名であった。新羅宮廷の王女との間に子（薛聡）を設けてから後は、俗服に着替えて小姓居士（小性居士とも）と名乗った。芝居の俳優が大きな瓢《ふくべ》（の仮面）を持っていたのを真似て元暁も道具をつくり、「無碍《むげ》」と名づけた。国中の村や集落を経めぐりながら「無碍」を持ち、歌をつくって歌い、舞を舞って仏教を広めた。これにより無知蒙昧の民衆がすべて仏教を知り、「南無阿弥陀仏」を念ずるようになった（以上、『三国遺事』）。

†「和諍」と「会通」

さて、元暁哲学の最大のキイワードは、総合性と融通性の哲学である「和諍」と「会通」であろう。有名な著作に『十門和諍論』があるが、「和諍」は仏教諸宗派の「会通」の論理を説いたものである。「会通」は英語で「シンクレティズム」と訳されることがあるが、いわゆる折衷主義とは異なる。

空理空論が雲のように奔出し、ある者はわれこそが正しく他は誤りといい、またある者はわが説が然りとして他の説は然らずとする。（『十門和諍論　序』）

このような百家の闘争と自閉の弊を打破するために、元暁は言説の分類をする。仏教の言説には、理論の定立と論破の二つがある。前者を「与」「還」「許」といい、後者を「奪」「往」「不許」という。龍樹の中観や十二門論は後者のみの言説であり、弥勒の瑜伽論や無着の摂大乗論などは前者のみの言説であって、どちらも偏っている。仏教の言説が論争に終始する理由はここにある。定立と論破のどちらかに偏ってしまうのだ。だが『大乗起信論』のみは、この二つのどちらも完備している。だからこれこそが、あらゆる論の祖宗なのだ。元暁はこのように主張して、「与・奪」「立・破」「許・不許」の二項対立を乗り越えた言説として『大乗起信論』をもっとも高く評価した。『起信論』に対する彼の疏は「海東疏」として中国にも知れ渡った。朴鍾鴻*によれば、これは僧朗の中論的な立場（「奪」「破」「不許」）と円測の唯識的立場（「与」「立」「許」）を止揚したもので、韓国仏教ないし全仏教思想の正しい方向性を明示したものだという。

元暁が「同」と「異」についていかに考えたかを見てみよう。十九世紀はじめにヘーゲルが考えたことが、すでにここでは熟考されている。

同というのは、同を異から弁別したものであり、異というのは異を同から明らかにしたものである。異を同から明らかにするというのは、同を分けて異とするのではないし、同を異から弁別するというのは、異を殺して同とするのではない。まさに同は異を殺すものではないのだから、これを同とはいえない。ただ異だということができないのだから、これを異とはいえない。ただ異だということができないので、異は同を分けるものではないのだから、これを同だといえるのであり、同だということができないのでこれを異だといえるだけである。同といっても異といっても、二ではないし別でもない。(『金剛三昧経論』)

この論法を元暁は一と多、真と俗、色と空の関係にも貫く。これを朴鍾鴻*は「相互浸透」「相互転換」の妙理と呼ぶ。

†「離辺非中」

「和諍」「会通」と関連して、元暁の哲学的境地をよく表わす語のひとつとして、「離辺非中(辺を離すれども中に非ず)」がある。

有でもなく無でもなく、ふたつの辺を遠く離れ、かつ中道にも執着しない。もし無でなければすなわち有に堕し、有でなければすなわち無に当たる。もし無でなくて有でなく、有でなくて無に堕さないというなら、すなわち重いのに低くおらず、軽いのに高くおらないのと同じである。(中略)あるいは実有に執着してプラスの方向性のみを追求し、あるいは空無に執着してマイナスの方向性のみを追求する。また俗は有で真は空であると考えてふたつの辺に分かれれば、このふたつは互いに異なるという論に堕す。さらに有でもなく無でもないと考えて中なる辺に執着すれば、結局何も考えない論に堕す。(『遊心安楽道』)

結局は、概念的思考そのものが、世界を間違って把えることにしか奉仕しない。形式論理を超えたところに真理があるにもかかわらず、真理を語るには形式論理に仮託した「なんらかの言語」を使用しなくてはならない。ナーガールジュナ(龍樹)以来インドおよび中国の大乗仏教界で議論しつくされた勝義諦と世俗諦の問題が、はるか東方の新羅の地で、唯識や浄土や華厳を包越する態勢で語られ直す。おそらくこの総合性と包越性こそ、海東仏教の最高の霊性的表現だったのである。そこでは単に華厳を語るように見えて実は華厳のみを語っているのではなく、単に中論を語るように見えて実は中論のみを語っているのではない。華厳や中論や唯識の言葉を語っている字間に、禅や浄土や密教が入りこんでいると見なくてはならない。それこそが「会通」なのである。

この語り方は、後に朝鮮時代の性理学において、表面的には朱子学のみを語っているように見えながら、実は陽明学や道家や仏教を包越しようとする李退渓の語りの態度に、受け継がれている。このような朝鮮的霊性のあり方をつかまえることができないと、朝鮮思想史を真に理解することはできない。表面を見ていてはだめなのである。ここが、表面を見ているだけであるていど理解できる日本思想との違いである。

辺を離れるが中ではなく、中ではないが辺を離れるゆえに、不有の法は無に住するのではなく、不無の相は有に住するのではない。一でないと同時に二を融するのであるから、真ではない事だといっても俗になるのではなく、俗ではない理だといっても真になるのではない。二を融するけれども一ではないがゆえ、真俗の性が定立しないものはなく、染浄の相がそなわらないものがない。辺を離れるが中ではないゆえ、有無の法が生じないことがなく、是非の意が周延しないものがない。それゆえ破することがないまま破されざることがなく、定立することがないままに定立せざることがないゆえ、これを称して「無理の至理」、「不然の大然」というのである。(『金剛三昧経論』)

有でもなく無でもない。両極端でもなければ中道に執着するのでもない。破でもなく不破でもないし、立でもなく不立でもない。これこそ「無理の至理」であり「不然の大然」である。これが和諍の論理なのであり、和諍とは無諍なのである。現代韓国の論者のなかには、元暁のこの哲学が、十九世紀に同じ慶州で東学を開いた崔済愚の不条理哲学である「不然其然」につながっているのだという者がある。これもまた、朝鮮的霊性ないし新羅的霊性の伏流水が歴史のはざまはざまに噴出した例なのかもしれない。

†哲学史上の元暁をどう把えるか

元暁は朝鮮の生んだ最大の哲学者のひとりである。したがって、当然、韓国においては哲学的英雄として扱われている。しかし、その英雄としての扱われ方に実は、元暁を理解できなくする契機が潜んでいるのではないかとわたし（小倉）は思っている。つまり、元暁の「和諍」や「会通」の哲学的深奥さが民族主義的に強調されるあまり、それを唱えた元暁という人そのものへの理解が弛緩するのではないか。わたしの考えでは、元暁の本質はニヒリズムである。華厳、唯識、禅、念仏というまったく異なる世界観を同時に身体化しえた彼の根底には、ニヒリズムがあったであろう。そのニヒリズムの深淵を理解できなければ、「和諍」も「会通」も表面的な記号に堕してしまうのである。だが寡聞にしてわたしは、元暁をニヒリズムという視点から把える韓国の学問的成果を知らない。「元暁はニヒリズムである」と韓国でひとこといえば、アカデミズムの世界からは半永久的に排除されてしまうであろう。

また元暁をどう把えるかということは、朝鮮思想だけではなく、日本思想を理解するうえでも重要な参照軸となる。古代ギリシアでも、インドでも、中国でも、哲学的議論の成熟段階において必ず、それらの議論自体を哲学的に問うという思潮が起こる。これには大きくいってふたつのタイプがある。ひとつは「ある哲学的主張の論理的根拠はなにか」というタイプの問いであり、もうひとつは「あらゆる哲学的主張は論理的にいって根拠がない」というタイプの問いである。これをいま「メタ・メタフィジックス」と呼ぼう。形而上学（メタフィジックス）を論理学的に哲学するという意味である。古代ギリシアではソフィストとソクラテスがそれにあたり、インドではニヤーヤ学派を絶頂とするインド論理学の発達がそれである。中国でも、荘子、恵施、名家、後期墨家がそのような使命を担った。哲学の発祥地には必ずこの運動が起こる。そして元暁こそ、朝鮮における最初の「メタ・メタフィジシャン」であった。

ところが、日本には「メタ・メタフィジックス」は道元に至るまで登場しない。「メタフィジックス（形而上学）の論理哲学的根拠をメタレベルで問う学問が発達しないところに、哲学的思惟の深化はない」といってよいならば、日本にはやはり、道元に至るまで哲学はなかったのである。このことの意味をいま、朝鮮との関係において考えてみるなら、「日本でメタ・メタフィジックスが出てこなかったのはなぜか。もしかすると朝鮮の元暁がそれをラディカルにやってしまったので、それを受容した日本では独自のメタ・メタフィジックスが必要なくなったのかもしれない」という仮説を提示することも可能であろう。あるいは日本では、紫式部や藤原定家が、このメタ・メタフィジックスを非哲学の形式（理論的・原理的認識形式の無化）でやったのだ、と考えることができるのかもしれない（本居宣長は紫式部がそうしたと考えた）。

このように朝鮮思想を知ることは、日本思想（その欠落した部分も含めて）を知るうえで有用なことなのである。西洋・インド・中国との比較だけでは得られない日本に関する知見や洞察を、朝鮮を知ることから得ることが可能なのである。

†義湘

義湘《ウイサン》（六二五〜七〇二：義相とも書く）は新羅の高僧である。元暁とならんで、新羅仏教においてもっとも重要な僧とされる。彼は唐に行き、そこで華厳を学んだ。華厳宗（中国）の第二祖である智儼《ちごん》の弟子となって、独創的な華厳解釈を展開した。智儼の死後、その後継を託されたが、固辞して新羅に帰国した。帰国後に海東華厳宗を開いたとされる。浮石寺《プソクサ》を建立し、根本道場とした。『華厳一乗法界図』など多数の著書があるが、ほとんどが失われている（ただし『華厳一乗法界図』は、七言三十句の詩の部分は智儼が書き、図と解釈は義湘が書いたという説もある）。

義湘の重要性は、唐における華厳哲学の本拠地に行ってその真髄を学び、華厳の第一人者になっただけでなく、自ら独創的な華厳哲学を構築したことにある。もし彼が新羅に戻らず、唐に残ったならば、智儼の後継者として、中国における華厳哲学の中枢でその思想的発展の中核を担ったはずだと多くの仏教学者が推測している（智儼を継いだのは義湘の友人の法蔵であった）。

華厳思想は、新羅のあと、高麗および朝鮮においても、朝鮮仏教の哲学的中心の位置を堅持したので、義湘の役割は特に重要である。もちろん朝鮮仏教は、唯識・禅・天台・浄土・密教などの多様な哲学を受容しているが、新羅以降、現代韓国にいたるまで、多くの時代にその中心を占めたのは華厳である。中国仏教や日本仏教と比較するとき、華厳の影響が特別にもっとも強いのが朝鮮仏教だといってよい。なぜ朝鮮仏教においては華厳が継続してその哲学的な中核として機能してきたのかについては、いくつかの説があるが、決定的な説得力を持つものはない（後述）。

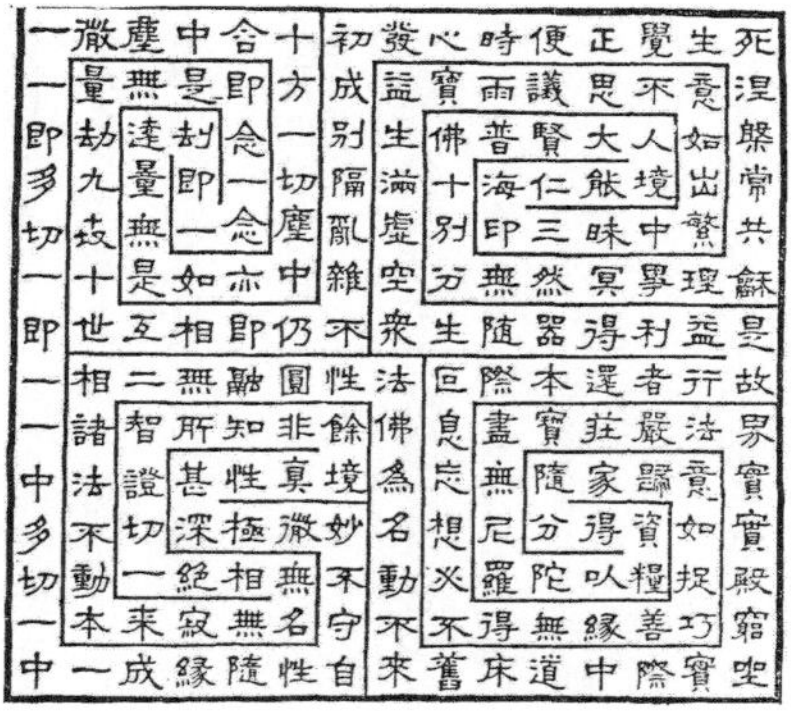

義湘『華厳一乗法界図』

義湘の『華厳一乗法界図』は、華厳の教えを独特の方式で図式化したものだが、現代韓国においても多くの仏教信者によって信奉されているものである。後に朝鮮時代の儒者である李退渓《イテゲ》が朱子学の教えを「聖学十図」に図式化したが、仏教（華厳）における義湘作の図と、儒教（朱子学）における李退渓作の図は、朝鮮が生んだ二大哲学図であるといえる。

†理の哲学の始原

義湘の華厳学の特徴をひとつだけ挙げるなら、「理理無礙」ないし「理理相即」を主張したことである。中国の華厳学（澄観）では、事法界、理法界、理事無礙法界、事事無礙法界の四つの法界を説くが、義湘は理理無礙も説いた。

三乗教のなかで分別の病を治そうと欲して、事を会通し理にはいることを宗となすため、もし別教一乗によるならば、理理相即でありながら、また事事相即も得られ、また理事相即も得られる。（義湘『華厳一乗法界図記』）

この「理理相即」という観念に対しては、本性としての理（空）と、諸法それぞれの理（空）が相即するという解釈がある。その際に、前者が主体となって後者の理を相即させるという（金杜珍*『義湘、その生涯と華厳思想』民音社、一九九五）。

なお、義湘の理理無礙は、後代（高麗時代）の均如《キュニョ》に受け継がれる。義湘―均如の理理無礙の議論が、後の朝鮮時代の朱子学におけるさまざまな論争（四端七情論争、人心道心論争、人物性同異論争など）に霊性的に受け継がれていったのだという仮説を立てることも、さして無謀なことではないのかもしれない。華厳における本性としての理（空）は性理学における一理であり、華厳における諸法それぞれの理（空）は性理学における万理に近い。つまり朝鮮において、理と理の関係を主題的に深く問うという枠組みは、仏教と儒教の壁を越えて、新羅時代から朝鮮時代末期まで綿々と続いたのだと想像することも、許されるのではないだろうか。

なお、日本の鎌倉時代の明恵房高弁は華厳宗の興隆を志したが、彼が尊崇したのが義湘であった。彼は義湘へのオマージュとして、画僧の成忍《じょうにん》と俊賀法橋に「華厳宗祖師絵伝（華厳縁起）」を描かせた。

†華厳思想

新羅の義湘以後、朝鮮仏教でもっとも重要視されてきた哲学は華厳である。もちろん華厳以外の教えも積極的に受け入れたが、特に高麗の知訥以後は、禅と華厳の両軸が、現代韓国にいたるまで、多くの時代において朝鮮仏教の中心であった（時代によっては法華が主流となったりもした。また民衆の信仰はずっと浄土が盛んだった）。

なぜ朝鮮では華厳が突出した地位を保つことができたのか。ここで少しこの問題を考えてみよう。

新羅の義湘の華厳思想に対して、韓国では、一九七〇年代に「専制王権理念説」が強く主張された。これは日本の中村元*や鎌田茂雄*の説を援用して、華厳の円融思想は専制王権を支えるイデオロギーと考えるものである。一九七〇年に「専制王権理念説」を最初に唱えたのは金文経*だった。彼は、華厳の「一即多、多即一」は強力な中央集権的国家を必要とし、また「一心、唯心」思想は万物を統摂しようとする帝王が四海を支配する体制に合致すると主張した。つまり華厳は大衆とは遊離し、王室・貴族勢力と密着した思想だとする。この後、韓国を代表する歴史家である李基白*もこの「専制王権理念説」にのっとって義湘の思想を解釈した。一九八〇年代に入って、この「専制王権理念説」に対する反論が提起されはじめたが、その論旨は、「一即多、多即一」は専制王権を擁護する思想ではなく、社会の調和と平等の理論であったとするものであった（以上、南東信*「義相華厳思想の歴史的理解」、『義相の思想と信仰研究』義相記念館編集、仏教時代社、二〇〇一による）。

この論争は現在にいたるまで続いている。なお「華厳は調和と平等の思想」と考える論者のなかには、「（華厳ではなく）儒教こそが専制王権を支える思想である」と考える者が多い。ここでわたしたちが注目すべきなのは、思想と現実の関係に対する二項対立的な解釈傾向である。

つまり仏教（華厳）と儒教のどちらが専制主義的なのか／水平志向的なのかという問いが、まさに二律背反的に追求されているのである。

†仏教の変遷、禅の流入

円測の唯識、義湘の華厳、そして元暁の十門和諍——新羅の仏教はまさに中国仏教の最先端の現場と呼応しつつ、ときにそれを超え、前進する「生覚《センガク》（考えること）」であった。だが統一新羅後期になると、この「生覚（考えること）」は論理の精緻さではなく、現実の苦難のほうへ急速に目を向けはじめる。禅と弥勒信仰の隆盛がそれである。密教も流行した。密《ミル》本《ボン》、明朗《ミョンナン》、恵通《ヘトン》などの名が残る。

朴鍾鴻*は仏教界のこの動きと、同じく新羅末期に流行した風水説をあわせて、次のように解釈する。現世の苦難を乗り越えようとするとき、永遠なる来世の彼岸にそれを求めるのではなく、此岸の現実世界において希望を求めるという「未来像の現世的集約の深化」こそが、韓国思想を一貫する土台である。そしてその韓国的な結実として天道教の「人乃天（人すなわち天）」（第七章参照）の思想があるのだ、と（『韓国思想史（仏教思想篇）』一二八～一三〇頁）。

また、新羅時代には中国から禅が流入した。主として六祖慧能の南宗禅が入唐新羅僧によって伝えられた。新羅時代に禅が入ってきたことは、その後の朝鮮仏教の性格を考える上で非常に重要である。なぜなら高麗時代以降、教理は華厳、修行は禅という二つの柱によって整序されたからである。

禅は新羅・恵恭王《ヘゴンワン》の時代に唐から入ってきたとされる。神行《シネン》が北宗を導入し、道義《トイ》が南宗を伝来したとされる。このうち神秀（唐）の北宗系統は朝鮮では発展せず、六祖慧能の南宗系統が大きく発展し、以下の九山を成したとされる。道義の迦智山（光州）、洪陟《ホンチョク》の実相山、恵哲《ヘチョル》の桐裡山、梵日《ポミル》の闍崛山、玄昱《ヒョンウク》の鳳林山、道允《トユン》の獅子山、無染《ムヨム》の聖住山、智証《チジュン》の曦陽山、利厳《イオム》の須弥山（海州）がそれである。この九山を中心にして、新羅では六祖慧能の南頓（頓悟《とんご》を重視する南宗）が盛行した。この流れが、高麗時代の知訥《チヌル》に至って朝鮮禅の最高の境地に達する。

†阿弥陀信仰・弥勒信仰

朝鮮には新羅時代だけでなく、近代にいたるまで「浄土宗」という宗派は存在しなかった。だがこのことは浄土信仰の不在をもちろん意味しない。むしろ新羅時代以降、朝鮮における浄土信仰は熱烈であった。

『三国遺事』には新羅における阿弥陀信仰の実例が多く記述されてある。また元暁が歌舞をしつつ村落の民衆に仏教を伝え、すべての民が「南無阿弥陀仏」を唱えたという『三国遺事』の記事を信じるならば、元暁の時期にすでに新羅では浄土信仰が浸透していたということになる。

このため、「元暁が浄土宗を開いた」という俗説がかなり広く信じられている。

また新羅においては阿弥陀信仰とともに、弥勒信仰もきわめて盛んであった。それを表わすかのように、弥勒菩薩半跏思惟像も新羅に多く伝わる。

弥勒下生信仰は花郎《ファラン》思想に摂り入れられ、弥勒が花郎として現世に現われることが信じられた（後述）。

また新羅末には弥勒下生信仰が、弓裔《クンイエ》という特異な人物を生み出した。弓裔は自らを弥勒仏と称し、朝鮮半島中部の鉄原《チヨルウォン》に泰封《テボン》という国を立て、自らは絹で飾った白馬に乗り、香花を持った童男童女に先導させ、梵唄する二百人以上の比丘を後方《しりえ》に従えて外出した。自ら二十余巻の仏経を述作したがその内容は妖妄であった。釈聡《ソクチヨン》という僧がそのことを指摘すると、弓裔は鉄具で釈聡を打ち殺した。夫人・康《カン》氏が夫を諫めるや弓裔は怒って夫人の陰部を鉄棒で裂いて殺した。青光菩薩《チヨングアンボサル》、神光菩薩《シングアンボサル》と名づけたふたりの息子も殺した（以上、『三国史記』および李能和*『朝鮮仏教通史』による）。

弓裔を評して近代韓国の哲学者・朴鍾鴻*は「惑世誣民《わくせいふみん》」と語っているし、韓国における弓裔に対する評価は大方の場合、「惑世誣民」で終わっている。しかし新羅末という乱世にあって、なぜ弓裔のような魅力的な人物が生まれたか
は、儒教的な道徳的統治の理念からはずれて多角度から検討されるべきことではないだろうか。朝鮮史には、「不道徳である」という理由一点

だけで「春秋の筆法」により「惑世誣民」というレッテルを貼られてしまい、それ以上の解明や解釈がストップしてしまう対象が数多い。弓裔もそのひとりだが、早く歴史研究や思想研究が儒教的道徳観から解放されなくてはならない。

6　新羅の仏教以外の思想

†花郎の思想

花郎《ファラン》とは、新羅における青年貴族戦闘集団の長であった。平時には山水での遊楽・修行をし、戦時には率先して戦う美しい青年集団が花郎徒であり、その指導者が花郎である。六世紀前半に初めて登場し、新羅滅亡まで存続した。その間に花郎となったのは約二百人であるといわれ、花郎徒はひとりの花郎につき数百人から千人に達したといわれる。

ここでは花郎を謳った郷歌（新羅時代の歌謡）を二首だけ、金思燁*の訳で紹介しておこう。『三国遺事』に収録されているものである。

まずは耆婆郎《キパラン》という花郎を讃えた郷歌である。研ぎ澄まされた美意識と冷たいエロティシズムが、馥郁たる詩語に深い〈いのち〉を与えている。

仰ぎ見れば、円《まど》やかなる彼の月、白雲追いて行くにはあらじ。
水多き川辺に、耆郎の面影宿せり。
イロ川のがけに、郎よ、御心の端を追わんとするなり。
ああ、栢の枝高く、霜を知らぬ花主よ。（金思燁*訳『三国遺事』一四二～一四三頁）

もう一首は、竹旨郎《テマラン》（竹曼郎とも）という花郎の部下である得烏《シルオ》（谷烏とも）が竹旨郎に対する恩義と恋心を美しく謳いあげたもので、おそらくここには、戦いを任務とする美しい男どうしの燃え上がるような恋の心という、後世の日本の武士が身につけていた心性の原型がある。

春は逝《ゆ》き　郎《きみ》いまさずて　涙ながれ　胸ふたぐ、慈しみ受けしこの身に　あやまちのなきを
念《おも》う。束の間に　郎にまみえんや。郎を慕《おも》う　わがこころ　たどりゆくは　あわれ。
ああ、にが蓬《よもぎ》茂れる草小路　まどろむ夜のあるべきや。（金思燁*訳『三国遺事』一三六～一三七頁）

花郎の思想は儒・仏・仙（道）の三教を合一させたものであり、「風流」といわれた（実際は

この三教のほかにシャーマニズムも混入している)。

新羅で弥勒下生信仰が盛んになると、花郎と弥勒が渾然一体化して認識され、花郎そのものが信仰の対象となった。たとえば真智王《チンジワン》（五七六〜五七九）のとき、興輪寺の僧が弥勒仏の前で「願わくば花郎に化身してこの世に現われたまえ」と篤く祈った。ついに僧侶が夢に出、「熊川・水源寺に行けば弥勒仙花に会うことができる」と告げた。僧が水源寺に行くと、門外に眉目秀麗な美少年が立っている。山の霊の話によればその美少年こそが弥勒仙花であった（『三国遺事』）。金思燁*によれば、新羅語では「花（コッ）」と「竜（クッ）」はほぼ同音であり、また「竜」を表わすもうひとつの語である「ミル」は「弥勒（ミルク）」と通じる。つまり花＝竜＝弥勒なのである。

なお、戦前の典型的な大和民族中心史観を代表する日本の歴史家・鮎貝房之進*は、次のように語っている。花郎道は新羅の固有民族性の発露ではあるが、新羅つまり現在の慶尚道の地における最も主要な民族は大和民族であったので、「忠義のために死を択ぶ」「花郎気質」は、大和民族の「義俠にして生を軽んずる」気質そのものだという（鮎貝*「花郎攷」）。典型的な日鮮同祖論であり、植民地史観であるといえる。

新羅の大学者・崔致遠《チエチウオン》は花郎に関して、「実乃包含三教、接化群生」といった（「鸞郎碑序」）。花郎の思想的本質は、儒教・仏教・道教の三教を包含したものだというのである。しかるに前述の鮎貝は、逆に「花郎道の頽廃は全く三教の接化なり」という（鮎貝「花郎攷」）。鮎貝によれば、儒教・仏教・道教経典の絢爛たる文章に心酔してしまった新羅人が、元来持っていた「誇るべき性情と習俗とを、全然放棄」してしまった。そのために花郎道は衰退してしまったのである。戦前における日本の国粋主義的思想家が、朝鮮の思想をいかなる視角から見ていたかが如実に表われている見解だといえよう。

†崔致遠・薛聡

崔致遠《チエチウオン》（八五八～？、号は孤雲《コウン》・海雲《ヘウン》、慶州崔氏の始祖）は新羅が生んだ国際的な大学者である。彼は少年のときに唐に行き、科挙に合格してそこで活躍した。特に文章に優れていた。だが新羅に帰国後は志を得ることができず、放浪と詩作とを娯しんだ。

崔致遠の「接化群生」（前出）という言葉こそ、この民族の「ハン的霊性」をもっとも短く的確に表現したものだというのが、現代韓国の哲学者である金泰昌*である。金泰昌*は「接化群生」を「接して化せば群生す」と読み、「接」とは「中心と中心が出逢うこと」であり、「化」は「変わること」、「群生」は「もろもろの存在が生まれる」という意味であるとする。そしてこれこそ究極の生命思想である韓国固有の「ハン的霊性」の表現であるとする。

また現代韓国の詩人・金芝河は、十九世紀末の東学が自分たちの自治の単位を「包」「接」

と呼んだのは、崔致遠の「包含三教、接化群生」から取ったものだ、という説を唱えた。この説は東学史研究者からは否定されているが、崔致遠の「包含三教、接化群生」という言葉の影響力の大きさを物語る。

薛聡《ソルチョン》（生没年不詳、号は于堂《ウダン》）は、元暁が新羅の公主（王女）との間に設けた子である。薛聡は稀代の天才といわれ、「新羅十賢」の一人とされる。彼の業績は数多いが、特に重要なのは方音（新羅語）で中国および新羅の風俗・物の名などをすべて説明し、また六経を訓解したとされることである。新羅語を漢字で表現する方法は、日本の万葉仮名に通ずる。また漢文を新羅語の文法にのっとって読む方法は、日本の訓読に通ずる。『三国遺事』には「今に至るまで海東において経典の解明を業とする者はこれを伝授して絶やさない」とあるので、高麗末期まではでは伝わっていたようだ。だが残念ながら薛聡の著作は失われた。新羅語の資料としてもっとも重要な著作が失われたわけで、取り返しのつかない散逸である。

†風水地理

新羅末の道詵《トソン》（八二七〜八九八）は、禅宗の僧侶であるが、同時に、朝鮮風水の祖とされる。だが崔昌祚*によれば、朝鮮には道詵以前にすでに風水思想が流入していたので、道詵を朝鮮風水の祖とするのは間違いである（『韓国の風水思想』四九頁）。たしかに『三国史記』によれば、新羅建国初期の昔脱解《ソクタルヘ》がすでに風水地理によって吉地を求めたという。しかし風水地理思想が整理された形で朝鮮において強力に実践されたのは、やはり道詵からであるという学者もいる。

道詵の影響力は絶大であった。彼はあくまでも仏僧であり、朝鮮における祈禱仏教の始祖ともいわれる。仏教と風水地理の習合ともいえる説を唱えた道詵は、朝鮮の人心の腐敗、国運の衰微、天災の多発を半島の地形・地勢のせいにした。そこで寺塔を艾《もぐさ》とみなして、山川の地形の悪い場所に寺塔を建てれば国運は回復すると述べ、朝鮮全域のいたるところに寺塔を建立し仏像を設置した。

7 新羅の文学と芸能

†郷札——新羅語の表記方法

新羅の文化において特筆すべきことは、自分たちの言葉を漢字で表記する方法を編み出したことである。日本の万葉仮名に似た表記方法である。これを郷札《ヒャンチャル》という。郷札で書かれた詩歌(郷歌《ヒャンガ》)が現存しているので、新羅の言語について(全般的とは残念ながらいえないが)部分的に知ることができる。

郷札は、名詞や用言などの重要な多くの部分は漢字語を使って表現しており、主に助詞や連体形、副詞、終結語尾などを漢字の音を借りて表記するものである。「穏」は助詞の「は」を表記したものであり（現代朝鮮語では「ウン」）、「為理古」は終結語尾の「～するや」を表記したもの（現代朝鮮語では「ハルコ」）である、などである。たとえば「去穏春」という郷札において、「去」「春」は漢字そのままの「ゆく」「春」の意であり、「穏」は新羅語の用言連体形を漢字音を借りて表記したものである（「去穏春」は「ゆく春」の意になる）。したがって、この郷札からは、「ゆく」「春」という意味の語が新羅語で何であったかはわからない。

また日本の『万葉集』のように豊富な作品が残っているわけではないので、新羅語の復元は完全にはできない。それでも、高句麗や百済の文学作品がほとんど現存しないことと比較すると、特筆すべきである。

郷札は、後世に吏読《りとう》、口訣という漢文訓読法に受け継がれるが、漢文を読む主たる方法が訓読ではなく音読になっていくとともに、郷札の思想（「漢字語に朝鮮語を混ぜる文」という方法）は朝鮮において廃れていき、漢文音読法の純粋化が進行する。日本において平安時代以降、漢字・漢文とかなの世界が両立していくのとはまったく逆の方向性であった。

なお、新羅の文学としては郷歌《ヒャンガ》がもっとも重要である。郷歌の多くは『三国遺事』に記録されている。

†新羅の芸能

新羅楽は四五三（允恭天皇四二）年に、八十人からなる楽隊とともに日本に伝えられた（『日本書紀』）。百済から日本に百済楽が伝えられるより一世紀も前のことだった。

新羅の劔舞戯は、はるか後世の十九世紀の慶州で、崔済愚《チエジエウ》が東学を始めたときに舞った剣舞とつながっているだろう。文献上では伝統の継承を確定することは困難だが、新羅の故地において、花郎《ファラン》の世界観と密接に結びついた剣舞の霊性が十九世紀に至るまで脈々と地下水路のように引き継がれてきたと考えてもよいだろう。

また新羅楽の処容《チヨヨン》歌舞戯は、高麗王朝、朝鮮王朝における宮中宴の演目となり、現在に至るまで受け継がれているという意味で、特に重要である。この歌舞の原型は有名な処容説話から採られている。新羅王（憲康王《ホンガンワン》）が東海龍王の子である処容に王政を補弼させ、美しい女を娶らせた。ところが処容の妻があまりに美しかったので、疫神が横恋慕し、人の姿に化けて処容の不在の夜にこっそり寝床に入って共寝をした。処容が外から帰ってくると、寝床に二人が寝ている。それを見た処容は歌を歌った。

東京《みやこ》の月あかるき夜、

あそびて家に帰りて床を見れば足が四つ
ふたつはわが妻の足にして　ふたつは誰《た》が足ならむ
もとはわが妻なれど　奪われたれば　いかにせむ

このように歌うと、処容は舞を舞いながら家から外へ出て行った。すると疫神がもとの姿に戻って処容の前に跪いていった。「わたしはあなたの妻がほしくてこれを犯しました。だがあなたはこれを見てもお怒りなさらなかった。わたしはあなたに感化され、美しい心を見ました。今後はあなたの形を絵に描いてあるのを見たら、決してその家の門には入らないことを誓います」。このことがあってから、新羅では人びとが自宅の門に処容の形を貼り付けたところ、邪悪なものが家にはいることなく、福のみを迎え入れた。

以上が『三国遺事』に記録された処容郎の説話だが、朝鮮では王朝が変わってもこの説話がことのほか好まれた。高麗王朝では仏教的な脚色で物語化され、朝鮮王朝に至るまで、歴代の王宮における歌舞の主要な演目のひとつになった。処容舞は現代の韓国でも盛んに踊られている代表的な舞である。

第四章 高麗

1 略史と文化

†略史

九一八年、王建《ワンゴン》が高麗《コリヨ》を建国した。王建はもと、鉄円（鉄原）を中心として摩震《マジン》国・泰封《テボン》国を建てた弓裔《クンイエ》の部下であった。王建は翌年、松嶽（開城）に都を定め、これを開京と命名した。王建は後百済の甄萱《キョンフォン》と劇しい勢力争いをしたが、九三五年、これを撃破し、後百済は滅亡した。すでに同年に新羅が高麗に降伏していたので、高麗は後三国（後百済・泰封＝後高句麗・新羅）を統一したことになる。九二六年に渤海が契丹に滅ぼされたので、高麗の領土は新羅のそれよりは北方に伸びた。西は鴨緑江まで達したが、東は現在の咸興あたりまでしか達しなかった。

太祖《テジヨ》（王建）は地方豪族勢力の牽制に力を注ぎ、その努力は後代にも続けられた。だが高麗は北方からの異民族の侵略と内部の豪族による反逆によって最後まで苦しんだ。

九九三年、契丹の大軍が高麗に侵入した。いったんは和約を結んだものの、契丹は一〇一〇年にまた大軍を送って侵略し、開京を占領した。時の王・顕宗《ヒョンジョン》は羅州にまで避難した。契丹はいちど退却したがまた一〇一八年に侵略してきた。これに対して高麗は防戦し、退却する契丹軍を鴨緑江付近の亀州で撃破した。その後、高麗は契丹との国境に千里長城を築いた。

女真族の一部族である完顔部が一一一五年に金を建国した。金は一一二五年に契丹を滅ぼし、続いて宋の首都汴京（現・開封）を陥落した。高麗はこの金に事大の礼をとることになる。

一一七〇年に武臣の乱が起きる。これは、権力の中枢にいた文臣の横暴に対して、地位の低かった武臣が反旗を翻したものである。しかし今度は武臣同士が殺し合いをすることになった。

一一九六年に崔氏武臣政権が誕生して実権を握り、高麗王家は力を失った。崔氏武臣政権は一二五八年まで続く。

一二〇六年にモンゴルのテムジンがチンギス汗となる。一二三一年にはモンゴル軍が高麗に侵攻し、その後一二五九年まで六回にわたって高麗はモンゴルの侵入を受ける。一二三二年に高麗は都を開京から江華島に移し、ここでモンゴルに対する抗戦を続けた。だが講和派が一二五八年に崔氏政権を倒して、一二七〇年に高麗王を復活させた。しかしこれに対して抗戦派は江華島を出て南方の珍島、さらには済州島に拠点を移して抗戦した。これを三別抄《サムビョルチョ》の乱という。だがこれは、モンゴルと高麗の連合軍によって一二七三年に鎮圧された。モンゴル・高麗連合軍は三別抄軍を撃破したあと、翌年すぐに日本を襲った。日本への攻撃は一二七四年と一二八一年の二回にわたった。

元は一二六〇年に即位したクビライ以降、高麗に対して融和策をとった。

一三六八年に朱元璋によって明が建てられた。高麗では親元派と親明派の対立が激化することになる。親元派の崔瑩《チエヨン》らは禑《ウ》王を擁立した。禑《ウ》王と崔瑩は遼東遠征を計画し、李成桂《イソンゲ》らを指揮官として攻撃を命じた。しかし親明派の李成桂はこの計画に反対した。だが禑《ウ》王は出撃を命じた。李成桂らの指揮官は大軍を率いて出撃したが、鴨緑江河口の威化島まで来てそこに留まった。そしてついに軍を開京に戻して逆に崔瑩を撃破し、禑《ウ》王と崔瑩を追放した。このクーデターを「威化島回軍」という。禑《ウ》王の跡を継いだ昌《チャン》王も追放され、その後の恭譲王《コンヤンワン》も追放され

1	太祖	918-943
2	恵宗	943-945
3	定宗	945-949
4	光宗	949-975
5	景宗	975-981
6	成宗	981-997
7	穆宗	997-1009
8	顕宗	1009-1031
9	徳宗	1031-1034
10	靖宗	1034-1046
11	文宗	1046-1083
12	順宗	1083
13	宣宗	1083-1094
14	献宗	1094-1095
15	粛宗	1095-1105
16	睿宗	1105-1122
17	仁宗	1122-1146
18	毅宗	1146-1170
19	明宗	1170-1197
20	神宗	1197-1204
21	熙宗	1204-1211
22	康宗	1211-1213
23	高宗	1213-1259
24	元宗	1259-1274
25	忠烈王	1274-1308
26	忠宣王	1308-1313
27	忠粛王	1313-1330／1332-1339
28	忠恵王	1330-1332／1339-1344
29	忠穆王	1344-1348
30	忠定王	1349-1351
31	恭愍王	1351-1374
32	辛禑	1374-1388
33	辛昌	1388-1389
34	恭譲王	1389-1392

表5　高麗の王朝（年数は在位年）

て李成桂に政権が渡り、禅譲という形式で高麗王朝は滅びた。事実上の易姓革命である。なお、敗将の崔瑩は朝鮮シャーマニズムの世界では、現代に至るまで、朝鮮の歴史上もっとも怨念力が強い人物とされて畏怖の対象となっている（表5参照）。

†文化

高麗時代は契丹・金・元の侵入を受けたり、王や文臣が逸楽に流れたり、武人政権が確立されたり、地方豪族がほしいままに割拠するなど、政治的には混乱の連続だった。だが文化面では、世界的に見て特筆すべき開花がいくつもある時代だった。

まずもっとも特筆すべきことは、仏教の経典を可能なかぎり集め、編集し、印刷するという大事業が行われたことである。顕宗二十二年から六十ないし七十年をかけて、大蔵経を刊刻した。これを初雕本（第一次大蔵経）という（一〇八二年完成）。しかしこれはモンゴルの侵略時に焼失した。高宗《コジョン》二十三年には第二次高麗版大蔵経（再雕本）の出版事業が行われた（一二五一年完成）。韓国の海印寺に現存するこの再雕本（第二次版）は、その美しさ、精緻さ、網羅性などのあらゆる面において、東アジアの仏教経典集成本のなかの白眉といわれる。まさに人類が誇るべき遺産である。この大事業が、平和時における営みではなく、国家の一大危機の際に、仏教の真理の力によってその危機から脱出しようという〈祈り〉の事業であったことも、記憶されるべきだ。この高麗大蔵経は、中国や日本にも大きな影響を与えた。日本で大正から昭和時代になって行われた大蔵経の印刷事業(『大正新脩大蔵経』)も、基本的にこの高麗大蔵経をもとにしている(ただこの日本版には誤字が多い)。

また、高麗時代に、金属活字がつくられたことも特筆に値する。一三七七年に清州の興徳寺で印刷された『白雲和尚抄録仏祖直指心体要節』は、現存している金属活字印刷本のうち世界最古のものである。神聖ローマ帝国のグーテンベルクが金属活字による活版印刷をした(一四三〇年代~四〇年代)のよりも早い。ただこの本は現在、フランス国立図書館にある。韓国では原本の韓国返還を求めようという動きがある。

高麗青磁もまた、この時代の技術の高さを端的にあらわす美の結晶である。その青の精神性の高さは、孤高の光りを放つ。

ここまでは、日本や韓国で刊行されているどの歴史概説書にも、「高麗文化の精華」として書いてあることである。だが実は、どの歴史書にも書いていない、重要なことがある。それは、高麗王室の放逸と享楽である。先に述べたように、絶え間ない外部からの侵略によって高麗はつねに国家存亡の瀬戸際に立っていたにもかかわらず、王室および文臣たちは往々にして、享楽に耽った。毅宗《ウイジョン》や忠烈王《チユンニヨルワン》がその代表である。

このことは、なにを意味するのであろうか。わたしとしては、そこに王や文臣の、絶望的なニヒリズムを見る。このニヒリズムは、文化的に必ず豪奢な、あるいは絶美な「なにか」を生み出したはずである。しかし、彼らがつくった建造物は残っていないし、宮中での歌謡も断片的にしか残存していない。さらに残念なことは、韓国でも日本でも、高麗の執権中枢部におけるこのようなニヒリズムに正の価値を与えて評価する者が絶無であることだ。高麗王室と文臣の逸楽に対しては、すべての歴史書が糾弾調で批判している。たしかに彼らのニヒリズムは儒教的な意味では「不道徳的」な行為だっただろうし、また国を滅ぼす遠因になりもした。だが、歴史的な事象を、国家や道徳という価値から切り離して評価する軸が韓国や北朝鮮に皆無であることが、自民族の歴史をあまりにも平板に、儒教的にしか描けない理由であると思える。

たとえば日本では、平安時代の藤原氏や鎌倉時代の源実朝や室町時代の足利義政などのニヒリズムを、国家や道徳や政治という価値から分離して評価する軸は確固として存在する（存在しなくてはならない）。それは文化を解釈するという行為の意味と連動している。文化を道徳的価値や国家・民族的価値から切り離して見ることの訓練が、日本では浸透しているが、韓国や北朝鮮ではほとんど成り立っていないのである。だから韓国や北朝鮮の歴史書はどれもこれも皆、叙述が平板で、「春秋の筆法」になってしまっている。

「春秋の筆法」とは儒教における歴史叙述の方法論であり、歴史において誰が善で誰が悪であるかを明確に分類し、悪を糾弾するのが正しい歴史記述であるという考えである。韓国や北朝鮮、さらに在日朝鮮人や朝鮮史専門の日本人が書く朝鮮の歴史のなかで、この「春秋の筆法」から離脱しえているものは少ない。知的怠慢といってよいであろうし、朝鮮史という学問分野がいまだに儒教的な道徳志向性から自立しえていないことを示している。

このことによってなにが起きるのか。朝鮮の文化や思想を一面的にしか見てはならないというイデオロギーの強化によって、文化や思想を見るまなざしを自己貧困化させるという事態の継続が起きるのである。

2 仏教

†高麗時代の仏教の特徴

新羅時代から続く仏教の精華は、高麗時代になって隆盛を極めることになる。だが高麗の仏教には、新羅のそれとはあきらかに異なる特徴があった。

ひとつは、国家による仏教の制度化である。新羅仏教もまた国家との関係はきわめて深く、基本的に鎮護国家という性格を持っていた。だが高麗は、それに加えて、仏教を積極的に国家制度のなかに深く組み込んだ。科挙に仏僧のための僧科を設定したことがその典型的な例である。仏教は国家によって手厚く保護され、仏僧および寺院は税や軍役を免除されたので、豪族や個人が競って寺をつくり、僧になるという事態が起きた。この混乱を収めるために、国家は仏教を統制し、制度化したのである。

もうひとつは、仏教のシャーマニズム化、道教化である。そもそも太祖・王建が仏教を保護した背景には、建国において道詵《トソン》が超人的な働きをしたという信仰が太祖にあったからである。この道詵は仏僧ではあったがまた風水地理の達人でもあった。また契丹の侵攻に対して、禅僧・如哲《ヨチョル》が風水地理説と仏教を混淆させ、霊験あらたかな禅を信奉すれば「北兵自却」の功があると説き（北兵とは契丹軍のこと）、国内に五百もの禅寺を開かせるということもあった。北方からの脅威に対する恐怖心を払拭したり加持祈禱する際に、仏教の力すなわち仏力が篤く信奉されたのである。

高麗は偉大な僧を数多く輩出した。代表的な僧は以下のとおり。

諦観《チエグアン》法師（?～九六一あるいは九七〇頃）。天台。彼の『天台四教儀』は名著とされ、中国や日本にも影響を及ぼした。

均如《キユニヨ》大師（九二三～九七三）。華厳。新羅の義湘を受け継いで「理理無礙」を説く。

義通《ウイトン》祖師。中国天台の第十六代祖、天台中興。

大覚《テガク》国師（一〇五五～一一〇一、義天《ウイチヨン》）。高麗天台宗。

普照国師《ポジョ》（一一五八〜一二一〇、知訥《チヌル》）。高麗禅、定慧双修。

円妙国師《ウオンミョ》（一一六三〜一二四五、了世《ヨセ》）。白蓮結社。天台の止観と念仏を結合。

真覚国師《チンガク》（一一七八〜一二三四、恵諶《ヘシム》）。看話禅、修善社。

一然禅師《イリヨン》（一二〇六〜一二八九、普覚国師《ポガク》）。

浮庵和尚《プアム》。庶民仏教運動を展開。禅を批判し、天台止観による禅。

白雲和尚《ペグン》（一二九九〜一三七四、景閑《キョンハン》）。無心無念禅を唱えた。現存最古の金属活字本である『直指心体要節』の著者。

太古和尚《テゴ》（一三〇一〜一三八二、普愚《ポウ》）。曹渓宗の宗祖を知訥と見るか太古と見るかで論争がある。臨済宗の看話禅。

懶翁和尚《ナオン》（一三二〇〜一三七六、慧勤《ヘグン》）。臨済宗の看話禅。

無学大師《ムハク》（一三二七〜一四〇五、白超《ペクチョ》）。朝鮮時代にかけて活躍した。看話禅。

†宗派

そもそも三国時代および統一新羅においても、朝鮮仏教には宗派という観念が欠如していたか、あるいはきわめて稀薄であった。前章で語ったように、統一新羅時代に五教宗および九山禅門が形成されたが、これが明確な宗派として互いに排他的に自立したかに対して、韓国人学者は懐疑的である。朝鮮仏僧の典型的なあり方はむしろ新羅の元暁のそれであろう。彼の哲学は華厳・唯識・三論・浄土を横断するものであった。初期の禅すら包摂している。そして彼は特に自らの宗派を打ち出してはいない（「元暁が浄土宗を開いた」というのはよく信じられているが根拠のない俗説である）。このようなあり方が、朝鮮仏教のひとつの典型であった。もちろん個々の仏僧が自らの哲学の中心とする教理は、僧朗であれば三論、義湘であれば華厳というように、厳然として存在した。だがそのことにより、三論宗や華厳宗を名乗ってそれを専修するというスタイルにはならなかった（ただし義湘は海東華厳宗を開いたともいわれる）。この点が中国と異なるのはもちろん、同時期（奈良時代、平安時代）の日本仏教とも異なるあり方である。

だが高麗時代になって、様相は変わった。明確に宗派が登場したのである。

一一〇一年の「大覚国師墓誌銘」が、朝鮮における仏教宗派に関する記録のもっとも早いものであるとされる（金煐泰*『韓国仏教史』八七頁）。ここには、戒律宗、法相宗、涅槃宗、法性宗、円融宗、禅寂宗の六宗が記録されている。大覚国師（義天）が天台宗を開創したため、大覚国師以後は七宗となり、さらに名称も変わった。

以上のように、高麗仏教の特徴の一方向はその宗派化であるが、他方で、それとは反対の統合化という現象も起こる。これについては義天および知訥の項で述べる。

†均如

新羅の義湘の理理無礙を受け継いだのが、均如《キュニョ》（九二三〜九七三）である。義湘の「理理相即」と同じく、均如の「理理無礙」という観念に対してはさまざまな解釈がある。代表的なもののひとつは、理理といったときに、このふたつの理には、層位の違いがあるというものである。つまり、全体周遍的な理（法身理）と差別相的な理（吾身理）とが融即無礙の関係にあるということを語ったという見解である。これは朱子学における理一分殊の理論と酷似することになる。だが、もうひとつの説は、このふたつの理には層位の差はなく、どちらも全体的な理を説いたとするものである（金杜珍*『均如華厳思想研究』二〇八〜二一三頁）。

†義天

義天《ウイチョン》（一〇五五〜一一〇一）は第十一代国王・文宗《ムンジョン》の第四王子である。大覚国師《テガククサ》と称せられる。十一歳で出家し、一〇八五年に宋に渡って華厳、天台、律、浄土、禅などを幅広く学んで翌年帰国した。一〇九七年に天台宗を開いた。王は粛宗《スクチョン》の時代であった。

義天はその大々的な文献蒐集事業においても有名で、遼、宋、日本から四千余巻の章疏（仏典の注釈書）を蒐集し、国内の文献も集めて刊行した。

朝鮮における天台の教えは三国時代からあったが、高麗時代に義天によって天台宗が開かれた。天台宗の根本道場は国清寺であり、全国に六大本山を擁し、高麗時代を通じて盛んだった。

義天の功績として、その統合志向を挙げる説が韓国では有力である。「義天の影響により、従来の数多い宗派の中、華厳（教）と天台（禅）の二宗だけが残されて栄えていった」（金思燁*『韓国文学史』一六五頁）。この統合志向は、後述する知訥の場合にも顕著に現われ、高麗仏教の最も大きな特徴のひとつだといってよい。日本の奈良仏教が華厳、唯識（法相）などに分離したまま現在に至るまで各宗派（寺院）の独立を保っており、平安時代には真言宗と天台宗、鎌倉時代には禅や浄土系の宗派も確立されて現在まで栄えている様相と比較すると、高麗時代に全仏教が統合・整理・収斂の方向性に行ってしまったことに対してプラスの評価を与えることに、躊躇する。たとえば高麗時代以後、唯識系の教義は表面上目立たなくなってしまったし、密教系は大きく育つことはなかった（だからといってこれらの教えが消滅したのではない）。

いずれにせよ、義天は高麗仏教の統合を知訥の前に成し遂げた僧としてきわめて重要である。だが義天は禅に対しては敵対的であった。この点が、次の知訥との明確な差異点である。義天の死後、禅と教の対立が激化した。

そもそも義天が仏教の統合を企図した理由のひとつとして、当時の禅に対する強い不信感があった。

古禅と今禅の違いは名実ともに甚だしい。古のいわゆる禅は、教を藉りて禅を習するものであったが、今のいわゆる禅は、教を離れて禅を説く。(『卍続蔵経』「別伝心法議　後序」)

今の「説禅」というのは名ばかりの禅であり、実がない。仏教の教理からも遠く離れている。これはもともとの「習禅」とはまったく異なる堕落した姿である。義天のこの危機意識からは、当時の高麗仏教においてはいわゆる野狐禅に近いものが猖獗《しょうけつ》をきわめていたであろう様子がわかる。

この危機を打開するための義天の理念は、「教観幷修(教と観をならび修める)」というものだった。つまり、「教」から離れてしまった「今禅」「説禅」中心の高麗仏教にもういちど「教」を復活させ、それと同時に修行面では「観」を導入することである。「観」は天台の摩訶止観である。義天は、座禅のかわりにそれと似た修行方法である止観を正統として高麗に定立しようとしたわけだ。

先に金思燁*の「天台(禅)」という言葉を引用したが、天台と禅とを同一視するというのは、右のような義天の考えによる。なおここで「教」とは華厳と天台を指す。義天の根本的立場は天台を中心とするが、華厳もまた天台と通ずるところがあるとするのである。

†知訥

義天のあとに出たのが知訥《チヌル》（一一五八〜一二一〇、号は牧牛子《モグジャ》、慧覚尊者《ヘガクチョンジャ》とも）である。

知訥は高麗時代最大の僧であり、朝鮮禅宗史においてもっとも重要な僧とされる。熙宗《ヒジョン》から仏日普照国師《プリルポジョククサ》と諡《おくりな》された。彼は普照禅《ポジョソン》を始め、今の韓国においても最大の宗派である曹渓宗《チョゲジョン》の始点のひとつとなった。仏教の制度面、禅の悟りをめぐる哲学的な側面の双方において、知訥は現在に至る朝鮮仏教界にもっとも大きな影響力を及ぼしているといってよい。知訥は「東方大聖人」（再建普照碑陰記）、「海東叢林大覚師」（普照国師樹塔碑観文）、「海東の達磨」（崔南善*「松広寺巡礼記」）、「観音の代身」（伝説）と尊崇された。また高亨坤*は『海東曹渓宗の源流』で、「知訥は別に師承なしに、大慧語録、李通玄の華厳新論、荷沢神会の解悟、圭峯宗密の禅源都序等の影響を受けること多く、禅教和会の大なるスケイルにて、華厳法界を自心の鏡に頓悟し、華厳教門を禅門化したのは、海東禅宗の輝く金字塔である」といった。まさに知訥の思想をきわめてコンパクトにまとめた評であるといってよい。つまり知訥には直接の師はおらず、「無師独悟」のひとつであった。知訥の著作は十種だが、そのほとんどが現存する。これは朝鮮では珍しいことである。代表作は『真心直説』（一二〇五）である。

義天の理念が「教観幷修」であったとするなら、知訥のそれは「定慧双修（定＝禅と慧＝教をならび修める）」であった。義天が禅を強く警戒・批判したのに対し、知訥は禅を前面に押し出し、「禅主教従（禅を主として教を従とする）」というこれ以後の朝鮮仏教最大の特徴を構築した人物だった。この場合の「慧＝教」は華厳である。つまり知訥以後、朝鮮仏教は華厳と禅の両輪を動力として進んで行く（ただし法華経など他の教えが廃れるわけではない）。

そもそも新羅の仏教は、中観、唯識、華厳などが満遍なく修められた。九山を中心として禅も流入した。民衆のあいだでは阿弥陀信仰、弥勒信仰が盛んだった。

だが高麗時代になると、にわかに禅がきわめて盛んになった。この理由としてはいくつか考えられる。既存の仏教界の腐敗・堕落。中国（唐）の禅の隆盛がタイムラグを経て流入したこと。契丹・金・元という異民族の侵入により、精神面での強靭さが宗教界でも追求されたことなどである。

知訥は三十代のとき同志とともに定慧結社をつくり、また四十歳のときには智異山に籠って修行をするなど、「教」の範囲を超える仏道の実践を行った。そして松広寺にはいり、禅に邁進した。新羅・高麗を通じて朝鮮では中国の南宗系統の禅が完全に主流であったが、知訥はそのなかでも特に、六祖晩年の弟子である荷沢神会の影響を強く受けたとされる。このことをもって、江田俊雄*は、次のように整理する。つまり六祖の下に南嶽系→臨済宗、青原系→曹洞宗と発展したが、荷沢系は中国ではいつしか廃れた。しかしこの荷沢系が高麗に伝播して知訥の普照禅・曹渓宗となって再生した、とする（江田*『朝鮮仏教史の研究』二三三頁）。ひとつの解釈であるといえよう。

併合植民地時代の日本人学者・高橋亨*は、義天と知訥の出自・経歴の違いから、「大覚国師ハ高麗官僧ノ第一人ニシテ、普照国師ハ民僧ノ第一人ナリ」といった（『李朝仏教』）。

†知訥の哲学

朴鍾鴻*によれば、知訥哲学の特徴は、以下の三つである。①廻光反照②頓悟漸修③定慧双修。朴鍾鴻*は、「元暁において和諍の論理が彼の全思想を一貫したものだとすれば、知訥においては返照の論理が彼の信解全体の基底を形成している。この返照の論理はすでに提起されている諍論をより高次的な立場で和解させるものであるというよりは、さらに一歩を深めて諍論無用の土台をあきらかにしようというもの」という（『韓国思想史（仏教思想篇）』一八〇頁）。

返照とはなにか。朴鍾鴻*によれば以下の通りである（『韓国思想史（仏教思想篇）』一八〇〜一八二頁）。一切の衆生は愚・智や善・悪を超えてすべて自然了了に常知している。しかしこれは対象分別知である識ではないし、修行して得られる証悟の智でもない。これこそ真如自性である。知訥は『華厳経』廻向品の「真如は照明を体とみなす」（『節要私記』）と、『大乗起信論』の「真如自性に大智慧光明がある」という言葉を引用する（『円頓成仏論』）。

つまり、すべての人間が心の体として真如の照明を輝かしているのであり、「空寂霊知」の境地は分別の識でもなく証悟の智でもなく、聖と凡、善と悪などという多様な結果を生み出す。知訥は宗密の言葉を借りて「空寂霊知の心」こそがすべての人の本来の面目であると語る。

禅に対する彼のテーゼは、「頓悟漸修」であった。これは現代韓国に至るまで、朝鮮禅のもっとも中核をなす世界観である。

定慧双修についてはすでに述べたが、知訥は禅と華厳のみに専念したわけではなく、天台や浄土教や戒律も融摂・会通した。これを李鍾益*は「主禅融教的会通仏教」という。

3　仏教以外の思想、文学

†高麗時代の儒教と風水地理思想

高麗時代の思想の主流は仏教である。だが、「高麗時代は仏教一辺倒」というわけではまったくなかった。儒教も盛んに行われた。特に重要なのは、第四代・光宗《クアンジョン》の時期に儒教式の官僚候補選抜試験である科挙の制度が導入されたことである。両班《ヤンバン》と呼ばれる文班・武班の別も設定された。ただし科挙には武科はなかった（武科が設けられたのは朝鮮時代である）。そのかわり、仏教国家らしく、僧科があった（朝鮮時代に僧科が設けられたのは短い期間だけだった）。両班の制度は朝鮮時代に継続される。

教育機関として都に国士監が置かれた。また地方には郷学が開かれ、私学も盛んになった。科挙のための学問である経・史・章が盛んに学ばれた。

第十六代の睿宗《イエジョン》は仏教を抑制して儒学を奨励した。巨大化した仏教勢力による政治への介入が深刻度を増したからである。毅宗《ウイジョン》もまた抑仏崇儒の政策を展開した。

崔冲《チエチユン》（九八四〜一〇六八）は「海東孔子」と呼ばれた名儒であった。

高麗末期には、朱子の学がはいってきた。安珦《アンヒャン》（一二四三〜一三〇六、号は晦軒《フエホン》）がはじめて朱子学を導入したといわれる。日本には、朱子（一一三〇〜一二〇〇）の生前にすでに朱子の学がはいってきていたといわれるので、高麗は日本よりかなり遅く朱子の学を導入したことになる。

なお、朱子学・性理学・宋学は一般にほぼ同じ内容を指すが、論者によってはそれぞれ異なる意味を表わす場合もある。だが本書ではこれらの語を同一の意味（中国の宋代に朱子によって集大成された、「性即理」をテーゼとする儒学）で使用する。特に朱子学と性理学を区別せずに使用する。

高麗末期には朱子学派が形成される。義理を重んじる朱子学の考えが、麗朝交替期の思想動向に強い影響を与えた。元の科挙に合格し、成均館の大司成であった李穡《イセク》（一三二八〜一三九六、号は牧穏《モグン》、本貫は韓山《ハンサン》）は、麗朝交替期において儒学の朱子学化を推進した中心人物である。李穡は鄭道伝に先駆けて抑仏論を主張した。ただ彼は鄭道伝とは異なり、仏教を否定したわけではなく、全国いたるところ寺がない場所がないほどである現状を改めるため、新しくつくられた寺を撤去することを主張した。李穡に対する評価は、朝鮮時代になると、仏教に対する彼の曖昧な立場を批判されて「学問が不純である」と非難されることになる。

また、高麗では風水思想や図讖思想も盛んであった。新羅末期に、中国から風水説が本格的に導入されたとされる。仏僧であった道詵《トソン》が朝鮮における風水の元祖とされる。高麗時代に風水説は図讖思想と結びついて隆盛をきわめた。

†詩歌

高麗時代の歌謡を麗謡と呼ぶ。

高麗初には、新羅の郷歌の伝統が受け継がれた。光宗期の均如大師の「普賢十願歌」が今日まで残っている。また睿宗の「悼二将歌」も吏読で書かれている。

ただ、新羅式の朝鮮語表記法であった郷札は、高麗時代には廃れてしまい、地方官吏が行政上の文書を書くときにだけ使われるようになってしまった（このため吏読《りとう》と呼ばれる）。郷札の衰退は、高麗では新羅よりもさらに漢文が重んじられたためという理由によって説明される（金思燁*『朝鮮文学史』一六三頁）。そのため、高麗時代の朝鮮語文学は残存するものが少ない。新羅のものは郷札による作品（郷歌）が残っているし、朝鮮時代になると訓民正音（第六章参照）による作品が多く書かれるようになるのだが、その間の高麗時代は漢文による作品がほとんどである。このような漢文重視を金思燁*は「自国語を貶視する立場」と規定している（『朝鮮文学史』一九五頁）。麗謡の表記方法としては、①漢文による意訳②漢詩に吏読で助詞を書き加えるもの、の二種類があり、そのほかに口承で朝鮮時代まで伝えられた作品のなかには、後に訓民正音で記録されたものもある。

金思燁*によれば、麗謡は、歌詞が現存しているものが四十二首、歌詞の伝わらないものが四十首ある。

有名なものとしては、「普賢十願歌」「処容歌」「双花店」などがある。均如大師の「普賢十願歌」は仏教の頌歌である。「処容歌」は第三章で紹介した通り、新羅の伝説に基づくものである。

「双花店」は男女の性を歌ったものとして、後に朝鮮時代の成宗《ソンジョン》期になると、朱子学的観点から淫らであるとされ、宮中から排除される。だがまだ朱子学的世界観が導入される前の高麗の宮中では、このようなおおらかな男女の歌が演じられていたのである。四節からなるが、第一節の歌詞は以下の通りである。「回回のおやじ」とは蒙古のウイグル人のことをいう。

双花店に　双花を買いにゆけり
回回のおやじが　わたしの手首をにぎりけり
（回回のおやじがいうに）この話が　この店の外に出たりはいったりすれば
タロロゴディロ　かわいい芸人娘よ（わしはそれを）おまえの言葉だと思うぞ
トロドゥンション　タリロディロ　タロロゴディロ　タロロゴディロ　タロロ
おまえのその寝床におれも寝よう　行って寝よう
ウィ　ウィ　タロロゴディロ　タロロ
おまえのその寝床のように　乱れたものはない

このような歌謡が宮中で演じられた背景には、この歌謡がつくられた当時の高麗という国家の性格がある。この歌謡は第二十五代忠烈王の時代につくられたが、この時代は逸楽とデカダンの風が朝廷に横溢していたのである。

なお、これとは別に特に儒者たちに好まれた歌謡が「景幾体」の作品である。これは、囃子に「景幾何如（景色はいかなるか）」の文句が入る形式であり、朝鮮時代の初期まで数多くつくられた。景幾体の作品として、「華山別曲」「霜台別曲」などがある。

第五章　朝鮮時代Ⅰ——朱子学（性理学）

1　略史

†朝鮮建国と外敵の襲来

親明派の武将であった李成桂《イソンゲ》は、親明派の朱子学者たちに理論的根拠を与えられて、一三九二年に高麗から政権を奪った。李成桂は国号として「朝鮮」と「和寧」のふたつを明に提示したところ、明は「朝鮮」を選んだ。

朝鮮は明に事大の礼をとる。日本とは倭寇の問題を抱えていたが、室町幕府とは交隣関係を構築した。

朝鮮は朱子学を根本的な思想として据え、仏教を排斥した。官僚候補選抜のための科挙を高麗に続いて実施した。高麗時代にはなかった武科を科挙に加え、文科と武科の二本立てとした。ただし高麗にあった僧科は、一時期を除いて廃止された。

第四代の王である世宗《セジョン》（在位一四一八〜一四五〇）の時代に、朝鮮は前期の最盛期を迎える。世宗は才能ある学者を集めて一四二〇年に集賢殿《チッピョンジョン》というシンクタンクをつくり、そこで訓民正音《フンミンジョンウム》を作成した（一四四三、公布は一四四六）。

一四六九年にはこの国家の根本法典である『経国大典《キョングクテジョン》』が完成し、朝鮮王朝の法的骨格が完全にできあがった。

つねに北方からの侵略と倭寇と内部の反乱に悩まされ続けた高麗に比べると、朝鮮は比較的平和な時代が多かった。だが十六世紀から十七世紀に、南（日本）と北（後金）からの侵略を受け、壊滅的な打撃を受けることとなる。

まず一五九二年に日本の豊臣秀吉の軍が朝鮮を侵略した。壬辰倭乱《イムジンウエラン》（文禄の役）である。李舜臣の水軍の活躍などがあって朝鮮は反撃した。一五九七年に秀吉の軍は再び朝鮮に侵攻した。丁酉再乱《チョンユジエラン》（慶長の役）である。戦は一五九八年の秀吉の死により終わった。なお、日本の京都にある耳塚《みみづか》は、この戦争によって朝鮮人の耳・鼻を削《そ》いで樽漬にして持ってきたものを供養した塚である。

朝鮮王朝は日本の徳川幕府と国交回復した。一六〇七年には日本に回答兼刷還使を派遣した（朝鮮通信使）。また富山（釜山）に日本人居留地である倭館《ウエグアン》を建設した。

一六二七年に後金（女真）のホンタイジの軍が朝鮮に侵攻した（丁卯胡乱《チョンミョホラン》）。一六三六年にはホンタイジが皇帝に即位し（太宗）、国号を後金から大清に変えた。同年にホンタイジ自身が朝鮮を攻め、朝鮮王の仁祖《インジョ》は漢江ほとりの三田渡でホンタイジに屈辱的な臣下の礼を取る（丙子胡乱《ピョンジャホラン》）。日本および後金の侵略戦争による国土の焦土化と人民の生命の破壊に加え、ここに朝鮮の国家としての屈辱も極点に達した。

†後期から末期へ

朝鮮でその後、政権の中枢に座ったのは老論派であった。老論派の主張は「北伐」と「対明義理」であった。前者は清を打倒するという意味であり、後者は滅びた明の道徳的正統性を尊崇し、継承するという意味である。ただ表面上は清に対する臣従の関係にあるので、北伐を公に語ることはできなかった。清には燕行使を、日本には朝鮮通信使を送って外交関係を構築した（使の名称には変動がある）。

十八世紀には、朝鮮王朝最後の絶頂期が出現する。英祖《ヨンジョ》（在位一七二四〜一七七六）と正祖《チョンジョ》（在位一七七六〜一八〇〇）の時代である。英祖と正祖は党派間の均衡をとる「蕩平策」という人事政策を実施して老論派の勢力を抑えた。特に正祖は蔡済恭《チェジェゴン》（一七二〇〜一七九九）という南人派の大物を領議政（首相）に据えて、老論派を牽制した。また正祖は奎章閣《キュジャンガク》に人材を集めてシンクタンクをつくった。二人は朝鮮後期でもっとも英明な王であったと評価されている。

		在位年
1	太祖	1392-1398
2	定宗	1398-1400
3	太宗	1400-1418
4	世宗	1418-1450
5	文宗	1450-1452
6	端宗	1452-1455
7	世祖	1455-1468
8	睿宗	1468-1469
9	成宗	1469-1494
10	燕山君	1494-1506
11	中宗	1506-1544
12	仁宗	1544-1545
13	明宗	1545-1567
14	宣祖	1567-1608
15	光海君	1608-1623
16	仁祖	1623-1649
17	孝宗	1649-1659
18	顕宗	1659-1674
19	粛宗	1674-1720
20	景宗	1720-1724
21	英祖	1724-1776
22	正祖	1776-1800
23	純祖	1800-1834
24	憲宗	1834-1849
25	哲宗	1849-1863
26	高宗	1863-1907
27	純宗	1907-1910

表6　朝鮮王朝

正祖は自身が朱子学の正統を体現した哲学王であった。だが一八〇〇年に正祖が死ぬと、正祖によって弾圧されていた老論僻派が反撃を展開した。まず一八〇一年にカトリックを大弾圧し、カトリックに近かった南人派を一掃した。これを辛酉教難という。

この後、朝鮮は老論派の安東金《アンドンキム》氏という一族が外戚となって王権を自由に操るようになり、カトリックに対しても数度に渡って弾圧を繰り返し、壊滅的な打撃を加えた。

十九世紀は朝鮮史において暗黒時代と認識されている。安東金氏、豊壌趙《プンヤンチョ》氏、驪興閔《ヨフンミン》氏などの一族が外戚として政治を壟断し、民間では予言書や新興宗教が流行った。民乱が継続して起こり、地方官吏による収奪は苛酷をきわめた。

「朝鮮の十九世紀は腐敗と収奪と混乱の時代であった」というのが、現代韓国および北朝鮮における共通の認識である。だが本当にそうだったのか。今後の歴史学における十九世紀像の再構築が求められる。

2 朱子学(性理学)の受容と導入

†麗朝交代期の思想

高麗から朝鮮へ統治権力が移行していく時期を本書では、「麗朝交代期」と呼ぶ。この時期は、高麗までの仏教中心的な文化・思想を、革新的な朱子学中心に転換する起点となったという意味で、朝鮮思想史全体のなかで特に重要である。朱子学中心の文化・思想は二十世紀まで続いただけでなく、現在の朝鮮半島にもいまだに強い影響を及ぼしているのであるから、十四世紀末のこの時期の重要性はいくら強調してもしきれない。

ただ、朝鮮社会全体の朱子学化は、短期間に一気になされたのではない。たしかに鄭道伝による排仏運動は激烈なものであったし、朱子学的急進派による変革は徹底していた。しかしそれでも、朝鮮社会の朱子学化は二百五十年ていどの時間を要したというのが、韓国史学界の見解である。つまり五百年間の朝鮮時代のほぼ半分の時間をかけて、社会はようやく朱子学化したとされる。特に日本と女真による侵略以後に、朝鮮社会全般に本格的な朱子学化が浸透した。

高麗末期に性理学を社会改革の学問として積極的に取り入れたのは、李穡《イセク》であった。彼は多くの弟子を育てたが、そのなかで易姓革命を肯定して李成桂による政権確立を擁護したのが鄭道伝であった。

†圃隠・鄭夢周と三峯・鄭道伝

麗朝交代期において活躍したふたりの鄭氏がいる。彼らの名は朝鮮時代を通じて著名であり、明確な価値を付与されて語られることになる。朝鮮時代の劇しい政争の背後には、このふたりをいかに評価するかという問題が横たわっていた。

そのふたりとは、鄭夢周と鄭道伝である。ふたりとも李穡の弟子であったが、易姓革命をめぐって尖鋭に対立した。

鄭夢周《チョンモンジュ》（一三三七〜一三九二、号は圃隠《ポウン》、本貫は迎日《ヨンイル》）は高麗王朝に忠義を尽くすという立場を貫いた。つまり李成桂の易姓革命に反対する立場であった。一三九二年に、鄭夢周は李成桂の第五子である李芳遠《イバンウオン》の手下によって暗殺された。したがって彼は朝鮮王朝建国に対してはもちろん何らの貢献もしていない。

だが、この鄭夢周こそ、後に理想主義的な朱子学者たち（士林派）によって追慕され、尊崇される。高麗王朝への忠義が変わらなかったからである。そして十五世紀終わりから十六世紀半ばにかけての士禍によって士林派が弾圧を受けた後、結局、十六世紀後半に士林派が朝鮮政界を掌握することになる。すると当然、鄭夢周に対する士林派の評価はそのまま固まり、このち朝鮮王朝において、「鄭夢周こそが理想的な士大夫の鑑である」という評価は揺るぎないものとなった。彼が暗殺されたのは都（開京）の橋においてであったが、彼の死後この橋に竹が生えて来、これが変わらぬ忠義の象徴となり、この橋を善竹橋と呼ぶようになった。

暗殺される直前に彼は、易姓革命派の李芳遠と酒席をともにしたと伝えられる。そこで鄭夢周の心を変えようと李芳遠が、「（進退を）いかにせんともよいが、万寿山の葛の蔓《つる》のように、われらもからみあうのもよいではないか」という内容の歌（「何如歌」）を贈った。すると鄭夢周は、次のような歌を返して自身の永遠に変わらぬ心を伝えた。「君」は高麗王のことである。

この身が死んで死んで　百たび死に絶え
この白骨が塵土になりて　魂魄が消えかかろうと
君おもう　一片丹心こそ　変わることわりの　いかであらんか

この「丹心歌」こそ、のちに朝鮮王朝の道徳主義的士大夫たちがもっとも大切にした信条であった。鄭夢周が撃殺されたのは、この宴席からの帰るさであったと伝えられる。

鄭夢周と正反対の評価を受けることになったのは、鄭道伝《チョンドジョン》（?～一三九八、号は三峯《サムボン》、本貫は奉化《ポンファ》）である。彼は、朝鮮王朝最初期の制度設計、首都の選定と造営、朱子学イデオロギーによる易姓革命理論構築の中心人物であった。すなわち朝鮮開国にもっとも功があったのが鄭道伝であった（ほかには趙浚《チョジュン》ら）。彼らは李成桂のクーデターに道徳的根拠を与えて正当性のある易姓革命と規定した。さらに田制改革を断行して親元派の特権層から土地を奪った。鄭道伝は一三九四年に漢城《ハンソン》（現在のソウル市）に遷都し、景福宮《キョンボックン》などの王宮を建設した。鄭道伝はまた、朝鮮の法制度を確立した。だが彼もまた、最後には鄭夢周と同様、李芳遠によって殺されてしまう。朝鮮王朝の統治理念による路線をめぐって、李芳遠と劇しい対立があったためといわれる（鄭道伝は士大夫実権型、李芳遠は王実権型の統治理念を推進しようとした）。

このように、朝鮮建国に最大の功績があった鄭道伝だが、後に朝鮮朱子学の主流を成す士林派の士大夫たちから彼は、「朝鮮最大の悪人」という評価を得てしまう。高麗王朝を裏切ったからである。むしろ朝鮮開国に反対の態度を示した鄭夢周こそがもっとも理想的な士大夫であったという評価を得る。このことは、朝鮮という国家の朱子学的な性格を理解するうえできわめて重要な事実といえる。

鄭道伝はまた徹底的な排仏論を唱えたことであまりにも有名である（「仏氏雑弁」）。彼の排仏論の内容は基本的に朱子が唱えたものと同じであるが、そのイデオロギーは朱子よりもさらにラディカルに社会化された。つまり南宋では実現できなかった仏教弾圧が、朝鮮では強力に実現できたのである。

3　士林派の台頭と士禍

†士大夫の分裂——士林派と勲旧派

朝鮮王朝の基礎ができると、この王朝の政治は安定するかに見えた。朱子学という強力な統治理念が朝鮮王朝の中心となったからである。朱子学は中国の専制的な絶対王政を基礎づける思想なので、この思想が浸透すれば政権は安定するかに思える。たとえば日本の徳川幕府の安定には、朱子学を統治理念に（朝鮮王朝ほど全面的ではないが）ある程度組み込んだことが明らかに関係しているだろう。もちろん朝鮮も朱子学によって安定した面は多い。だが朝鮮では同時に、朱子学の原理性が統治の不安定性を将来することにもなった。それが端的に現れたのが、士林派と勲旧派の尖鋭な対立であった。

一四五三年に、首陽大君《スヤンデグン》（後の世祖《セジョ》）によるクーデター（癸酉靖難《ケユジヨンナン》）が起き、これに反対した士大夫グループによって、世祖および朝鮮開国の功臣たちが悪とされるに至った。彼らは「勲旧派《フングパ》」というレッテルを貼られ、「小人輩（不道徳な輩）」として貶められることとなった。

世祖と勲旧派を貶めたグループを士林派《サリム》という。両派は激烈な闘争を展開した。勲旧派は士林派に対して四回にわたって残虐な弾圧を加えた。これを士禍《サファ》という。戊午《ムオ》士禍(一四九八)、甲子《カプチャ》士禍(一五〇四)、己卯《キミョ》士禍(一五一九)、乙巳《ウルサ》士禍(一五四五)がそれである。この士禍によって士林派は打撃を受けたが、強烈な怨念が極大化した。結局、十六世紀後半、宣祖《ソンジョ》の代(一五六七〜一六〇八)には士林派が逆襲して政界を掌握することになる。

これにより、十六世紀後半以後、朝鮮王朝の主流派を形成するのは一貫して士林派となる。つまり朝鮮王朝の基礎をつくった易姓革命派の士大夫たちは、悪の陣営として貶められることになる。

士林とは何だったのか。李基白*によれば「地方に根拠地をもつ読書人の階層」であり、「中央の政界に進出するよりは、郷村で留郷所や郷庁をとおして彼らの影響力を行使してきた勢力」(『韓国史新論』二四四頁)である。「新進勢力」「私学派」とも呼ばれ、鄭夢周と吉再《キルチエ》の流れを汲んでいる。学問的には経学・道学の原理主義を守るのが生命線である。成宗を拠り所にし、地方では嶺南が強い。

これに対して勲旧派というのは、「李成桂の建国に功績をたてた鄭道伝・趙浚らをはじめとして、歴代の諸王を補佐し、李朝の制度整備に参加した人びと」(『韓国史新論』二四一頁)である。世祖を拠り所にし、地方では近畿派が多い。李基白*はいう。「世宗代の集賢殿の学者も、この勲旧勢力に含まれるとみられる。しかし、世祖によって成三問らの死六臣をはじめとする多くの学者が殺されたのちには、世祖を助けて彼を王位に推戴した人びと、鄭麟趾《チョンインジ》・崔恒《チェハン》・梁《ヤン》誠之《ソンジ》・申叔舟《シンスクチュ》・徐《ソ》居正《ゴジョン》らが、おもに勲旧勢力を形成した。……彼らはほぼ畿内を中心に居住していたので、近畿派とよばれるにふさわしい勢力であった」（『韓国史新論』二四一頁）。つまり朝鮮王朝建国の功臣であり、「官学派」とも呼ばれる。彼らの経済的基盤は功臣田であった。

†節義問題と死六臣、生六臣

勲旧派による士林派への弾圧とそれに対する逆襲が表面化したのは、いわゆる「節義問題」においてであった。これは端宗《タンジョン》と世祖のどちらを支持するかという士大夫たちの思想的闘争であった。

十二歳で即位した端宗は、皇甫仁《ファンボイン》と金宗瑞《キムジョンソ》、および集賢殿の学士である成三問《ソンサムムン》、朴彭年《パクペンニョン》、河《ハ》緯地《ウィジ》、申叔舟、李塏《イゲ》、柳誠源《ユソンウォン》などによって輔佐されて執権した。だが端宗の叔父である首陽大君（世祖）は皇甫仁と金宗瑞を殺し、幼い端宗を廃して魯山君《ノサングン》に降格した。この間に首陽大君は世祖として即位し、魯山君を寧越に追放した。さらに十七歳の魯山君を殺して死体を江水に投げ捨てた（このため朝鮮では、悲劇の少年王といえば端宗、というイメージが人びとに共有されている）。玄相允*は、「この事件は李朝史最大の悲劇であるだけでなく、人臣の節義と綱常に関係する問題であったため、儒者間に輿論が沸騰し、端宗を思慕して謀復運動をした者は忠臣とされ、世祖を翊賛した者は小人と称されることになった」(『朝鮮儒學史』三九頁)という。

この節義問題において「死六臣」および「生六臣」の事件が起こる。

死六臣とは、成三問、朴彭年、河緯地、李塏、兪應孚《ユウンブ》、柳誠源の六人である。兪應孚以外は集賢殿の学士であった。彼らは世宗および文宗《ムンジョン》から、端宗(世宗の孫、文宗の子)の補弼を命ぜられたのである。彼らは、端宗が世祖によって廃位させられたあとに復位の計画を謀っていたが、その計画を実行する直前に密告され、捕らえられて殺された。

生六臣とは、金時習《キムシスプ》、元昊《ウォンホ》、李孟專《イメンジョン》、趙旅《チョリョ》、成聃壽《ソンダムス》、南孝温《ナムヒョオン》(あるいは権節《クォンジョル》)の六人である。彼らは「二君に事えず」という忠臣の道理を貫いて、杜門不出(門を閉ざして外に出ないこと)あるいは放浪という選択肢を選んで残りの生を送った士大夫たちである。

この「死六臣」および「生六臣」は、朝鮮王朝が終わって併合植民地時代になってもなお、人びとの心に「立派な忠義の士」として強く記憶されていた。日本でいえばあたかも赤穂浪士のような位置づけであるといえよう。

†士禍

士禍は勲旧派による士林派に対する弾圧である。一四九八年から一五四五年の半世紀のあいだに四回起きた。「四大士禍」という。その内容は以下のとおりである。

まず、戊午《ムオ》士禍が一四九八（燕山君四）年に起きた。燕山君《ヨンサングン》は士林によって暴君とされた王である。燕山君の前の王である成宗に関する『成宗実録』の編纂に関して朱子学的な論争が起こり、金宗直《キムジョンジク》の門人である金馹孫《キムイルソン》、鄭汝昌《チョンヨチャン》らが弾圧された。

次に、甲子《カプチャ》士禍が一五〇四（燕山君十）年に起きた。これも燕山君の統治をめぐって起きた事件である。

さらに、己卯《キミヨ》士禍が一五一九（中宗十四）年に起きた。これは中宗《チユンジヨン》の時代であった。士林の代表である趙光祖が死を賜った。

最後に、乙巳《ウルサ》士禍が一五四五（明宗一）年に起きた。これに関わったのは尹任《ユンイム》と尹元衡《ユンウオニヨン》であった。

士禍とは何だったのか。ふたつの側面がある。ひとつは、中央の保守的な勲旧派と、地方の小土地所有を基盤とする新進的な士林派のたたかいであった。もうひとつは、性理学の範囲内ではあるが詞章的な傾向の強い学問（勲旧派）と、性理学のなかでももっとも形而上学的な傾向の強い学問（士林派）とのたたかいであった。

士禍の結果、後者は地方の書院などに籠って性理学の形而上学を徹底的に研究した。ここに、中国にも日本にもない、きわめて形而上学的な心と天の性理学が極度に精緻に発達する基盤ができたのである。

†至治主義と趙光祖

甲子士禍（一五〇四）のあと、士林派が至治主義というべき理念を掲げた。その中心が趙光《チョグアン》祖《ジョ》（一四八二〜一五一九、号・静庵《チョンアム》、本貫は漢陽《ハニャン》）であった。彼は大司憲を務めた改革派の代表的人物であった。中宗のとき登第し、「道学を崇び、人心を正し、聖賢に法り、至治を興す」を主張して中宗から深く信頼された。また小学と郷約によって育才化俗の方法とし、民衆に孝親敬長（親に孝にして目上を敬う）の風俗を教え、士子に修己治人の道に努めさせた（玄相允*『朝鮮儒學史』五一頁）。賢良科を設置して改革のための人材を集めた。その改革の内容は儒教原理主義ともいえるもので、「わが君を堯舜にし、わが民を三代の人民にする」という理想に基づくものであった。

結局、趙光祖一派は謀反を企んでいると密告され、流配され、死刑となった。これが一五一九年の己卯士禍である。

玄相允*によれば、至治主義儒学派が挫折したのには次の三つの原因があった。①その過激な持論のため、中宗が嫌気をさした。最初、中宗は趙光祖を重用したが、その主張の激しさと融通のなさにやがて嫌気がさした。②朝臣の不評を買った。靖国功臣の改正によって削勲者たちの不評を買った。③小人を厳格に排斥したので奸臣輩の怨みを買った（『朝鮮儒學史』五二〜五三頁）。

†李彦迪と太極論争

李彦迪《イオンジョク》（一四九一〜一五五三、号・晦斎《フェジェ》）は、乙巳士禍（一五四五）による流配を経験しながらも、朱子学の「理」の側面を徹底化することに邁進した儒学者であった。彼は太極論争によって朝鮮朱子学の論争的性格の嚆矢となったし、また理を重視する李退渓の学問の母胎ともなった。息子の李全仁《イジョニン》が朱子、陸象山などの説に李彦迪などの説を付して編集した「太極論辯」がある。

朝鮮朱子学は、ある哲学的な問題に関して二つの陣営が激烈な論争をし、それが長く続くという伝統を持つ。代表的なものとして、太極論争（十六世紀）、四端七情論争（十六世紀）、人心道心論争（十六世紀）、人物性同異論争（十八世紀）などがある。この「論争の伝統」の出発点が、太極論争である。

太極論争はそもそもは、慶州に住む孫叔暾《ソンスクトン》（号は忘齋《マンジェ》）と曺漢輔《チョハンボ》（号は忘機堂《マンギダン》）の間で始まった。しかしこの二人の間の論争に関する資料は残っていない。この二人の対立に、若い李彦迪が加わった時点、一五一七年から、論争は本格化した（ただし曺漢輔側の資料は残っていない）。

太極に関しては、まず南宋の朱子と陸九淵（号は象山）との論争が重要である。これは周濂渓の「太極図説」において、「無極而太極」とある文をどう解釈するかということに関わっていた。陸象山はこの「無極」の字は必要ないと主張したが、朱子は、「無極がなければ太極はもののように実体を持ったものになってしまい、すべてのものに浸透できない。また太極がなければ無極はただの空虚になってしまって、すべてのものに化することができない」といって、「無極而太極」の哲学的意味を説明した。また陸象山は「極」を「中」と解釈したが、朱子は「極」は「究極に至ったこと（至極）」であり、「かたよりがないこと」を意味する「中」とは異なると解釈した。

このような前提を受け継いで李彦廸と曺漢輔が論争したのだが、李彦廸は朱子の立場を堅固にするもので、その立場から曺漢輔を批判した。曺漢輔は「無極而太極」をひとつの実体であり、すべての根本であるとみなし、この寂滅の本体が心に内在しているので、これを体得すればすべてが融通すると考えた。

この太極論争は、朝鮮性理学における最初の本格的な学術的論争であった。この過程においてすでに、このあと二十世紀まで延々と続く朝鮮性理学の議論の原型が浮かび上がっているように思える。それは、①朱子という正典を基準にして、論争の当事者の双方あるいは一方が、どちらがより正典に忠実であるかという議論のパターンを展開すること。②内と外、体と用などという二重性を重視するか、あるいはその一体性を重視するかで対立すること。朱子学を堅持するかぎり、二重性を否定することはできないが、それでも一体性、直接性を希求する陽明学的な方向性は、朝鮮性理学にも存在したのである。③人の心や本性や感情のあり方およびそれと超越性や頽落性の関係に対する、あくなき形而上学的追求の精神。これはおそらく日本の江戸儒学との判然たる相違であろう。江戸儒学の場合は、煩瑣で緻密な形而上学的議論に入りこむまえに、神道など他の思想体系と結合させたり、「時処位論《じしょい》」や「水土論」に典型的に見られるように、「日本」というフィルターを使って中国での議論を相対化する道を探す傾向が著しくある。だが朝鮮では、あくまでも中世ヨーロッパの神学論争のように精緻に議論するという伝統があった。

†性理学の理

さてここで、性理学（朱子学）における理という概念についてすこし説明しておく必要がありそうだ。士林派の成熟以後、朝鮮儒教においては、二十世紀に至るまで、ほとんどすべての議論が理と気に関するものになるからである（そこから逸脱しえたのはいわゆる「実学」派の一部のみであった）。朝鮮の場合、理気というフレームの力は近代に近づいても一向に衰えなかった。むしろ十九世紀から二十世紀はじめにかけて、性理学の理気論、特に理の力は極大化するのである。

理に関してここでは、朝鮮性理学だけの視野ではなく、性理学一般に関して説明しておく。

理とはなにか。このことに関して、現在の儒学研究における一定の合意はない。平たくいえば、理とは原理であり法則であり論理であり秩序である。天による自然の秩序のとおりに人倫や社会も動くべきだという意味での「道徳的自然の法」である。英語では「理（li）」を訳すときにほぼつねに「principle」という語を使う。

西洋から哲学がはいってきた近代の時期に、日本や中国や韓国の学界では、理を西洋のイデアとかロゴスとかエイドス（形相）という概念との類似性という視点から盛んに議論した。もっとも類似しているとされたのがエイドスである。つまりアリストテレスにおける質料（ヒュレー）が性理学における気に相当し、形相（エイドス）が理に相当するという議論である。アリストテレスの枠組みと性理学の枠組みはたしかに酷似しているともいえる。ただしもちろん同じではない。アリストテレスにおいては形相とされた「魂」は、性理学では理ではなく気であるなど「ずれ」は枚挙に遑《いとま》がない。またこれとは別に、カントの理性（純粋理性および実践理性）に相当するものが性理学の理である、という議論も実に盛んになされた。

その後、日本の中国哲学界では、西洋の哲学的枠組みに合わせる形で「理はイデアだ、いやロゴスだ、いやエイドスだ、いやフェアヌンフト（理性）だ」だとか「西洋のイデアやロゴスやエイドスやフェアヌンフトに相当する概念が東洋にもあった」などと議論する発想そのものが西洋中心主義であるという反省がなされ、一九八〇年代頃からは（つまりポストモダン以降は）、右のような議論はほとんどされなくなった。しかし中国・香港・台湾の「人文学」的な哲学者たちは、「カントの純粋理性・実践理性と同じような議論が中国では（朱子の時代である）十二世紀までにすでになされていた」とする道徳主義的な人文学に固執した（現代新儒学）。これは典型的な「中国中心主義的であるように見えながら同時に西洋中心主義的な言説」なのだが、どうも中国人学者はそこに気づくまいとしているようである。

　このように性理学の理をめぐる近代的な議論は西洋中心主義的に展開してきたが、日本ではいち早く、そのような傾向から逸脱する研究もなされた。代表的なのは安田二郎*（一九〇八〜一九四五）である。安田*は論文「朱子の存在論に於ける「理」の性質について」（一九三九）で、西洋のイデア、ロゴス、エイドスと理との相違を哲学的に分析し、理とそれらの概念が明確に異なることを述べる。特に重要なのは、イデアもエイドスも「見る」という動詞と関連しているのに対し、理には「見る」という動詞と関連する要素がないことだ。朱子の理に対する安田*説の核心は、理の根源的意味は「考えられ得る」ことである、理は「意味としての存在」なのだとする点にある。安田*によれば、「理の根源的な意味は何であるかというに、それは端的に「考えられ得る」ことにあった」。

安田[*]のこの「理は意味である」という解釈は、理の無形性と二重性（存在根拠および当為性）をよく表現していると思われる。朱子自身の考えでは理は原理性、論理性、根拠性、規範性、当為性などを総合的に含意しており、したがって理をそれらの概念として語ってももちろん問題ないのだが、これらを総合して語るならば、「理は意味である」といってもよいように思える。気には意味はないからである。気の運動とその様相自体には意味がない。しかしその運動と様相には原理性、論理性、根拠性、規範性、当為性などの意味が付着している。その意味が理なのだ、という考えである。

このように考えることにより、「気自体は理ではない（つまり原理性や規範性などを持たない）が、気のあるところには必ず理がある（つまり原理性や規範性などがある）」という性理学のテーゼを説明しうるように思える。韓国でも、韓亨祚[*]のように「理は意味である」と解釈する学者がいる。

だがわたし（小倉）は、もう一歩踏み込んで、「理は分節化である」と考えたい。気の世界には多様性があり、なによりものとものとの区分があり、区分されたそれぞれのものの個別の意味や習性や当為性やその根拠などがある。しかしこれらの区別は気自体のものではなく、それを「異なるもの」として立ち現わすものも気自体ではなく、理なのである。理がなければ、気自体の多様性と区分の世界の意味が立ち現われない。井筒俊彦[*]は、華厳の事は分節された世界で、理は無分節の世界だとしたが（『意識と本質』岩波文庫）、性理学はこの反対なのではないか、とわたし（小倉）は考える。つまり仏教（華厳）では理＝個別的な事物の分立を無化する世界＝空と考えるが、性理学はその逆で、気の多様性と変化を自然道徳的な意味を持って分節化するのが理なのである。井筒は宋学*（性理学）の理は本質だといった。しかしこの本質は、ものごとを分節化する本質なのである。

気は一気→二気（陰陽）→五行→万物というように複数の層位で万物を区別していくが（一気は全体としての気を指す）、これらすべての区別自体は気にはなく、理にあるのである。そして気に複数の層位があるように、理にも複数の層位がある。もっとも重要なのは、一理と衆理（万理）との違いである。わたしは前者を〈理α〉、後者を〈理β〉と呼んでいる。

〈理α〉：一理／統体太極／所以然之故
〈理β〉：万理／各具太極／所当然之則

〈理α〉は「ひとつの理」であり、「所以然之故（しかるゆえんの故＝ものごとがそうである、そうであるべき根拠）」である。これに対して〈理β〉は「それぞれ個別のものに固有の理」であり、「所当然之則（まさにしかるべき則＝ものごとがまさにそうであるべき、そうすべき則《のり》）」である。このふたつの層位は、理の分節化の層位の違いである。〈理β〉は、この宇宙と人倫が天の道徳的法則性のとおりに存在し、動いてゆくことの当為性を意味する分節化の層位である。これに対して〈理α〉は、この宇宙と人倫が自然道徳的に存在し、動いてゆく根拠を意味する分節化の層位である。そして理を把握し実践する主体にも、〈主体α〉と〈主体β〉の層位の差がある。後者は〈理β〉のみを把握し実践する主体だが、前者は〈理α〉まで把握し実践する主体である。ただし、実は理にはさらにメタレベルの〈理X〉がある。これは、〈理α〉と〈理β〉を成り立たせている究極の意味の地平である。この〈理X〉を把握し実践する者こそが、性理学的な社会における究極の主体である〈主体X〉なのである。このように考えると、朝鮮性理学史を少し理解しやすくなるのではないかと思う。

なお、理とセットになる概念である気は、単なる物質ではない。英語では気（qi）を「vital force」と訳すことがあることからわかるように、これは生命的な力を持った物質なのであり、わたし（小倉）の言葉でいえば「霊的物質（spiritual matter）」である。性理学においては、心・知覚・精神活動・感情・感覚などはすべて気の領域に属している。

4　徐敬徳とその系統

†花潭・徐敬徳——先天と後天

徐敬徳《ソギヨンドク》（一四八九〜一五四六、号は花潭《ファダム》、本貫は唐城《タンソン》）は気を重視した哲学者で、「原理気」「理気説」「太虚説」「鬼神死生論」『花潭集』などの著作がある。

徐花潭は現代の一般の韓国人にとって、独創的な哲学者としてよりも、黄真伊《ファンジニ》（一五〇六？〜一五六七？）とのエピソードによって有名である。黄真伊は絶世の美女であると同時に最高レベルの知性を備えた当代随一の女性であり妓生《キセン》であった。妓生とは単なる酌婦の謂《いい》ではなく、彼女らには、士大夫と詩文の応酬をする高度な知性が要求された。美貌と知性を兼ね備えた誉れ高い黄真伊は、当代一の知と徳を具《そな》えていると謳われた徐花潭に接近するが、徐花潭は黄真伊の誘惑に応じなかった。人口に膾炙《かいしゃ》したこのエピソードから、徐花潭を道学的な堅物とイメージする韓国人も多いが、彼の哲学はむしろ道学を超えている。朱子学を出発点としているが、理よりも気を著しく重視するのが彼の独自の哲学である。

徐花潭の哲学を凝縮して表現した作品が「原理気」である。彼の議論を見てみよう。まずは「先天」と「後天」の概念である。

《先天》

太虚は淡然にして無形である。これを名づけて先天という。空間的には無限であり、時間的には始まりがなく、終わりを知ることができない。その淡然かつ虚静なるものこそ、気の原である。それは無限の空間に彌漫し、一切のすきまなく全体に充満している。(「原理気」)

《後天》

先天が忽然として闢《ひら》ける。闢けさせるなんらかの動力が実体としてあるのではなく、先天がおのずから、闢けずにはいられなくして闢けるのである。これを「理の時」という。『易』にいう「感じて遂に通る」であり、『中庸』にいう「道は自《みずか》ら道《みちび》く」であり、周濂渓のいう「太極動じて陽を生じる」である。動と静がかならずあり、闔と闢がかならずあるのはなぜか。「機」がおのずからそうなるのである。(「原理気」)

周濂渓は「太極が動いて陽を生む」といったが、その最初の動きはどのようにして生じるのか。アリストテレス的にいえば、不動の動者をめぐる問いである。徐花潭はこれに対して、「機自爾(機がおのずからそうなる)」といった。この「機」は運動の内在性をいうのではなく、内部と外部を包摂したホーリスティックな全体だと見るべきだ。自然はひとつの気であり、全体である。その全体性が、ある部分で動の兆しを見せると、その部分だけが動くように見える。

だが正確には、その部分だけではなく全体が動いているのである。その様相を徐花潭は「機自爾」といったのである。

†気の哲学

徐花潭は気の哲学を展開する。彼によれば気は無始無終である（「太虚説」）。

老子は「有は無から生まれる」といったが、これは虚がすなわち気であることを知らないのである。老子はまた、「虚が気を生むことができる」といったが、これも誤りである。もし「虚が気を生む」というなら、まだ気が生じる前は気がないことになり、虚は死であるということになる。すでに気がないというなら、なにによって気が生じるというのか。気には始まりがなく、生まれることもない。始まりがないのであれば、終わるところがどこにあろう。生まれることもないのであれば、滅するところがどこにあろうか。（「太虚説」）

気と理の関係について、徐花潭は次のようにいう。徐花潭の太極は宇宙のものごとが動静するときにその動力となっているものであるが、それは朱子学の理＝太極のように気とは別の実体を持った実在なのではない。動力がものごとを動かしたり止めたりするその分節化の力そのものを、太極といっている。

気の源は、はじめ一である。だが気は一であるといったとたん、それは二を包含している。太虚は一であるが、その中に二を包含している。二の段階になれば、闔闢《こうへき》（とじることとひらくこと）や動静や生克が必ずある。この闔闢させ、動静させ、生克させるゆえんの始原を名づけて太極というのである。気の外に理はなく、理は気の主宰である。この主宰というのは、外側からやってきて主宰するのではない。気が事にはたらくに際してしかるゆえんの正しさを失わないということを主宰というのである。（「理気説」）

理と気の先後関係については、次のようにいう。

理は気より先ではない。気には始まりがない。理にももとより始まりはない。もし理が気より先だというなら、気は始まりを持ってしまうことになる。（「理気説」）

以上のような議論から、徐花潭は気哲学者といわれる。朝鮮が性理学をイデオロギーとして国家建設を始めてから一世紀以上を経て、ここに、性理学の理の体系に対して根源的な修正を加えようとした哲学者が現われたのである。

†徐花潭の系統

徐花潭の弟子には、以下のような人物が輩出した。朝鮮王朝の正統からは逸脱した人物が多いのが注目される。

許曄《ホヨプ》（一五一七〜一五八〇、号は草堂《チョダン》、本貫は陽川《ヤンチョン》）は、許筠《ホギュン》（一五六九〜一六一八、号は蛟山《キョサン》）の父である。許筠は『洪吉童伝《ホンギルドンジョン》』という奇想天外な小説を書いたとされることで著名な人物である。

李之函《イジハム》（一五一七〜一五七八、号は土亭《トジョン》、本貫は韓山《ハンサン》）は『土亭秘訣《トジョンビギョル》』の著者として有名である（ただし真の著者であるかどうか不明）。これは一年の運勢を占う本で、現在の韓国でも変わらぬ人気を誇っている。彼はその奇行でも有名であり、漢江べりの麻浦《マポ》の穴倉に住み、釜を頭に載せて歩いたり、不本意ながら官職に就いたときには役所に乞人庁という名の施設をつくって乞食たちを集め、生業を持たせた。李之函は朝鮮時代の三大奇人のひとりとされる。

また徐花潭とは直接の関係はなくとも、気を重視する哲学を前面に打ち出す儒者は朝鮮時代を通じて出現した。そのもっともラディカルな実現者は、任聖周《イムソンジュ》（一七一一〜一七八八、号は鹿門《ノンムン》、本貫は豊川《プンチョン》）である。彼は宇宙のすべてはただ気のみだとして、唯気論とでも呼ぶべき哲学を主張した。また朝鮮時代末期の崔漢綺はきわめて独創的な気哲学を打ち出した（彼については次章で語る）。

5　李退渓とその系統

†退渓・李滉

李滉《イファン》（一五〇一〜一五七〇、号は退渓《テゲ》、本貫は真城《チンソン》または真宝《チンボ》）は、礼安県・温渓に生まれる。「朱子書節要」「自省録」『退渓集』などの膨大な著作がある。詩もよくした。晩年は陶山《トサン》書堂にこもって後進を育てた（彼の死後にこの書堂が陶山書院となる）。李退渓は嶺南《ヨンナム》地方（慶尚道《キョンサンド》）の巨儒であり、現在でも慶尚北道では絶対的な尊崇を受けているが、韓国全体でももっとも敬われている儒学者である。有名な「聖学十図」は性理学の精髄を十のテーマ別に図式化したものである。なお、陶山書院には数ヵ所に「三太極」の図が描かれている。三太極とは、ふつうの太極が陰陽の二元として描かれているのに対し、三元の図として描かれているものをいう。日本の三つ巴の形に似ている。中国にはない、朝鮮独自の世界観であるとされる。三太極の「三一」は天地人を表すと解釈される場合もあるが、陶山書院の三太極は、天と地と万物を表すと解釈されている。

†四端七情論争

李退渓が年若い奇大升《キデスン》（一五二七～一五七二、号は高峯《コボン》、本貫は幸州《ヘンジュ》）とのあいだに繰り広げたいわゆる「四端七情論争」は、朝鮮儒学史上最大の哲学論争であった。「四端七情論争」は「四七論争」ともいう。四は四端を、七は七情を指す。四端は惻隠・羞悪・辞譲・是非という四つの情であり、『孟子』において、それぞれ仁・義・礼・智という四つの道徳性（性）のきざしとされたものである（朱子は道徳性が内在していることのいとぐちと解釈する）。七情は『礼記』に出てくる喜・怒・哀・懼・愛・悪・欲という七つの情である。四端も七情も情（気）であることにはかわりがない。しかし朱子学において、四端は道徳性（性＝理）と直結する情であるのに対し、七情は人欲に陥る可能性のある情であるという違いがある。四端と七情とのあいだには懸隔があるのである。この懸隔を理気との関係でどのように説明するのかは、朱子学においてきわめて重要であった。なお「四七論争」は英語圏でも今や有名であり、「the Four-Seven Debate」という術語が定着している。

議論のための概念を整理すると、以下のようになる。

性（本性）＝理　　性即理が朱子学の根本（心即理をとなえる陸象山、王陽明との違い）
心＝気　　心には理が具わっている。心は性と情を統御する（心統性情）
情＝気　　情は気だが、性や理との関係はどうなのか

未発　心　気　　心がまだ発していない状態　　性（理）そのものなのか、そうでないのか
已発　心　気　　心がすでに発した状態　　性（理）との関係はどうなのか

四端（『孟子』）情　気　　惻隠・羞悪・辞譲・是非　　性（理）そのものとどう違うか
七情（『礼記』）情　気　　喜・怒・哀・懼・愛・悪・欲　　性（理）との関係はどうか

事の発端は、以下の通りである。鄭之雲《チヨンジウン》（一五〇九〜一五六一、号・秋巒《チユマン》、本貫は慶州《キヨンジユ》）が「天命図」という図説を作成した。その説明に、「四端発於理、七情発於氣（四端は理において発し、七情は気において発する）」とあった。それを見て李退渓が修正意見を語った。鄭之雲は李退渓の修正意見に基づき図説を「四端理之発、七情気之発（四端は理の発、七情は気の発）」と訂正した。朝鮮儒学史において最も有名な「理気互発説（理も発し、気も発する）」を李退渓は主張したのである。だが若き奇高峯《キコボン》がこれを見て、四端と七情を理と気に二項対立的に分け

ることは誤りだという論をなして手紙を李退渓に送り、質問したのだった。その内容は、次のようなものであった（要旨）。

人の心が未だに発していないものを性といい、すでに発したものを情といいます。性は完全な善ですが、情には善と悪があります。四端（惻隠・羞悪・辞譲・是非）と七情（喜・怒・哀・懼・愛・悪・欲）にはもちろん区別がありますが、それは四端を説いた『孟子』と七情を説いた『中庸』の観点が違うからできた区別なのであって、もともと七情の外に別個に四端があるのではありません。

もし「四端は理から発するので純善であり、七情は気から発するので善も悪もある」というなら、これは理と気をふたつのものに分けることになってしまいます。そうすると七情は性（理）とは関係ないものになってしまいますし、四端は気と関係ないものになってしまいます。これは間違いです。正しくは、七情も性が発したものなのだから性と関係がありますし、四端も情なのだから気なのです。

「四端の発は純理なので善でないものはなく、七情の発は気を兼ねるので善悪がある」といいなおしても、正しくありません。

孟子がいった四端とは、性が発するときに気が干渉できず本然の善がただちに完成されるものです。これは純粋に天理が発したものではありますが、七情の外から出てくることのできるものではありません。七情のなかで、心が正しく発して中庸の状態に分節化した部分が四端なのです。だから四端と七情を二項対立的に把えてはならないのです。

理は気の主宰であり、気は理の材料です。ですが理は弱く、気は強いのです。理は形体がありませんが気は影形があります。そのため気が流行し発現するときに、気の作用によって「過ぎたる」と「及ばざる」の差異が必ず生じるのです。このことによって、七情が発するとき、ある場合には善となり、ある場合には悪となり、性の純善たる本体があるいは完全に現われない場合が生じるのです。しかしそのなかで善なるものは天命の本然そのものですし、悪なるものは気の現われが「過ぎたる」と「及ばざる」になってしまったのです。それゆえ四端と七情は始めからふたつの別の意味を持つのではありません。(「高峯上退渓四端七情説」)

これに対して李退渓は奇高峯に手紙を送り、「理気互発説」を論理的に正しいものと証明しようと言葉を尽くした。

それに対して奇高峯は反論の手紙を送ったが、さらに李退渓は奇高峯に手紙を送り、反論した。ここで有名な「四端理発而気随之、七情気発而理乗之(四端は理が発して気がこれに随う、七情は気が発して理がこれに乗る)」というテーゼが出てくる。この後の朝鮮儒学史は、李退渓のこのテーゼをめぐる論争の歴史といっても過言でないほど、重要な命題となったのである。李退渓はいう。

七情は理に関与しないというわけではありませんが、外物が外からやってきて感じて動くのが七情です。そして四端が感じて動くのも、もとより七情と異なるわけではありません。しかし四端は理が発して気がこれに随うのであり、七情は気が発して理がこれに乗るのです。四端に気がないというのではありませんし、七情もまた理がないというのではありません。わたしとあなたの見解は、初めは同じですが結論は異なります。その違いはほかでもありません。あなたは「四端も七情もみな理と気を兼ねるものである」とし、「名は異なるがその実は同じである」といいます。つまり理と気を分けてカテゴライズしてはならないという考えです。しかしわたしの考えは、「四端と七情が異なるものであるというなかに同じ部分もある」という論の立て方なのです。

そもそも理を主とする論(主理)と気を主とする論(主気)の違いがあるのだとすれば、このふたつを分けてカテゴライズすることに間違いがあるとはいえないのです。(「答奇明彦論四端七情第二書」)

奇高峯がさらに李退渓に反論の手紙を送って、八年間にわたったこの論争は終わりとなる。

†理発・理動・理到

李退渓の「理も発するし気も発する」という「理気互発論」(ただし「互発」という言葉で李退渓の立場を規定したのは奇高峯である)は、その後の朝鮮儒学史における最大のテーマのひとつであった。李退渓が理を運動性とともに把握していたことは、彼が後に別のところで「理動(理は動く)」を語ったことからもあきらかであるように思える。

彼が「理発(理が発する)」と語ったのは、おそらく、主体から理(分節化の意味)を迎えに行くのではなく、理が自発的に主体を迎えに来る、という事態をいっているのではないかとわたし(小倉)は考える。その「発した理」は奇高峯との議論では四端という相貌をとってはいたが、実際は四端だけではない。あらゆる理(分節化の意味)が発しながら主体に向かってくる、という感覚を頓悟のように体得できるか否かが鍵である、ということをいっている(禅の頓悟は現実のあらゆる分節化を無化することなので、ここに禅と性理学の正反対の方向性が明確になる)。理は気でないのでもちろん、自ら動く実体を持たない。しかし人間が思考と行動においてある高みに達したとき、あたかも理が自ら動き、発して、主体を襲うような霊性的境地に達するのであり、士大夫たるもの、日常の行住座臥においてつねにその境地に達しているべきだ、というのが李退渓の哲学ではなかっただろうか。あたかも大乗仏教（般若・華厳）の空に、世界の（非）存在構造としての空と、主体の意識レベルの空があるように、性理学の理にも、世界の存在の分節化としての理と、主体の意識レベルの理があるのである。李退渓を理解するためには、このことをよく知っていなければならない。

また李退渓は晩年にいたって、「理到（理が到る）」についても語っている。

李退渓は奇高峯に次のように語った。

「物格（物がいたる）」と「物理の極処は到らざるなし」の説は、謹んでその教えを聞きたいと思います。以前、このわたしが間違った説をかたく固執してしまったわけは、以下のとおりです。つまり朱子が「理には情意がなく、計度もなく、造作もない」とした説を（わたしが）知り、それを守ったわけですが、（他方で、そのような理であるのだから）この「わたし」が「物理の極処」を窮め、そこに到ることができるのであって、理がどうしてみずから「極処」に至ることができるのか、と考えたのです。それゆえ、「物格」の「格（いたる）」と「到らざるなし」の「到る」はどれも、「おのれが格《いた》る」のであり、「おのれが到る」のだ、と考えることに固執したのです。（「答奇明彦　別紙」『退渓先生文集・巻之十八』）

これは、理が「到る」のか、主体が「到る」のかという議論である。かつて「理が発する」とあれほど強く主張した李退渓はなぜここ（晩年）に来て、「自分はかつて理ではなく、おのれという主体の能動性を信じた」と語ったのであろうか。

奇高峯に与えたこの手紙で李退渓が語ったのは、理の体（本体）と用（作用・あらわれ）との関係であった。

そうであるならまさに、「格物（物にいたる）」を語るならばそれはもとより、自己が「物理の極処」を窮めてそこに至ることをいうわけですが、「物格（物がいたる）」を語る場合にはどうして、「物理の極処」がおのれの窮めたところにしたがって到らざるところがない、ということができないでしょうか。情意もなく造作もないのがこの理の本然の体であり、寓するところにしたがって発現し、到らないところがないものが、この理のきわめて神妙な用であることをここに知るのです。（「答奇明彦　別紙」『退渓先生文集・巻之十八』）

そして李退渓は、「かつては理の本体が無為であることだけを見て、理の妙用が現象して行われることを知らず、ほとんど理を死物として認識していたのですが、（それでは）道から離れることはなはだ遠いわけです」（「答奇明彦　別紙」『退渓先生文集・巻之十八』）とまでいっている。

だがこれは李退渓の本意だったであろうか。これが、かつてあれほどの全力をかけて「理発」を証明した哲学者の言葉であろうか。李退渓はほんとうに、理の体と用の論理で「理到」を理解しえたと語ったのだろうか。

わたしはそうではないと考えたいのである。

実はこれは、理と主体の階層性を前提しなければ理解できない言葉なのではないかとわたしは考える。つまり、主体と理の関係は、つねに一方的に能動‐受動あるいは受動‐能動の関係にあるのではない。理と主体の階層的な関係性において、主体が能動的に動く場合もあれば、理が能動的に動く場合もあるということを語っているのである。

ここで理の本体とは、前述した〈主体X〉との関わりがない状態の〈理X〉をいう（〈理α〉や〈理β〉の本体は〈主体α〉や〈主体β〉と関わっている）。これは気との関係において語られる言葉ではない。理の本体とはいえ、決して気と無関係に存在するのではない（不相離）。ただ、この〈理X〉は〈主体X〉とは無関係なのだ。ところが主体が理と関わる瞬間、理は発動し、神妙な用として発現する。このとき理は到るのだが、それではなぜ「到らざるなし」なのだろうか。

この「到らざるなし」という境地はすでにわたしたちにとって、明白であるように見える。つまりそれは、〈理X〉の境地なのである。そして〈理X〉が発現した瞬間、主体も同時に〈主体X〉となっている。主体とは関係なしに存在しえた理と気が、一気にすべて、〈主体X〉との関係によって「意味」づけられ、分節化されるのである。このとき、理には本体であるか妙用であるかという区別はなくなっている。それはあたかも、義湘と均如が「理理無礙」と語ったとき、その理に「吾身理」と「法身理」の区別がなく、あらゆる理とあらゆる理が円融相即の関係に突入するのと酷似している（ただし華厳の理は分節化ではなく無分節化である）。「理到」の瞬間に、あらゆる〈理α〉とあらゆる〈理β〉は共存し、あらゆる〈主体α〉とあらゆる〈主体β〉もまた、共存するのである。それが、「理到」の境地であろう。華厳で「事事無礙法界」と呼ぶ世界が、退渓においては、すべての主体とすべての事が分節化されつつも共存する世界となるのであろう。「理発」の世界を超え、「理到」の体験を経てこそ、それは可能となるのであろう。

†李退渓の系統

李退渓の系統としては次のような学者がいる。

金誠一《キムソンイル》（一五三八〜一五九三、号は鶴峯《ハクボン》、本貫は義城《ウィソン》）は李退渓の高弟である。朝鮮の使節として日本に来、京都で藤原惺窩と深い関係をつくった。

柳成竜《リユソンニヨン》（一五四二〜一六〇七、号は西厓《ソエ》、本貫は豊山《プンサン》）。

鄭經世《チヨンギヨンセ》（一五六三〜一六三三、号は愚伏《ウボク》）。

丁時翰《チヨンシハン》（一六二五〜一七〇七、号は愚潭）。

李瀷（一六八一〜一七六三、号は星湖《ソンホ》）。いわゆる「実学」の大家。西学も渉猟した。『星湖僿説』『星湖文集』の著者。

李象靖《イサンジヨン》（一七一〇〜一七八一、号は大山《テサン》）。「理主気資論」を唱えた。

李恒老《イハンノ》（一七九二〜一八六八、号は華西《ファソ》）。衛正斥邪論。理を極度に重視。

李震相《イジンサン》（一八一八〜一八八五、号・漢州《ハンジュ》）。理を極度に重視。「心即理」を唱えた。

特記すべきなのは、この系統から李星湖という「実学」の大家が現れたことである。さらに、十八世紀に朝鮮が初めてカトリック（天主教）と出会ったときに、この退渓→星湖の学統（南人）が中心となって受容したという歴史的事実である。

朝鮮末期には、この学脈から「理一元論」を唱える衛正斥邪論者（攘夷論者）が輩出した。

6　李栗谷とその系統

†栗谷・李珥

李珥《イイ》（一五三六〜一五八四、号は栗谷《ユルゴク》、本貫は徳水《トクス》）は李退渓と並び立つ朝鮮儒学界の巨頭である。江陵《カンヌン》に生まれ、十五歳で母親を喪う。彼の母・申師任堂《シンサイムダン》は、韓国では女性の最高の鑑とされる人物で、その聡明さと文人的知性の高さにより尊崇される。彼女は静雅な絵を描く芸術家でもあった。李栗谷は十八歳で金剛山に入り僧となるが、十九歳で儒学に戻る。「天道策」「聖学輯要」「撃蒙要訣」などの著作があり、『栗谷全書』にまとめられている。「天道策」は二十三歳のときに科挙の答案として書いた論文で、李栗谷はこのときを含めて九回科挙を受けてすべて首席（朝鮮では壮元という）で合格している。まさに空前絶後の大俊秀であった。官界の中枢で長く執権したが、日本が朝鮮に攻めてくる際の防御として「十万養兵論」を献策したが受け入れられなかったとされる。豊臣秀吉の侵略は李栗谷の死から八年後のことだった。

理気説に関しては「気発理乗一途説（気一途説）」を唱え、また「理通気局説」を唱えた。前者は李退渓に反対して、「理は発しない。気だけが発する」「気が発して理がそれに乗る」とするものであり、後者は「理は普遍的だが（通）、気は個別性・特殊性（局）を持つ。だが気のその個別性・特殊性に普遍的な理が乗ると、理もまた個別性・特殊性を持つ」とするものである。哲学的にきわめて重要なテーゼであり、李栗谷の学脈は以後、このテーゼを掲げて朝鮮時代末期まで勢力を維持する。なお李栗谷の学問が朱子学そのものであるか否かに関して韓国内で論争がある。

†「主理派」「主気派」

先に述べた李退渓と奇高峯による四端七情論争は、朝鮮儒学史における最初の大きな哲学論争であったという点で重要だっただけではない。この論争をきっかけとして、後代に、学派あるいは党派が形成され、朝鮮儒学界を分断した、という意味でも重要である。

つまり、李栗谷が奇高峯の論を支持し、「理は発しない」ことを明確にするや、朝鮮儒学界は李退渓と李栗谷の二大学派に分断された。そしてその後、前者が東人を経て南人という党派となり、後者が西人という党派となる。南人は李退渓の理気互発説を主張し、西人の主流派となった老論は李栗谷の気発理乗一途説を主張した。南人は嶺南学派を形成し、主理説を主張する。後者は畿湖学派を形成し、主気説を主張する。このように朝鮮儒学界は李退渓系統（嶺南学派）と李栗谷系統（畿湖学派）のまっぷたつに割れることになる。

なお、「主理派」「主気派」というのは、当時の儒者たちの議論のなかで使われた「主理」「主気」という言葉を継承して、併合植民地時代の日本人学者・高橋亨*が「李退渓の系統は主理派」「李栗谷の系統は主気派」というように命名したものである。

だがこの呼称は、大いに誤解を招くものである。「主気」といえばあたかも理よりも気を重視したかのように思える。だがそれは間違いで、実は「主気派」もまた厳格な理主義者なのであった。「主気派」は「理は発しない」というので李退渓系統から「気を主とする」と決めつけられてレッテルを貼られたにすぎない。玄相允*は次のようにいう。

《主気派》……別に理気の両者の中で気を主としたのではなく、むしろ気を抑え理を高めることを説いたにもかかわらず、専ら気発理乗を説いたとして主理派がかれらを主気派と呼んだ。（玄相允*『朝鮮儒學史』一三一頁）

このように、「主理派」「主気派」という言葉は恣意的であるとして、現在の韓国学界ではこの言葉はあまり使われなくなった。だが韓亨祚*のように、この言葉には問題はないとする学者もいる。

†李栗谷の見解

李栗谷の哲学的主張のうち、「理発の否定」「理通気局」のほかに重要なのは、「人心」と「道心」をめぐる成渾《ソンホン》（一五三五～一五九八、号は牛渓《ウゲ》、本貫は昌寧《チャンニョン》）との論争である。そもそもこの「人心・道心論争」は李栗谷において始まったのではなく、中国での長く劇しい議論の延長線上に、朝鮮ではまず李退渓と盧守慎《ノスシン》のあいだで始まった。李栗谷と成牛渓の論争もまた、人心と道心をふたつと見るのかひとつと見るのかに関するものだった。

この人心と道心の問題も含めて、理気に関する見解も説明した李栗谷の手紙（成牛渓あて）を紹介し（要旨）、彼の哲学を概観してみよう。

理は気の主宰であり、気は理が乗るものです。理と気はふたつではないが、またひとつでもないのです。ひとつでないので「一にして二」といえるし、ふたつでないので「二にして一」といえます。理と気はたがいに離れることができず、また混じりあうということがないのです。

理は一です。だがすでに気に乗っているので、その気の多様性にしたがって多様性を持ちます。だから天地にあっては天地の理となり、万物にあっては万物の理となり、わたしにあってはわたしの理となります。このようにおなじひとつの理であっても同じでないのは、理が乗るところの気の多様性のためなのです。

だが天地や人や物がそれぞれの理を持っているとはいっても、それらはみな同じ理です。これを統体一太極といいます。しかしひとつの理とはいっても、人の性と動物の性は違うし、犬の性は牛の性ではありません。それぞれ別々の性を持っているのです。

人心と道心は別の名がついていますが、その源はただひとつの心です。この心が発すると、あるときは理や義となり、あるときは食欲や性欲となります。つまりその発し方の違いによって別々の名がついているのです。もしあなた（成牛渓）がいうように「理気互発（理も発し気も発する）」するのなら、理と気はふたつの別のものになってしまい、それぞれが心のなかで別の根拠地を持つことになります。つまり心が発する前にすでに人心と道心という別々のマグマ（苗脈）を持つことになります。そして理が発すれば道心となり、気が発すれば人心となるわけです。そうであるなら、わたしの心にはふたつの本質があるということになります。これは大きな謬見です。

心を発するようにさせるものは気です。そして発する根拠が理です。気でなければ発することができませんし、理でなければ発するゆえんがありません。先後もなく、離合もないのです。だから理も発し気も発するということはできないのです。

朱子も、「四端は理が先に発し、七情は気が先に発する」といったのではありません。李退渓が「四端は理が発して気がこれに随うのであり、七情は気が発して理がこれに乗る」といった言葉のうち、「気が発して理がこれに乗る」というのは正しいのですが、これは七情にだけ当てはまるのではなく、四端もまた「気が発して理がこれに乗る」のです。これは人心においても天地万物においても、同じことなのです。（「答成浩原」要旨）

†李栗谷の系統

李栗谷の系統（畿湖学派）は党派でいえば西人である。西人は後に老論と少論に分裂する。老論派こそは、二十世紀に朝鮮が滅亡するに至るまで、朝鮮政界の中枢部を掌握した最大最強の党派であった（党派に関しては次節参照）。李栗谷の学脈には以下のような大学者が現われた（なお、栗谷系統には綺羅星のような大学者が数多く現われた。ここに挙げるのはそのなかのごく一部にすぎない）。

金長生《キムジャンセン》（一五四八〜一六三一、号は沙《サ》渓《ゲ》）。礼学の大家。李栗谷の門人で宋時烈の師。

金集《キムジプ》（一五七四〜一六五六、号は慎独斎《シンドクチエ》）。金長生の息子。礼学の大家である。

宋時《ソンシ》烈《ヨル》（一六〇七〜一六八九、号は尤《ウ》庵《アム》）。金長生・金集の門人。老論派の領袖であり、北伐論の主唱者である。『宋子大全』の著者。

権尚夏《クオンサンハ》（一六四一〜一七二一、号は遂菴《スアム》）。後述。

李栗谷の学問の特徴は、理性的であることと現実社会での実践性が高いことである。きわめて理路整然と、儒学の学説を理解しただけでなく、現実の政治で充分にそれを実践した。その理性的な姿勢は、理性だけでなく霊性をもって心の工夫にうちこんだ李退渓とは明確に性格が異なる。李栗谷の後学も彼の思想傾向をよく受け継ぎ、理性的な儒学理解の質を高め尽くしたといってよい。それが、礼学や人物性同異論争という儒学史上最高レベルの緻密な議論につながった。そして十七世紀以降、朝鮮王朝の滅亡まで、李栗谷の学統は朝鮮儒学の主流となりつづける。

7　党争と老論パラダイム

†党派の分立

勲旧派との抗争に勝った士林派は、権力を掌中にするや早くも一五七五年に西人《ソイン》派と東人《トンイン》派とに分裂し、ここに朋党争い（党争）が始まることになる。西人は李栗谷および成渾を信奉する陣営であり、東人は李退渓および曺植《チョシク》（一五〇一〜一五七二、号は南冥《ナムミョン》）を信奉する陣営である。

　李退渓の生前から、すでに中央では党争が始まっていた。党争とは、士大夫たちがいくつかの党派に分かれて、官位や正統性をめぐって激烈な権力闘争、理念闘争を展開する事態である。朝鮮儒教の固疾であるとされる。

　宣祖《ソンジョ》の初期に、沈義謙《シムウイギョム》と金孝元《キムヒョウオン》が朝廷の要職（人事権を握る吏曹の銓郎職）をめぐって不仲になったことに、党争の発端があった。当時の両班たちはこのふたりのどちらかの陣営につき、それが西人と東人という二党派に完全に分かれて、反目しあった。一五七五年のことである。儒教における君子と小人の別が、この党派争いの根本にあった。互いに相手を小人と罵った。

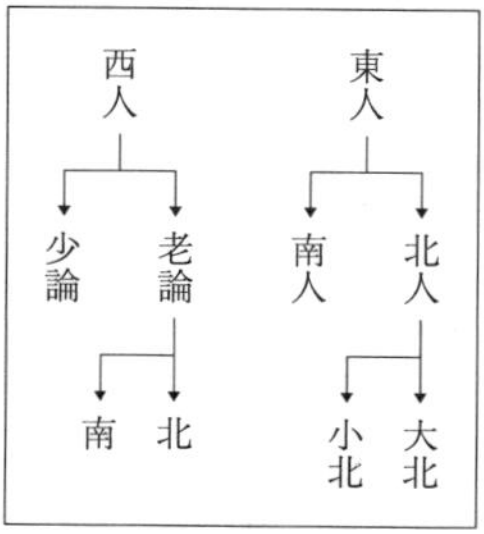

党派の図

　西人派はやがて李栗谷を信奉する老論《ノロン》派と、成渾を信奉する少論《ソロン》派とに分裂する。そして東人派は李退渓を信奉する南人《ナミン》派と、曺植を信奉する北人《プギン》派に分裂する。そしてその後、北人派は大北《テブク》派と小北《ソブク》派とに分裂する。さらに一七六二年の王位継承事件に関連して老論派も南と北に分かれ、一七九四年には南北がそれぞれ僻《ピョク》派と時《シ》派となる（老論だけでなく南人も僻派と時派に分かれる。朝鮮でカトリックを最初に受容したのは南人の時派である）。

　こうして朝鮮時代の弊害である士大夫たちの泥沼の党争が、

二十世紀の王朝滅亡に至るまで継続することになる。

†礼論

十六世紀末から十七世紀にかけて、朝鮮儒学の一大特徴ともいえる礼に関する論議が盛んになり、精緻な礼が実践されただけでなく、党派闘争と礼の解釈が結びついて熾烈な論争が繰り広げられた。

礼訟とは何か。孝宗が死去した後、孝宗の継母であり仁祖の継妃である慈懿大妃・趙氏が大行王のためにどのような服喪をすべきか、という議論が起きた。これに対して西人の宋時烈と宋浚吉《ソンジュンギル》は朞年服《きねんふく》(一年間の服喪)を主張し、南人の尹鑴《ユンヒュ》と許穆《ホモク》は三年服(あしかけ三年の服喪)を主張した。朝廷は朞年服を採用した。この問題に関して、劇しい論争が展開され、顕宗《ヒョンジョン》の時代すべて(十五年)、および次の粛宗《スクチョン》二十年頃まで、三十五年にわたって続いた。これが礼訟である。玄相允*は「党争的感情で中傷を主として語るようになった。南人側の議論にそのような嫌疑が顕著であった」という(『朝鮮儒學史』一九一頁)。

†礼論に対する解釈

礼論とは何だったのか。

韓国では、「日本の植民地史観において礼論は、党争とともに朝鮮の停滞性の現われの典型的な例とされた」という認識が強い。それではこの「日本の認識」に対して、韓国ではどのような認識を打ち出すのであろうか。
現代における儒学研究の大家である尹絲淳《ユンサスン》*は、礼論と性理学の密接な関係を強調し、礼論とは「性理学の形式主義的客観化」であり、「性理学の名分論的思考が、政治的現実に投影された合理主義的・形式主義的生活様式なのだ」とする。その上で、次のようにいう。

こうしたことは日本にはその例がなく、中国だけに類似の事例が見られるが、それにしても韓国の場合のように、生命を投げうつくらいに宗教化した礼崇尚の思潮には及んでいない。特に一種の禅学的な主情主義の傾向を持っていたがために礼意識の薄弱な陸王学が韓国で発展しえなかったことを考えれば、この宗教化した「礼崇尚の思潮」は、まさに「程朱学絶対優位」の結果によるものと判断される。礼崇尚の宗教的傾向が韓国性理学のいま一つの特徴だといっても過言ではない。(「韓国儒学の定立過程」七一頁)

高麗大学校総長をつとめた洪一植《ホンイルシク》*は、次のようにいう。

この対立の焦点が「礼」であったことを考えると、「礼訟」は高邁な理念の論争として世界史の中でも他に例をみない偉大な闘争であった。このように偉大な理念の論争を歴史の恥部として認識してきたわけだから、われわれの自己否定の度合を推し量ることができる。今こそ根本的な視角の転換があって然るべきだ。（『21世紀の韓民族』八七頁）

洪一植*は儒学研究者ではないが、愛国主義的な立場の学者である。韓国では愛国主義的な保守主義者が、礼論を高く評価するという現象がある。

†老論パラダイムと朝鮮型中華思想

十六世紀後半に士林派が分裂して党争を始めてから、結局朝鮮は二十世紀に至るまで、激烈な党派争いが終わらない時代が続いた。十八世紀後半には、英祖・正祖という英明な王が出て「蕩平策」という党派間の均衡策を採ったが、一八〇〇年に正祖が死ぬと朝鮮政界はふたたび老論の権力によって蚕食されることになる。

朝鮮後期以後の政界でもっとも強力なパワーを持った老論は、大儒・宋時烈（一六〇七〜一六八九、号は尤庵《ウアム》、本貫は恩津《ウンジン》）によってつくられた。

明の崩壊と朝鮮前期社会秩序の混乱（日本と後金の侵略による）というふたつの重要な危機を

同時に経験した朝鮮後期には、士大夫が新しい主体概念を打ち出すことによって王権の安定を図らねばならなかった。彼らの新しい人間観・社会観・言説観には新しい華夷観の裏づけがあり、また華夷観とはすなわち朝鮮観であると同時に主体観なのであった。

十七世紀に老論派が選択した主体理念は対明義理論、北伐大義論、文化自尊であった。明が滅亡して野蛮人(女真)の清が中原を支配したあとは、明が体現していた中華は清には継承されずに朝鮮が継承した、したがって朝鮮こそもっとも中華文明の栄える場である、という華夷意識にもとづく理念なので、これを「小中華」という。

それではなぜ、「朝鮮＝中華」という等式を強固にうち出した老論派は、朱子学原理主義になったのだろうか。宋時烈を筆頭として、彼以後、老論派の議論は、ひたすら朱子学の原理に忠実であろうとする激烈な純粋主義に傾いてゆく(礼論や人物性同異論争もその流れである)。その理由は、彼らが「朝鮮こそは中華の全体であり、その中華とは朱子学である。すなわち朝鮮こそは朱子学の全体的な体現者である。清は中原に位置してはいるが、中華の全体ではなく部分にすぎない。清は野蛮人の国家であるから、中華の道徳を部分的にしか体現できない。中華の道徳の原理は朱子学そのものであるから、清の朱子学は朝鮮のそれよりも劣っている」と考えたからである。

†人と動物の本性をめぐる論争

十八世紀はじめには、執権党派である老論の内部で、朱子学の心性論に関する純粋な哲学的論争が起きた。これを「人物性同異論」ないし「湖洛論争」という。人は人間を指し、物は事物だが主に動物を指す。人の本性と事物(動物)の本性は同じか異なるか、という議論であった。論争は十八世紀後半まで長く続き、十八世紀から十九世紀を経て二十世紀初頭にかけての北学思想、開化思想や義兵闘争にまで大きな影響を与えた。

発端は、李柬《イガン》(一六七七~一七二七、号は巍巖《ウィアム》、本貫は礼安《イエアン》)と韓元震《ハンウォンジン》(一六八二~一七五一、号は南塘《ナムダン》、本貫は清州《チョンジュ》)という同門のあいだの論争だった。李柬は老論の巨頭・権尚夏《クォンサンハ》(一六四一~一七二一、号は遂庵《スアム》、宋時烈の高弟、李栗谷の嫡伝)の門人であり、『巍巖遺稿』がある。韓元震もやはり権尚夏の門人であり、『南塘集』がある。ふたりは権尚夏門下の江門八学士のなかでもっとも傑出した人物だといわれた。

このふたりの論争がやがて洛下(ソウル)にまで波及した。洛下(ソウル)に住む李栗谷系統の学者たちは李柬を支持して人物性同を唱えた(これを洛論または洛学と呼ぶ)。また湖西(忠清道)に住んだ李栗谷系統の学者たちは韓元震を支持して人物性相異を唱えた(これを湖論または湖学と呼ぶ)。湖論と洛論のあいだの論争であるからこれを湖洛論争と呼ぶ。

図式的にいえば、次のようになる。李柬は人物性同一（人と物の性は同じ）と主張し、韓元震は人物性相違（人と物の性は異なる）と主張した。

もう少し詳しくいうなら、次のようになる。

李柬の考え（人と物の性は同じ）は次のとおり。五行（木金火水土）の理が五常（仁義礼智信）であり、人も動物も五常の徳を先天的に持つことに変わりはない。理はそもそも宇宙のすべてに貫通しているものなのであり、それが五常の本然の性なのである。それではなぜ人と動物が異なるのかといえば、人と動物はその肉体が異なるので、その肉体を構成する気質（気）が正・偏・通・塞という多様性を持つからである。人の気は正（正しい）・通（普遍に通じている）の完全なものであるため、気を通して発現される五常は完全である。ところが動物の気は偏（かたよっている）・塞（ふさがっていて普遍に通じない）の不完全なものなので、気を通して発現される五常も不完全である。

これに対して韓元震の考え（人と物の性は異なる）は次のとおり。彼は、李栗谷の理通気局説に基づき、万物はそれぞれ異なる理を持っていると考える。なぜなら気の多様性（気局）にしたがって、その気に乗る理もまた多様性を持つからである（気局之理）。五常とは五行の秀気の理であって、人は五常が完全に具わっているが、動物は五常をすべて持っているのではなく、偏っている。だから人と動物の性は異なる。なぜなら人も動物も同じく気の作用を持つが、人のそれは精粋であるので理もまた精粋な五常となる。ところが動物の気の作用は粗濁なので、その粗濁な気によって性格づけられた理もまた粗濁な理となるわけで、仁義礼智をすべて持つことはできない。しかしたとえば蜂や蟻の気の作用を見てみると、集団を形成して女王蜂や女王蟻に忠義を尽くして働いている。つまり蜂や蟻は五行のなかで義に関する気のみは秀れているのがわかる。先ほど述べたように「五常とは五行の秀気の理」なのであるから、蜂や蟻は五常のなかで義の理のみは発現しているとはいえる。しかしその場合でも、五常の道徳性の全体を発現しているとはいえないので、人間とは異なるのである。動物の場合は気が偏っているので理も偏ってしまうのだ。

以上が両者の主張の要点だが、実はこの論争には、もうひとつ別の論点もあった。ふたりの見解の立脚点を考えてみると、気の作用が発するときに理はどういう状態になっているのか、という点を明確にしなければ、議論が嚙み合わないのではないかと思わせる。その部分に関して、湖論と洛論が劇しい論争をする。

図式的にいえば、洛論（人と物の性は同じ）は「未発の心体は純善である。気の清爽なるものが心だからである。心が発したあとに、思慮が現われて善・不善が出てくる」と主張するのに対し、湖論（人と物の性は異なる）は「心こそまさに気質なのである。気質というのは清濁が混淆している。だから未発の心体にすでに善悪があって、混淆した状態にある」と主張する。

ただ、これとは異なる解釈もある。李相益*によれば、洛論も湖論も未発の心体は純善であることは認める。この点で二者に違いはない。しかし、洛論は気質の量を問題にしているのであって、差異は質の次元で論じているのに対し、湖論は質（気質の粋、不粋）を考慮しており、性の同と異は量（偏、全）の問題だとする（『畿湖性理学研究』）。

いずれにせよ、湖論と洛論は、人と動物の性の異同、未発の心体と善悪の関係、そして心の重層性などに関して延々と議論することになる。

†人物性同異論の意味

この大々的な儒学上の論争には、どのような意味があったのだろうか。

たとえば「実学」との関係を重視する論者もいる。たしかに人物性同異論争は、「実学」への影響という意味で、重要な役割を果たしたといってよい。ただ、これにはふたつの見解がある。ひとつは、洛論（人と物の性は同じ）こそが「実学」に強い関連性を持つという見解であり、もうひとつは湖論（人と物の性は異なる）こそが「実学」に強い関連性を持つという見解である。前者は、人と物が同じ分節化を共有するという普遍的な観点こそ、近代的な世界観に近いという考えである。後者は、経験的個体をその個別性として認識することこそ、近代的な世界観に近いという考えである。

またこれとは別に、湖論と洛論（ともに老論派）を、当時の政治・外交状況と結びつけて議論する切り口もある。湖論（人と物の性は異なる）は差別的な世界観を持っており、党派的には南人を認めず、英祖の蕩平策（党派に関係なく人材を登用）にも反対の立場を取った。さらにオランケ（蛮族）の国である清に対しても、朝鮮の道徳的尊厳を強調する立場を堅持した。朝鮮時代末期に日本が朝鮮を侵略した際、それに抵抗する義兵の思想としても機能した。これに対して洛論（人と物の性は同じ）は水平的な世界観を持っており、他党派である南人も認め、英祖の蕩平策にも賛成した。また、清に対してもあるていどの水平性を認めた。

第六章 朝鮮時代Ⅱ──「実学」、陽明学、儒教以外の思想

1 いわゆる「実学」

†「実学」とはなにか

朝鮮時代の儒教は、朱子学（性理学）一辺倒であったのか、そうでなかったのか。この問いに答えるのは意外にむずかしい。

もちろん、五百年間の統治期間のすべてを、儒教の一スクールにすぎない朱子学が全面的に支配したと考えるのは間違いである。後述するように、朝鮮時代には陽明学者もいた。だが朝鮮では、公的に堂々と陽明学の看板を掲げることはできなかった。陽明学は特殊な家門の家学として私的に、ひそかに研究され、体認されたのである。したがって、陽明学という非朱子学の学問が存在しなかったとはいえないが、だがそれは公的にはほぼ存在感が薄かったともいえる。

朝鮮時代に非朱子学的であった儒教的学問の枠組みのひとつが、「実学」である。だが、この「実学」をめぐる韓国における評価は一定しない。そもそも実学という言葉自体が、元来は朱子学のタームである。仏教や老荘、および記誦詞章の学（科挙受験のためなどに詩文を覚え、形式的な文章の才能を磨く学問）に対して、心と性と理を奉じる道徳の学（つまり朱子学）の優位を宣言する語として、実学の二文字はもともとあった。だから、非朱子学的な学問の枠組みに対して「実学」という語を使用するのは、本来、避けるべきことだったかもしれない。

しかし、併合植民地期に、鄭寅普《チョンインボ》*（一八九三～一九五〇、号は為堂《ウイダン》、本貫は東萊《トンネ》）らによってこの「実学」という概念は劇的に編み出された。朝鮮も空理空論の朱子学一辺倒ではなく、近代への移行につながる反形而上学的で現実的で実用的な学問が実は花開いていたのだ、という考えである。本書では、朱子学で主張されていた本来の実学（道徳的実践の学）と区別するために、併合植民地期から新しく主張された反形而上学的な「実学」を、つねに「　」つきで表記することにする。ただし韓国でこの傾向の学問を記述する際には無論、「　」つきで表記しない。

韓国において、かつその影響を受けた戦後日本においても、朝鮮「実学」を実態以上に反朱子学的な学問であると把握し、記述する傾向が著しかった。あたかも朝鮮時代には、朱子学（虚学）とは全く異なる「実学」なる学問分野があり、その学問を奉じる「実学派」なる学派が存在し、これこそが真の学問であって、朱子学を排撃したかのように記述するということが行われてきた。だがこれは史実とは反する。「実学」という概念は朝鮮時代には存在しなかったのであり、当然、「実学派」という学派は存在しなかった。また、「実学」が完全に反朱子学的だと理解することも間違いであり、朱子学と「実学」は摩擦や葛藤を抱えながらも両立したり、混淆したりしていたというのが実態である。最もラディカルな「実学」者であった朴齊家でさえ、朱子学を正面から否定したことは一度もなかっただけでなく、配流された後に息子に宛てた手紙では、朱子学を熱心に勉強することを促している。

なお、北朝鮮はイデオロギー的立場から、反動朱子学を否定し「実学」を高く高く評価する。そのためもあって、解放後にまず「実学」を熱心に研究したのは北朝鮮の学者たちであった。彼らは次のようにいう。

> 実学思想は、祖国の富強発展をめざす進歩的な両班、自分の生活の改善を要求してたちあがった農民、および都市平民の利益と志向の反映であり、朝鮮の唯物論的な伝統の継承発展であった。（鄭鎮石*・鄭聖哲*・金昌元*『朝鮮哲學史』三〇八頁）

北朝鮮における「実学」に対する右のような評価は、完全な間違いとはいえないが、過剰な評価であるといえる。

†「実学」の分類

とはいえ、十七世紀以後の朝鮮において、朱子学的な形而上学とは異なる傾向（反朱子学ではなく非朱子学）の学問が盛んになったこと自体は事実である。つまり理気論や心性論などという哲学的・スコラ的な議論とは別の学問が発達した。これは明らかに、朱子学的な形而上学では社会を改革できないという現実的な認識を土台としている。特に問題となったのは当然、経済である。日本および後金（清）による侵略戦争を経た後の朝鮮社会は極度に疲弊した。しかし政権中枢部では非現実的な北伐論（清を打倒する）を振りかざして戦後復興は遅れ、逆に朱子学的な思想統制は極度に強化された。「朝鮮こそが明の正統な継承者である」との認識からである。

「実学」者の系譜分類に関しては、韓国の学界において次のような立場がある。

①「実学」的な傾向の学問をひとくくりに「経済学派」として分類する立場。

②「経世致用学派」と「利用厚生学派」の二派に分類する立場。

③「前期実学派」と「後期実学派」の二派に分類する立場。

④「経世致用学派」「利用厚生学派」「実事求是学派」の三派に分類する立場。

そもそも「実学」的な学問の嚆矢は、李晬光(一五六三〜一六二八)であるとされる。その後『磻渓随録』を書いた柳馨遠(一六二二〜一六七三)が出る。彼の後、この傾向の学問を継承したのは南人の星湖・李瀷(一六八一〜一七六三)であった。李星湖の系統から安鼎福、尹東奎、李家煥、丁若鏞などの「実学」者たちが輩出したのでこれを星湖学派と呼び、その学問傾向から経世致用学派と呼ぶ。

また、星湖学派とは別に、執権党派である老論からも「実学」が登場した。怨讐である清から最新の文物を学ぶことを主張した北学派(北は清のこと)であり、彼らの主張の中心が利用厚生を充実することだったので、これを「利用厚生学派」と呼ぶ。洪大容、朴趾源、朴齊家らがこの系統の代表的人物である(ただし朴齊家の家系は少論)。

しかしこれら二系統は、一八〇〇年の正祖の死後、一網打尽にされた。その後にかろうじて命脈を保ったのが、清朝考証学の影響を受けた李圭景、金正喜、姜瑋《カンウィ》などの「実学」者で、これを「実事求是学派」という。この系譜は勢力としては強いとはいえなかったが、朝鮮末期の開化派に継承されたという意味できわめて重要な系譜である。

†「実学」と霊性

朝鮮史家の姜在彦《カンジェオン》*は次のように説明する。「朝鮮の伝統儒教である朱子学が李朝中期ごろからしだいに現実ばなれして虚学化したのに対し、儒学内部からの内在的批判を通じて登場した〈実事求是〉の思想および学問を実学といい、その学派を実学派と呼ぶ」（姜在彦*『朝鮮を知る事典』一八二頁）。

これをわたし（小倉）なりの表現でいうなら、朝鮮中期から性理学が霊性追求の方向に進みすぎたことを批判ないし反省し、霊性とは異なる現実性を追求したのが「実学」だったのである。「理発」派（李退渓の学脈）は心の工夫（修行）に集中しすぎ、「気発」派（李栗谷の学脈）は大義名分論や礼論に没頭しすぎた。その結果、朝鮮の人民の肉体的生命は毀損され、枯渇した。純粋な霊性を追求しすぎて生命が破壊されたのである。朝鮮の生命を回復させるためには純粋な霊性の追求ではなく、物質性・現実性・事実性の追求が必要だと考えたのが、いわゆる「実学」派だったのである。だからこれは端的に「霊性の否定」を語るものではない。心の工夫や大義名分・礼などに過度に傾いてしまった性理学を、生命を回復させるための学問に変えようとしたのが「実学」である。「現実ばなれして虚学化した朱子学を批判して、実証性と合理性に裏づけられた現実有用の学問を実学という」という定義だと、「実学」が持っていた霊性的な側面を無視してしまうことになる。

たとえば、もっとも重要な「実学」者のひとりだった李星湖の系譜から、なぜあれほど劇烈な天主教（カトリック）信者が多く輩出したのか。従来の「実用主義的実学」観からは、説明できないだろう。「実学」者たちは単なる物質・現実・実用重視主義者たちではなかった。あくまでも性理学という霊性的世界観を保ちながら現実改革を志向した学者たちであったと考えるべきであろう。もっとも実利主義的な「実学」者であった朴齊家でさえ、配流後はひたすら誠意のみを強調した。「利用厚生」は単に実利的な概念ではなく、『書経』「大禹謨」のもとの言葉のように、「正徳→利用→厚生」なのであった。そして「正徳」という霊性的な側面は決して否定はされなかった。そもそも「実学」を最初に唱えた鄭寅普*も陽明学者であって、単に実利・実用を重視した人物では決してない。

なお、日本の小川晴久*は、朝鮮だけでなく中国・日本の「実学」を、「実心実学」という概念で把えている。儒教的な「実学」は、単に現実的・実用的な学問を追求したのではなく、あくまでも「実心」（伝統的な儒教用語でいえば「修己」）の側面こそがもっとも重要な関心事であった、という主張である。大いに耳を傾けるべき見解である。

†芝峯・李睟光と磻渓・柳馨遠

朝鮮時代にもっとも早く、「実学」的傾向の学問を切り開いたのは李《イ》睟光《スグァン》（一五六三〜一六二八、号は芝峯《チボン》、本貫は全州《チョンジュ》）だといわれる。彼は日本および女真による侵略に苦しんだ時代に生きた。

彼の学問が「実学」的だといわれる理由は、その著『芝峯類説』を見るとよくわかる。三四三五項目が分類されて記述されてある百科全書的な書物であり、森羅万象に対する自然科学的な視座をそなえている。

彼は三回にわたって使臣として中国（北京）を訪問した。マテオ・リッチ（利瑪竇）の『天主実義』を朝鮮に紹介したのも李睟光である。また安南（ヴェトナム）を朝鮮に紹介した。李《イグ》光庭《アンジョン》と権愭《クォンヒ》が北京でマテオ・リッチ作の世界地図である「坤輿万国全図」を購入して朝鮮にもたらしたのは、この地図の刊行の翌年である一六〇三年のことであるが、李睟光はこの地図に関しても『芝峯類説』に記録をした。

柳馨遠《ユヒョンウォン》（一六二二〜一六七三、号は磻渓《パンゲ》、本貫は文化《ムヌア》）は李睟光より六十年後に生まれた学者であるが、彼を朝鮮「実学」の鼻祖とする説も有力である。あるいは「初期の実学思想を総整理した学者」（姜萬吉*）という評価もある。著書に『磻渓随録』がある。彼は一度だけ科挙を受けて進士になったが、官界には一度も進出せず、全羅道の田園に移り住んで農民とともに暮らした。鈴木大拙風に表現するなら、大地の霊性とともに生きた人であるといえる。『磻渓随録』では政治・経済・社会・軍事・教育・歴史・地理・言語など広範囲にわたる議論が展開されているが、柳馨遠がもっとも重要視したのは土地制度であったように見える。彼は古代中国で唱えられた井田制をもっとも理想的な土地制度としながら、朝鮮の現実に合った制度の開発を主張した。

†星湖・李瀷

李瀷《イイク》(一六八一〜一七六三、号は星湖《ソンホ》、本貫は驪州《ヨジュ》)は朝鮮の「実学」において特に重要な位置を占める大儒であり、彼の学問を受け継いだ星湖学派は綺羅星のような人物を輩出した。

李星湖の学問は、経世致用を重視するという著しい傾向があるため、彼の学派を経世致用学派とも呼ぶ。また彼は西学(西洋の学問)を積極的に受容し、マテオ・リッチ『天主実義』、E・ディアス『天問略』、G・アレーニ『職方外紀』をはじめ当時の西学の書をほとんど渉猟したが、西教(キリスト教)については強く批判した。姜在彦*はこのような李星湖の立場(西学を肯定し、西教を否定)に対し、朝鮮における「東道西器」論の嚆矢であると評価する(「東道西器」は十九世紀終わりから二十世紀はじめにかけて、日本の「和魂洋才」、中国の「中体西用」と同じような意味で使われた言葉)。

李星湖の門下からは権哲身、権日身など著名なキリスト教(カトリック=天主教)信者が輩出する。彼の学統を、右派と左派とに分類し、右派は西教を受容しなかったのに対し、左派(少壮派)は西学も西教も受容したという分類もなされる。

李星湖は党派としては、李退渓の系統である南人に属する。南人からカトリック信徒が多く出たのはなぜか。それは理の発動性の問題であるかもしれない。李退渓は理の発動性を説いた（第五章参照）。理は固定しているのではなく、自ら発するのである。その発動性が、李退渓の場合には朱子学の理念を超えて李退渓的霊性となったが、彼の後継者のなかには、この霊性をカトリック的な理の発動として体現した者があったということなのだろう。李退渓の霊性的理学が後世においてなぜカトリックや「実学」の理念とつながったのかに関しては、今後さらなる考究が必要である。

李星湖の著『星湖僿説』は全三〇五七項目を分類して百科全書的に記述したものであり、朝鮮「実学」の金字塔のひとつである。『星湖僿説』には日本（倭）の軍事力に関する分析もある（「倭知守城」）。①日本の最北端は蝦夷地であるため、朝鮮とは異なり北からの外敵の侵入がない。この方面の防備を疎かにしても問題ないので、中央にある権力が安泰である。②日本の城は、朝鮮の城と違って堅固で倒れない。③壬辰倭乱（文禄の役）の際に、倭が占拠した平壌城を天兵（明軍）が攻めたが、倭人は城に土窟を掘って、そのなかから鉄砲を撃ってきた。このような奇策と兵士の勇鋭さのため、明軍は撤退した。このような「城を守る」ための策は朝鮮の兵家も学ぶべきである。

星湖・李瀷の後継で、彼の学問傾向を引き継いだ学者たちを星湖学派という。党派としては南人である。前述したように経世致用学派とも分類される。

星湖右派（西教を否定）としては、愼後聃《シンフダム》（一七〇二〜一七六一、号は河濱《ハビン》、本貫は居昌《コチャン》）や安鼎福《アンジョンボク》（一七一二〜一七九一、号は順菴《スナム》、本貫は広州《クァンジュ》）がいる。彼らは儒教の立場から天主教を批判した。愼後聃は、天主教の魂三品説（霊魂・覚魂・生魂）を否定して儒教の一魂説（ひとつの魂が気質として多様に現象する）を主張した。また天主教の天堂・地獄説を批判し、『職方外紀』の西学世界も強く批判した。また安鼎福は『天学考』『天学問答』を著して、星湖左派の少壮士大夫たちが天主教に接近することを警戒した。

星湖左派（西学も西教も肯定）の代表格としては権哲身《クォンチョルシン》（一七三六〜一八〇一、号は鹿菴《ノガム》、本貫は安東《アンドン》）がいる。

そのほかこの学派には、尹東奎《ユンドンギュ》、李家煥《イガファン》、李重煥《イジュンファン》などがあり、後述する茶山・丁若鏞という巨人において集大成される。

この学派からは実に綺羅星のような学者が輩出したが、朝鮮王朝の権力構図においては、そのすべてが異端ないし傍流であった。この学派の顕著な特徴として、宗教としての西教（カトリック）および学問としての西学（洋学）への強い傾倒があるが、もちろん朝鮮においては西教も西学も禁じられていたので、この学派の異端としての性格がそれだけ浮き彫りになるわけである。

一八〇一年に起きた老論僻派による大々的な天主教弾圧によって、星湖学派はほぼ全滅する。この年から一八八〇年代まで、朝鮮で西学も西教も公式的には認められず、「西学不在の時代」(姜在彦)*が続く。同じ時期に日本が蘭学から開国、文明開化へと大きく舵を切っていくのに比べると、十九世紀という時代における日朝の方向性が百八十度異なっていたことがわかる。

†清潭・李重煥と茶山・丁若鏞

「実学」的な世界観と風水地理的な世界観を合体させた著作として、李重煥《イジュンファン》(一六九〇〜?、号は清潭《チョンダム》、本貫は驪州《ヨジュ》)の『択里志』がある。彼は南人、星湖学派に属する士大夫であったが、朝鮮全土の地理に関して風水的かつ「実学」的な観点から分析している。

「財物は天から降りてきたり地から湧き上がってきたりするものではない。まずゆたかな土地であることが重要で、次に船・車を利用して物資を交流させることができる場所が重要である」と彼はいう。自然条件としての地理と、人間の利用のための作為がともに必要だということである。前者は風水、後者は「実学」とつながる。

そして具体的に、朝鮮八道の地理について分析し、そのあと、生利、人心、山水について述べている。

丁若鏞《チョンヤグヨン》（一七六二〜一八三六、号は茶山《タサン》・俟菴《サアム》・与猶堂《ヨユダン》、本貫は羅州《ナジュ》）は、後述する北学派の洪大容、朴趾源、朴齊家より後の生まれだが、学派として南人の星湖学派に属するので、ここで取り上げる。

丁茶山こそは、朝鮮「実学」におけるもっともバランスのとれた全体的人間ということができる。彼は配流された全羅道・康津において膨大な著作を執筆した（『与猶堂全書』にまとめられている）。

彼は儒学においては、性理学よりも孔子・孟子に帰れという立場を取った。これと関連して彼は、日本の伊藤仁斎《じんさい》や荻生《おぎゅう》徂徠《そらい》学派の儒学を高く評価した。仁斎も徂徠学派も周知のように、性理学を批判して孔子・孟子に帰ること（仁斎）や三代の聖人をもっとも高く評価すること（徂徠）を主張したのだが、丁茶山は自分と同じような考えを自分よりも早く日本の儒者たちが持っていたことに驚き、賞賛した。「日本には科挙がないので自由に学問ができる。だから自由のない朝鮮より日本のほうが学問が進んでしまった」と彼はいっている。

丁茶山はまた、カトリック（天主教）を信奉した。当時の士大夫としては生命を懸けた信仰である。南人（星湖学派）の所属であり、兄弟が熱心なカトリック信者であったという理由も作用している。

「性とは心の嗜好である」など、性理学とは根本的に異なる画期的な人間観を展開した。

†北学派

「北学」は朴齊家の著作「北学議」から採られた語である。「北」は清を指す。つまり、文明の発達した清に学ぶことによって、朝鮮の窮状を救うべきだというのが北学派の主張である。これは、当時もっとも力の強かった老論派による「北伐」つまり明＝華の怨讐である清＝夷を打倒するという主張と真っ向から対立するものであった。もちろん老論とはいえ、現実的に北伐が不可能であることは熟知していた。しかし清＝夷への復讐心、怨念、蔑視の感情は老論に強く共有されていた。

北学派の特徴をひとつだけ挙げる。「制作」「器」思想である。それは文献中心的で考証学的な名物之学ではなく、より現実的な実際の物を対象とした名物度数之学であった。

洪大容は、聖人が自然を手本にして器をつくったのであり、「以天視物（天を以て物を視る）」をしなくてはならないといった。朴趾源は「士の学」が「農工商の理」を包括するものであるといった。李徳懋も「人生日用の事」と孝弟、倫常をともにせねばならず、些少な技芸といえども蔑視してはならないと主張した。

西学の影響も大きかった。洪大容は西洋の算術儀象之巧を高く評価し、朴齊家も西洋人は幾何に明るく利用厚生之方に精通していることを強調している。また朴齊家が夷である日本を評価する理由も、そこでは百工技芸を発達させる風土があるためであった。

さらに、北学派の特徴は自ら器をつくったという点にある。洪大容、朴趾源も直接器をつくり、朴齊家も手ずから瓦を焼きもした。

朴齊家はまた「物」を学ぶということの重要性を強調した。彼は現実の「物」を士大夫が知らないことを批判している。彼が技術者・匠人（職人）の知識を重要視したことは当然である。それは書籍に書かれていない「物」が新しく現実世界に出現している状況を反映していた。

これは知識というものの性格およびそれへの接近方法も変える。朴齊家は経綸才技之士を選び中国に派遣し、その法を学び、その器を買い、その芸を伝えて国内に広く普及するという制度的な「学中国（中国を学ぶ）」案を主張した。

また朴齊家は「試士策　丁酉増広」において、士には道徳之士、文学之士および技芸之士があるが、現行の科挙は狭い意味の士のみを選ぶものであることを批判する。これは新しい「作」思想を制度的に体系化しようという考えであった。

北学派の中心人物は洪大容、朴趾源、朴齊家である。

†湛軒・洪大容

北学派の鼻祖とされるのは老論派の洪大容《ホンデヨン》（一七三一〜一七八三、号は湛軒《タモン》、本貫は南陽《ナミヤン》）である。彼の著作は全集『湛軒書』にまとめられているが、特に傑作とされているのは「毉山問答」である。ここで洪大容は地球が球体で宇宙が無限であることを説き、地球の自転についても語った。

洪大容は北学派のなかで、否、朝鮮「実学」派のなかでもっとも科学的といってよい性向の持ち主であった。天文学、数学に造詣が深く、清州の自宅近くに私設の天体観測所である籠水閣をつくって天体観測に勤しんだ。

何度も述べているように、十七世紀に老論派が選択した主体理念は対明義理論、北伐大義論、文化自尊であったが、この老論派のなかから「人物性同（人と動物の本性は同じ）」を標榜した勢力が出てくる。さらにこの系統から、「人物均（人と動物は均しい）」を標榜した「均」思想が出てくる。洪大容はこの哲学的立場から登場する。彼は、「華夷一也（華と夷は一つである）」という画期的なテーゼを打ち出す。ここに中華＝明＝朝鮮＝清という等式が成り立つ。これを「域外春秋論」という。北学の哲学的基礎には、洪大容のこのような新しい世界認識があったのである。

†燕巌・朴趾源

北学派の中心人物は朴趾源《パクチウォン》（一七三七～一八〇五、号は燕巌《ヨナム》、本貫は潘南《パンナム》）であった。洪大容より六歳年下であった彼は、洪大容と同じく老論派に属していた。『熱河日記』は彼が一七八〇年に燕行使に随行して燕京（北京）に赴いた際の旅行記であり、その内容の精細さは、あたかもバルザックの小説で事細かく描かれたパリの風俗の描写のようにゆたかである。

また彼は第一級の諷刺小説を書いた。「両班伝」「許生伝」「虎叱」などが有名である。ただ、朴趾源の著作は同時代には刊行されず、筆写本で読まれた。一九〇〇年および一九一四年に彼の著作から取捨選択された選集が編まれ、一九一一年には『熱河日記』が刊行されたが、一九三二年に六冊本が刊行された。

彼の学問観は、朴齊家の『北学議』に書いた「北学議　序」によく表わされている。

学問の道は、以下のほかにはなにもない。つまり、知らないことがあれば、道を行く人をつかまえても問わなくてはならない。たとい相手が召使であっても、自分より一文字でも多く知っているならば、その召使に学ばねばならない。自分が他人よりもよく知らないことを恥ずかしく思いながら、自分よりすぐれた人に尋ねないならば、一生涯のあいだ、自分を頑迷で前途のない場に閉じ込めてしまうことになる。

当時の両班の発言としてはきわめて異例なものといえる。

朴趾源は『熱河日記』において注目すべき論を展開している。すなわち古代の聖人が文字と法をつくったのだが、その法をすべて実践することはできなかった。しかし後世に至り、天命を受けた君主は学問が聖人より優れているわけではないものの、その法を実践することができた。どうして中華民族のみがそうであろうか。夷狄が中原を支配すると、その道を踏襲して法を実践した。いま燕京に来れば、堯・舜・禹・周公旦・孔子から管仲・桀・紂・蒙恬《もうてん》・始皇帝・商鞅などの法家まで見て確認することができるという。すなわち朴趾源はここで「制作」を「企画」と「実践」に分ける。すべての企画は聖人がしたのだが、完全に実践はできなかったため、後世の人間がその作業をしなくてはならない。そしてこの実践作業においては漢族も夷狄も分けることができないというのである。

朴趾源はまた「北学議序」において、舜や孔子も事物に接し技巧を創作し事に臨み、器を製作したといった。このように君子はすべからく「制作」を実践すべきなのだが、実際には士大夫は「制作」をすることはなかった。『熱河日記』において朴趾源は、朝鮮で車が使用されない理由を士大夫の過ちだという。すなわち、いつも本を読みながら、『周礼』は聖人の作であるといい、輪人、輿人、車人、輈人《ちゆうじん》を議論しながらも、これを製造、運転する方法を研究しないのだが、これは徒読であり学問ではないという。また黄帝、倕、商鞅、李斯などが制度を実行してきたことを高く評価し、数千年の歴史上たくさんの聖人たちの労苦を認めている。すなわち彼の聖人概念は儒学の道統概念を超え、異学の人間たちを含んでおり、制作を実践した者はすべて聖人と呼んでいるのである。

なお、朴趾源は一方で北学を唱えたが、他方で清に対する批判精神も旺盛であった。たとえば清の『古今図書集成』や『四庫全書』に関して辛辣に批判した。すなわち彼はそれらの書籍の編纂に明の『永楽大典』のような思想統制の意図があるのではと疑い、また乾隆帝の文化政策は焚書坑儒より巧妙であり禍が深刻であるとした。

なお、十九世紀の開化派の始祖である朴珪寿は朴趾源の孫である。

†楚亭・朴齊家

北学派のなかで、ということはすべての「実学」派のなかで、もっとも過激な朝鮮改革論を唱えたのが朴齊家《パクチエガ》（一七五〇〜一八〇五?、号は楚亭《チヨジヨン》または貞蕤《チヨンユ》、本貫は密陽《ミリヤン》）である。彼の号（楚亭）が中国・楚の国の屈原にちなんでつけられたことからわかるように、彼の憂国の思いは深く、強靭であった。

彼は四回にわたって北京を訪れた。琉璃廠の五柳居を舞台にした清の大知識人たちとの知的交遊は、良質なドラマを見るようである。彼を非常に高く評価した清側の人物は、紀昀《きいん》（『四庫全書』の編纂官）や翁方綱（金石学の大家）などであった。

特記すべきことのひとつは、朴齊家が庶孽《しょげつ》（庶子）であったにもかかわらず、正祖によって重用され、同じく庶子であった李徳懋《イドンム》、柳得恭《ユドッコン》、徐理修《ソリス》とともに、一七七九年に奎章閣《キュジャンガク》の検書官として抜擢されたことである（四検書）。奎章閣は一七七六年に創設された王立の書庫兼シンクタンクである。朝鮮では庶孽に対する蔑視は甚だしく、父を父と呼ぶことが許されず、嫡統の男子たちと同じ席にいることもできなかった。これは朝鮮社会において大きな問題となっていた。四検書の抜擢は、当時としては異例中の異例であった。

正祖と朴齊家の学問的信頼関係は深かった。そのような関係の深さもあり、朴齊家は一七七八年に燕行使に随行して北京を訪れた後、『北学議』という献策書を著して王に捧げた。この書は、朝鮮「実学」の書物のなかでももっとも急進的な現実改革策であった。彼の主張をまとめると、「作」「通」「利」の肯定・促進であるといえる。朝鮮社会では士農工商の工商が著しく蔑視されていた（士による農の極端な重視）。それにより、工業および商業は発達せず、未開の状態にむしろ退歩していた（高麗時代には開城商人を中心として商業が発達していた）。朴齊家は「ものをつくること＝作」、「ものを流通させること＝通」、「義の観念を変え、利益や利便を追求することを認めること＝利」を果敢に主張した。

それだけではない。彼は「西士招聘策」を主張した。中国の欽天監にいる西洋人学者を朝鮮に招聘し、観象監で西洋の学問や技術を朝鮮の子弟に学ばせることにより、朝鮮の利用・厚生の発展が期待できると語った。

また朴齊家は、朝鮮語を中国語にしようという過激な主張をした。朝鮮人は、漢文を使えば中国人と充分に意思疎通ができるが、話し言葉は中国人とまったく通じない。これはコミュニケーションのうえで効率的でないので、いっそのこと朝鮮の言語を中国語にしようというのだ。彼のこのような「慕華」の立場はあまりにも偏っているということで、彼は「唐癖」「唐魁」などと蔑まれた。

朴齊家は科挙の武科に合格した。武芸に深い関心があり、『武芸図譜通志』を著した。絵入りでさまざまな武芸を説明するこの本は、武芸に関する朝鮮ではじめての本格的な書物である。すでに述べたように、朴齊家は「物」に対して敏感であったが、その背景には、五行に対する彼の特異な思想があった。「五行というのは民が有用に使うことによって生活するものであって、日用になくてはならないものである」と彼はいう。そして水利（水門）、石炭、鉄、銅、車、家、煉瓦、木工など「生活の中で具体的に利用される事物」、それも「必需品として活用されるべき日用品」を五行という。彼は水、火、金、木、土をふたつの次元で把握している。すなわちひとつは、自然状態にあるそのままの水、火、金、木、土であり、もうひとつは人間が利用することのできる対象としての水、火、金、木、土である。そして前者より後者がより真の意味での水、火、金、木、土であると考えている。いいかえれば、人間が利用できない五行というものは価値がないと主張しているのである。

また朴齊家は北京に行くとかならず、書籍・碑版・鼎彝《ていい》・古董やその他の器玩雑物が取引される琉璃廠《るりしょう》を訪れた。ところがこの琉璃廠の器物に対して洪大容は否定的な反応を見せている。すなわち彼は琉璃廠の器物は士大夫の気風に悪い影響を与えるとし、中国が衰退していっていることを慨嘆するのだった。李徳懋もまた奢侈な器物に対しては積極的な評価をしなかった。しかし朴齊家は、古董書画が奢侈であり民衆の生活の助けにならないので不必要だ、という見解に対して反発している。美しい自然は生活に直接助けとならないのに、人びとはこれを愛する。それと同様に、古董書画も古典の世界を形象化させたものであり、心の豊かさにとって必要であり、天機を活発にするものだといった。

また彼は「独往之神（独創的なクリエイティビティ）」「専門之芸」を持つ「癖者」を高く評価する。しかし世の中にはこのような「癖者」（特別な分野に関するいわば「〜狂」）を嘲笑う人が多いという。

朴齊家のいう「北学」とは、「北＝清」の優れた文明に学ぶという意味である。だが当時朝鮮政界でもっとも力を持っていた老論には、「清の文物に学ぶ」などということは到底受け入れられなかった。結局、一八〇〇年に正祖が急死すると、朴齊家は配流された。

†秋史・金正喜と恵崗・崔漢綺

著名な書家であり、金石学者である金正喜《キムジョンヒ》（一七八六〜一八五六、号は秋史《チユサ》・阮堂《ウオンダン》、本貫は慶《キョン》州《ジュ》）は、朴齊家の弟子である。ただ金正喜は北学派にはふつう分類されない。朴齊家との共通点は、当時の朝鮮の世界観的な壁を乗り越えて、清という別天地を直接見聞きしただけではなく、清の第一級の知識人と対等に交わり、大いに認められたという点である。彼の金石学の水準はきわめて高く、また書をよくし、彼の「秋史体」は朝鮮第一の水準として現在まで高く評価されている。彼は「実事求是（事をまことにし、是《ぜ》を求める）」という言葉を愛した。実証的なその姿勢は精緻な経学や金石学に結実した。清の当代の学問から本質的な影響を受けたといえよう。彼が北京で交友した知識人は、『四庫全書』の編纂者のひとりであった翁方綱や『皇清経解』の編者であった阮元など、錚々たる人物たちであった。清朝考証学の大家であった彼らに認められたことが、朝鮮の狭い性理学的学問世界から抜け出して東アジア的開放性を持った秋史の学問と芸術をつくったといえる。

なお日本の藤塚鄰《ふじつかちかし》*は朴齊家・金正喜など朝鮮士大夫と清の知識人との交流を研究して、第一級の業績を残しており、『清朝文化東伝の研究』にまとめられている。

崔漢綺《チエハンギ》（一八〇三〜一八七九、号は恵崗《ヘガン》、明南楼《ミヨンナムヌ》、本貫は朔寧《サンニヨン》）こそは、朝鮮時代を通じてもっとも独創的な哲学者であったということができるかもしれない。彼を「実学」という（狭い）カテゴリーのなかに入れるのがよいかどうか、定説はない。むしろ「気哲学者」と呼んだほうがよいだろう。

彼は金正喜の門下にはいり、北学派の学問的雰囲気と徐花潭の気哲学を吸収した。ソウル南大門近くの自宅にありとあらゆる本を買い入れ、同時代の中国から入ってきた新知識をすべて渉猟していた。

彼の哲学的立場が朝鮮において真に独創的であるのは、その徹底した経験主義にある。そもそも朝鮮の仏教も儒教も、演繹主義的な傾向を強く持っている。真理の体系はあらかじめアプリオリに存在するのであり、主体のなすべきことはその真理の体系を演繹的に体得することであるという傾向が、華厳（仏教）や性理学（儒教）においても著しい特徴としてある。儒教でいうなら、いわゆる「主理派」であろうが「主気派」であろうが、理の内容（仁義礼智）はあらかじめアプリオリに存在するものなのである。そのこと自体を疑うことはありえない。疑いはじめたのは北学派の学者たちであった。崔漢綺は経験以前の認識を受け入れなかった。だから当然、理を疑う。アプリオリに理が実在することを否定する。彼は自分の学問を「気学」と命名した。西洋の天文学や物理学を朝鮮に紹介し、数学や機械製作技術などの科学技術を広めたり、外国との通商を主張した。著書として『神気通』『気測体義』『気学』『人政』など多数がある。

†その他の「実学」者たち

いわゆる「実学」的傾向を持つ学者は、以上に挙げた人以外にも数多くいる。

金堉《キムユク》(一五八〇〜一六五八、号は潜谷《チャムゴク》)。理想的な税法である大同法を成立させた。

尹鑴《ユンヒュ》(一六一七〜一六八〇、号は白湖《ペクホ》)。古典に対する新しい解釈をうち出した。『大学』『中庸』などに対して独自の理解を示す。

朴世堂《パクセダン》(一六二九〜一七〇三、号は西渓《ソゲ》)。『大学』を独自に解釈するなど経典理解を新しくした。

柳寿垣《リュスワン》(一六九四〜一七五五、号は聾庵《ノンアム》)。四民平等と四民分業を唱え、商業を肯定した。

安鼎福《アンジョンボク》(一七一二〜一七九一、号は順菴《スナン》)。実証を重視する史学を展開した。

元重挙《ウォンジュンゴ》(一七一九〜一七九〇、号は遜菴《ソナム》)。日本を客観的に認識し、倭ではなく和国と呼んだ。

黄胤錫《ファンユンソク》(一七二九〜一七九一、号は頤斎《イジェ》)。明の『性理大全』を西学によって補完しようとした。

李徳懋《イドンム》(一七四一〜一七九三、号は雅亭《アジョン》)。「四検書」のひとり。

李圭景《イギュギョン》(一七八八〜一八五〇、号は五洲《オジュ》)。名物度数の学を発展させる。

朴珪寿《パクキュス》（一八〇七〜一八七七、号は瓛斎《ファンジェ》）。朴趾源の孫で、開化派の祖となる。

李済馬《イジェマ》（一八三七〜一九〇〇、号は東武《トンム》、本貫は全州《チョンジュ》）。漢医学者であり、「四象哲学」という独創的な哲学に基づいて『東医寿世保元』を書いた。

これらの「実学」者に関しては、小川晴久*・張践*・金彦鍾*編『日中韓思想家ハンドブック』（勉誠出版、二〇一五）を参照のこと。この本では、これまで日本にあまり紹介されてこなかった朝鮮の「実学」者についても紹介している。

2　陽明学

†朝鮮の陽明学

明の王陽明の学問である陽明学は、李退渓の時代に朝鮮に流入した。だが李退渓が陽明学を強く批判し排撃したため、陽明学は盛んにならなかった。

崔鳴吉《チェミョンギル》（一五八六〜一六四七、号は遅川《チチョン》、本貫は全州《チョンジュ》）、張維《チャンユ》（一五八七〜一六八三、号は谿谷《ケゴク》、本貫は徳水《トクス》）、鄭齊斗らが朝鮮の代表的な陽明学者である。

最も明確な陽明学者といえる鄭齊斗《チョンジェドゥ》（一六四九〜一七三六、号は霞谷《ハゴク》、本貫は延日《ヨニル》）の思想の特徴は、主知主義であり分析的である。彼はいう。

気の本体が理であり、心の本体が性である。心とは性の器であり（気が顕われたもの）、性とは心の道である（理が微妙になったもの）。その全き体を語れば心といい、その本質的な姿をいえば性となる。心をいうなら性が存在し、性をいうなら心が本体である。（「存言」）

このような分析的な本体論は、たとえば渾一的な立場を取る日本の大塩中斎の思想には見られないものである。またたとえば、「理とはそのまま礼である。礼とはそのまま心の本体なのであって、すべてに条理が存する」というような礼に対する言及も、日本陽明学とは全く趣きを異にするところである。

北朝鮮の学界では、朝鮮陽明学を次のように評価する。

朱子学的な客観的観念論を自己の理論的な武器とする李朝封建統治階級に反対し、中小土地所有者の利益を代弁して、陽明学が研究された。かれらの哲学は、観念論の範囲を脱しきれなかったが、当時の進歩的な両班階級を代弁して、腐敗した封建統治階級を暴露し、執権層両班の利益を代弁する朱子学と闘争するなかで、多くの進歩的な見解を表明した。（鄭鎮石*・鄭聖哲*・金昌元*『朝鮮哲學史』三〇八頁）

中国における「陽明学＝観念論」という図式を北朝鮮も踏襲しているが、かつての中国では陽明学は主観的観念論であるがゆえに封建的思想とされていたのに対し、北朝鮮では陽明学を観念論ではあるが進歩的と評価している。現在の中国では陽明学を高く評価しているが、北朝鮮における陽明学への評価はそれを先取りしたものだったということができる。

†誰が陽明学者なのか

朝鮮では陽明学が禁じられていたので、もちろん公に陽明学者を自称することは決してできない。ひそかに陽明学を奉じている表面上の朱子学者を「陽朱陰陽」というが、朝鮮において誰が陽明学者だったのか、あるいは陽明学を学んだのか、に関しての判別法がある。鄭寅普《チョンインボ》*の「朝鮮陽明学派三別法」である。彼によれば、三別法は次の通りである。

①あきらかな著書や言説があって陽明学派とするのに疑いのない者。たとえば遅川・崔鳴吉、谿谷・張維、霞谷・鄭齊斗とその直伝、旁伝。

②陽明学を非難するが、事実これは詭弁であり、内心では陽明学を主張することを隠してい

る者。円嶠《ウォンギョ》・李匡師《イグアンサ》、信齋《シンジェ》・李令翊《イヨンイク》、椒園《チョウォン》・李忠翊《イチュンイク》。

③陽明学を一言半句も語らず、朱子を尊奉するのだが、主張の主脳となる精神を見れば陽明学であることがわかる者。湛軒・洪大容。

この三別法は厳格な思想統制があった朝鮮朝学者の傾向を調査するには非常に意味深い判別法だということができる。

ついでにいえば、③の類型には、「朝鮮においては陽明学を一言半句も語らず」という但し書きをつけたほうがよい。洪大容は燕行使の一行として清に行ったとき、清の知識人との交流では陽明学を高く評価し、むしろ陽明学評価に吝嗇な清の士大夫に対して、熱心に陽明学の長所を説いているのである（『乾浄筆譚』）。

†陽明学と「実学」

陽明学と「実学」は、いかなる関係にあるのだろうか。

李星湖のように、明確に陸王学を否定する「実学者」もいる。彼は李退渓系統の南人なので、どうしても陽明学を否定的に評価するしかない立場だった（李退渓は王陽明を明確に否定）。

陽明学と（経世学的）「実学」の関連性を初めて指摘した業績は、鄭寅普*『陽明学演論』である。

いわゆる「実学派」、その中でも北学派と陽明学との関係、さらに朴齊家と陽明学との関係を論じた学者もいるが、この事実関係に対しては慎重な考察が必要である。

朝鮮後期に陽明学と「実学」を折衷した学者がいたという鄭寅普の指摘は次のとおりである。梁得中《ヤンドウクチュン》（一六六五〜一七四二、号は徳村《トクチョン》）は陽明の良知説、明徳根本説と実事求是を折衷し、「利用厚生を主とした実学が陽明学を兼ねた態度はその起源を徳村に求めることができる」とする。彼は良知説を説きつつ、師匠である明齋《ミョンジェ》・尹拯《ユンジュン》とともに柳馨遠の『磻渓随録』を表彰し、英祖にも『磻渓随録』の重要性を建議し、それゆえ英祖は「実事求是」を政策の要綱として採択したという。また彼は開物成務と利用厚生を実事求是と同条共貫だとして最も重要視し、彼の「良知学と実事求是の折衷という新しい学風は北学派に継承」されたとするのである。

3　仏教

†抑圧された仏教

朝鮮時代には仏教は抑圧された。王朝が始まると同時に鄭道伝《チョンドジョン》による劇しい排仏論が展開されたし、都市部の寺院の多くは廃され、山間部に数少ない名刹が残されるのみとなった。仏僧は漢城《ハンソン》城内への立ち入りを禁止された。

　このような受難の時代であったので、仏教思想も停滞したという認識が一般的である。しかし、朝鮮時代五百年のあいだに、仏教がなにもせずただ屈辱的に生き延びていたわけではない。朝鮮時代の仏教が沈滞していたというのは、①体制儒教側からの認識②植民地時代の日本人学者による認識③仏教学説の発展史と社会における仏教の役割史を混同した認識、などによる複合的な誤認であろう。

　朝鮮時代の仏教において特筆すべきこととして、以下のようなものがある。

　まず、なによりも政権との関係の変遷である。建国初期には鄭道伝によって激烈な排仏論が唱えられ、朱子学的世界観によって仏教は貶められた。しかし、朝鮮朝廷が終始一貫、仏教を排斥したわけではない。第四代・世宗は晩年、仏教の世界に逃避したし、また第七代・世祖は明確な興仏の立場を採った（世祖が不道徳な王であると評価される理由のひとつとして、彼が仏教を擁護したことを朱子学的士大夫たちが忌み嫌ったという側面がある）。その後、第九代・成宗は斥仏の政策を行い、第十代・燕山君と第十一代・中宗は廃仏を推し進めた。しかしその後仏教が撲滅されたわけでは決してない。王妃を中心とする王宮の女性たちには仏教擁護者が多く、文定大妃のように明確な興仏を推進する王妃もいた。朝鮮時代後期は概して朱子学の支配が強くなる時代だが、それでも仏教は滅亡しなかった。

ふたつめに重要なのは、「救国興法」と呼ばれる仏教の役割である。特に重要なのは、日本の豊臣秀吉による侵略に対して、西山大師（休静）および四溟堂（惟政）という救国の高僧が出現したことである。この二人の傑出した僧は、現在にいたるまで、仏教徒だけではなく一般の韓国国民の尊崇を受けつづけている。また義僧軍による抵抗も特筆すべきことである。

三つめは、高麗時代に始まった禅と教の二本柱が、朝鮮時代後期にほぼ固まったことである。この場合、教は華厳中心となる。これにより、唯識や密教などは朝鮮仏教の正統からはずれ、また浄土系統（念仏）や天台宗系統も、教・禅に包摂されながら命脈を保つようになる。ただし信仰としては、浄土および密教が盛んであった。法華経信仰も強かった。

なお、日本の浄土真宗の奥村浄信が、一五八五（天正十三）年に朝鮮の釜山に高徳山を建てた。日本仏教が朝鮮に布教したはじめての事例である。奥村は織田信長の近習で、本願寺第十二世・教如の弟子だった。だが高徳寺と奥村は、豊臣秀吉の軍とともに日本（肥前唐津）に引き揚げることになったため、日本仏教と朝鮮の関係は絶たれた（江田俊雄*『朝鮮仏教史の研究』四二七頁）。

朝鮮時代にも偉大な僧が数多く輩出した。代表的な僧は以下のとおり。

無学《ムハク》大師（一三二七～一四〇五、白超《ペクチョ》）。懶翁（前出）の弟子。

涵虚《ハモ》和尚（一三七六～?、己和《キファ》、号は得通《トウクトン》）。仏教と儒教の一致を説く。

雪岑《ソルチアム》大師（一四三五〜一四九三、金時習《キムシスプ》、号は梅月堂《メウオルダン》）。曹洞禅。

普雨《ポウ》大師（一五〇九?〜一五六五、号は虚応《ホウン》、懶庵《ナアム》）。儒仏融和を説いた高僧である。彼は一正論を唱えた。ここで一とは仏教の一心であり、正とは儒教の中である。このふたつを合一させ、儒仏の融和をはかった。彼は結局、殉教した。

西《ソ》山《サン》大師（一五二〇〜一六〇四、休静《ヒュジョン》）。後述。

四溟《サミョン》大師（一五四四〜一六一〇、惟政《ユジョン》）。菩薩の化身と呼ばれた。後述。

浮《プ》休《ヒュ》禅師（一五四三〜一六一五）。逍《ソ》遥《ヨ》大師。詩僧。

鞭羊《ピョンヤン》禅師（一五八一〜?）。乞食とともに暮らす。

白谷《ペクコク》和尚（一六一九〜一六八〇、処能《チョヌン》）。

栢《ペ》庵《ガン》和尚（一六三一〜一七〇〇、性聡《ソンチョン》）。仏典刊行。

白坡《ペクパ》禅師（一七六七〜一八五二）。三種禅を唱える。後述。

草衣《チョイ》禅師（一七八六〜一八六六）。茶聖と呼ばれる。後述。

†西山大師（休静）と四溟堂（惟政）

休静《ヒュジョン》（一五二〇〜一六〇四）は俗姓が崔《チエ》氏、号は清虚《チョンホ》であった。西《ソ》山《サン》大師《デサ》の名で知られる朝鮮仏教の高僧であり、英雄である。安州で生まれた。復活した僧科（科挙）に及第した。仏教界で高い地位に就いたがその職を捨て、金剛山・頭流山・太白山・五台山・妙香山などの名山をめぐって修行と教育に専念した。

宣祖二五年に豊臣秀吉による文禄の役（朝鮮では壬辰倭乱）が起こる。宣祖は妙香山にいた西山大師に、国難の打開を託した。西山大師は総蹶起の檄文を回して朝鮮の僧侶を戦闘に参加させ、日本軍に抵抗した。義僧軍を構成した僧侶の数は五千を越えた。宣祖二十六年には、西山大師の弟子である惟政が義僧八百人を組織して義僧軍に加担し、明軍とともに日本軍と戦って平壌城の回復に功があった。その後西山大師は妙香山に戻り、後進を指導した。彼の弟子は千名を越えるといわれ、朝鮮時代の僧のなかで最も偉大・至高な人物として現在にいたるまで尊崇の対象となっている。『清虚集《チョンホジプ》』などの著作がある。

西山大師の思想の特徴は、彼が確立したといわれる山僧禅家である。また彼こそは、高麗の知訥が築いた教禅を一体化するという伝統をもっとも正しく継承し、抑仏政策を採る朝鮮時代において仏教の正統を復活させたといわれる。その過程では当然、仏教界側の問題も剔抉するという姿勢も強く貫き、堕落僧を十種類に分類して強く批判した。

西山大師の数多い門下のなかで、特に「救国の化身」「護国の聖王」とまでいわれるのが惟《ユ》政《ジョン》（一五四四〜一六一〇）である。俗姓は任《イム》氏で密陽《ミリヤン》の人、号は松雲《ソンウン》、四溟堂《サミョンダン》である。

文禄の役の際には西山大師とともに平壌城奪還に戦功を立てた。慶長の役の際には千名以上の義僧軍を率いて加藤清正の陣を包囲し、加藤との和平会談を成功させた。

その後、日本との講和に関する全権を王から任されて対馬を経て京都まで来た。日本側では彼を説宝和尚と呼んで大いなる敬意をもって遇した。朝鮮で加藤清正と対談したとき惟政は、「倭将の首を切れば戦が終わるだろうから、倭将の首こそわが国の宝である」と語ったのだが、そのことから日本では彼を説宝和尚と呼んでその豪胆さを嘉《よみ》したのである。惟政は日本との国交再開の任務を遂行し、朝鮮人捕虜三千人を朝鮮に連れて帰った。

その後は原州の雉岳山および伽耶山・海印寺に籠って、一六一〇（光海君二）年にこの世を去った。著書に『四溟集』『奮忠紓難録』がある。

†白坡禅師（亘璇）

白坡《ペクパ》禅師（一七六七〜一八五二）は正祖から哲宗の時代に活躍した僧であり、「教は死句、禅は活句」の言葉が有名である。

彼はいわゆる三種禅の論争を展開したことで有名である。三種禅とは祖師禅、如来禅、義理禅の三つであり、白坡はこのうち義理禅を最下級と評価して物議を醸した。なぜなら彼のいう義理禅の典型は知訥（普照国師）であるとされるからである。白坡は、祖師禅こそ、仏法の痕跡すら残さず万法人我がすべてであるがままに真如の全体を現わすのだと説いた。これがまさに華厳の事事無礙の境地であると彼はする。それに比べると、如来禅にはまだ仏法の臭気があり、事事無礙の境地には到達していない。ましてや義理をうるさく説く義理禅に至っては、悟りとは無縁のものであるとする。

白坡のこの批判はきわめて重要であり、朝鮮仏教では近代にはいってもなお、いわゆる義理禅をどうとらえるかに関して論争が続いた。

†草衣

朝鮮において茶の文化は仏教と密接に関連している。草衣《チョイ》(一七八六〜一八六六)は「茶聖」とか「茶神」といわれる僧であった。「東茶頌」「茶神伝」などの作がある。草衣はまた、「実学」者の丁茶山や金秋史とも深い交流をした。先に述べたように、丁茶山は儒学だけでなくカトリックも包摂した哲学者だった。十九世紀朝鮮では、儒教・仏教・キリスト教を超えた一種の「霊的な交流」の時空間が開けていたといえよう。

草衣は白坡の三種禅を批判した。

4 道教および予言思想、シャーマニズム

†首都の選定と予言思想

朝鮮王朝は一三九二年に建国したが、首都を漢城《ハンソン》に定めたのはその二年後の一三九四年である。首都の選定には、鄭道伝が当たった。最初、鶏竜山《ケリヨンサン》に首都を構えようとしたが、結局は漢城、現在のソウルに都を定めた。どちらも風水地理思想における明堂（理想的な地形）であった。結果的に朝鮮王朝は外敵や腐敗に苦しみながらも五百年以上存続したので、首都を漢城にしたのはよい選択だったといえるかもしれない。

朝鮮時代には、様々な新興宗教とそれによる予言が流布していたことが、近年の研究によって明らかになっている。

朝鮮時代後期に最も大きな影響力を持った予言書は、『鄭鑑録《チヨンガムノク》』である。これは、朝鮮王朝の李氏がやがて滅び、かわって鶏竜山を本拠地とする鄭《チヨン》氏の王朝が出現するという易姓革命の予言書であり、そのおどろおどろしい厄災・災禍の描写によって朝鮮時代末期の人心を動揺させた。朝鮮政府はこれを禁書としたが、根強く人気を保ったし、現在でも知らぬ者がない。

†巫祖伝説

朝鮮時代のシャーマニズムに関して、学問的にもっとも確実な知識の供給源は、併合植民地時代の朝鮮総督府による巫俗《ふぞく》の調査である（巫俗はシャーマニズムのこと）。併合植民地時代における調査であるから、朝鮮時代のシャーマニズムの実態そのものではない。併合植民地時代には近代化の名の下に、シャーマニズムが変形させられたといわれるので、併合植民地時代の記録をそのまま朝鮮時代のシャーマニズムと同じとするわけにはいかない。しかし、朝鮮シャーマニズムに関してもっとも信頼できる最古の客観的・学問的な記録は併合植民地時代のものなので、この記録をもとに朝鮮時代以前のシャーマニズムについて語ることは、あるていど可能である。

　朝鮮総督府による朝鮮巫俗の研究として最も信頼されているのが、赤松智城*と秋葉隆*による『朝鮮巫俗の研究　上・下』（一九三七、三八）である。この研究によれば、朝鮮の数多くの巫祖伝説を分析した結果、シャーマンの始祖は多くの場合、身分の高い女性だとしている。赤松*と秋葉*はこの本で、「捨姫《すてひめ》伝説」と呼ばれる類型の巫歌《ふか》を採録している。朝鮮語では「バリ公主」と呼ばれる（「バリ」は「捨てる」の意、「公主」は「姫君」）。この巫歌は、朝鮮シャーマニズムのもっとも原型的な内容を具備しているもののひとつといわれる。赤松*と秋葉*はこの巫歌の成立を朝鮮時代としているが、崔吉城*はもっと古い時代にまで遡れるという。

　この巫歌の梗概は以下のとおりである。王が巫に、自分の子（王子）の結婚に関して占わせた。巫は「大開年に結婚すれば三人の息子に恵まれるが、閉吉年に結婚すると娘ばかり七人が生まれる」といった。だが王は巫の占いを無視して王子を結婚させた。すると巫の予言どおり、王子（新しく王になった）には娘ばかり七人が生まれた。新王は怒って七人めの娘を捨てた。妃はこれを見て連れ戻したが、新王は許さず、この娘を海に捨てた。仏がこの娘を見つけて山神に育ててもらった。新王夫妻は病気になる。七番目の娘を捨てた祟りである、と巫はいう。捨てた娘（捨て姫）を探して、その子から不死の薬をもらわねば死ぬ、という夢を新王は見る。探し出された捨て姫は薬水を探しに旅立ち、地獄の門に入る。そこで無上神仙と結婚して七人の男子を生み献じて、その礼として薬水をもらう。それを持って捨て姫がこの世に戻ると、新王と妃は死んでいたが、薬水を飲ませると両親は生き返った。その後この捨て姫は巫女となった。以上がこの巫歌の梗概である（崔吉城*による要約をさらに要約）。

崔吉城*はこの巫歌を分析して、これは父系継承の物語であり、女子に対してネガティブな韓国人の伝統的人生観が表現されているという。捨て姫が七人の男子を生むのは、女子ということで捨てられた彼女の恨みを晴らしたという意味だという。捨てられた末娘が治病者の能力を持つ孝行者という役割をするのが象徴的である。秋葉*は、高貴な人の娘が巫祖になったという点を強調したが、崔吉城*はむしろ霊旅によって神秘的な呪力を持って巫女になったことが強調されていると見る（崔吉城*『韓国のシャーマニズム』三八七〜四〇四頁）。

†人が死ぬ場面——シャーマニズムの観点から

ここで、招魂の巫祭の際に唱われた巫歌をひとつ紹介する。朝鮮シャーマニズムの雰囲気をわずかではあるが味わうことができるかもしれない。植民地時代に赤松智城*・秋葉隆*によって採録された「死の言葉（チュグメ　マル）」というもので、始興の巫夫・河《ハ》永云《ヨンウン》の口伝によるものである。今し死のうとする者のもとに地府王の使いがやって来て強引にあの世に連れて行く場面である。朝鮮シャーマニズム的な、すさまじいばかりの死への怖れの世界観がよく表現されている（現代かなづかいに改めた）。

> あゝ霊駕よ。人は死すれば、名も変り、姓も変る。名は霊駕にして、姓は鬼簿なり。上有冥府陰界の八万四千門を開きて、暫しの間入り給え。（改行）あゝ霊駕よ。某年生の亡者は天羅至厄年、冤嗔離別年、殺捕を避くる年、死鑿亡身年に当り、寿命の終りなりや、時の至れるなりや。（改行）彼世の地府王殿より八牌特牌子を送り、星火の如く催促すれば何の使者が来るや。（改行）日直使者、月直使者、チョリ氏チョバンの降臨道令に、八牌子特牌子を渡しながら、「何某道何某郡何某洞何某姓の亡者を星火捉来に捕え来れ」と命令厳かなれば、彼の使者の挙動を見よ。（改行）地府王の命を受けて、亡霊網を手にもち、鉄鎖を斜に帯び、

弓の如き曲り道より、矢の如く速かに来て、前山に孤幕を張り、後山に帳幕を張り、庭の中央には、命牌を旗先につけおきて、日直使者、月直使者、降臨道令は、鳳眼を瞋《いか》らし、三角鬚を逆に曲げて、閾を横に遮り、「見よ、亡者よ、早く出で来れ」と、雷の如く叫べば、家屋倒れて、宇宙顚倒するが如く。（改行）何某姓の亡者は全身と手足を震わせて、進退維《こ》れ谷《きわ》まれる時、愛重なる息子、珍重なる娘、愛重なる嫁が、咨文紙の盞床、別頭の為誠、命銭齢銭と食床巨碗を備え置き、弁口のよき万神を呼びて、残り無く祓い出せば、これも暫しの人情なれば、捕え行かれず。（改行）二度目には日直使者が外より入り来りつゝ、「早く出で来れ、早く出で来れ」と、秋霜の如く催促すれば、祖父祖上と成造地神が切に哀乞すれば、これも人情なれば、捕え行かれず。三度目に降臨道令急に跳びかかり、天を動かす如く叫び、雷の如き大声にて、霹靂の如く叫べば、亡者は全身と手足をぶるぶる震わせ、進退維れ谷まれる時、降臨道令が跳びかかりて、一度摑みて倒せば、十指に脈が絶え、二度摑みて倒せば、十足指に脈が絶え、三度倒せば、開ける手と伸ばしたる脚を隠し得ず、三万六千一身手足を隠し得ず、生ける時の言葉は一言も云えず、如何に気をつけて、父母兄弟妻子眷属を、再び見て去らんとしても、寿命は尽き、時到れば、甦る道更になし。（改行）その前に坐れる人、愛重なる息子と珍重なる娘、愛重なる嫁、百年の妻眷と一家親戚が、左右に列び坐し、手足をもみつゝ、大声に泣けばとて、代りて往く者あらんや。（中略）詮方なく望みなしと、かく嘆く時、三甲使者が跳びかゝり、頭には天上玉を、額には霹靂玉を、眼には眼鏡玉を、舌の下には針を堅くさし込み、口に轡を啣《くわ》えさせ、耳に錠をつけて置けば、亡者の命を断つ声は大海の真中に、一千石積みたる船の錨索を切る音の如し。(改行)某姓の亡者、望みなく詮方なし。(改行)門外を見れば、御飯三器、履物三足、銭三両を祭床に供え置きて、声よき招魂者が魂を招く声すなり。(改行)「余の死したるは分明なり」。(改行)亡者は詮方なくこの世を離れ、嘆きつつ立ちかえり、魂魄が室内を見れば、肉体を室内に臥せておき、子孫達が列び坐りて、南無阿弥陀仏、観世音菩薩と念仏しゝ、天を仰いで悲しく泣く。(『朝鮮巫俗の研究』上巻、二七九〜三三七頁)

死に瀕した朝鮮の人の悲痛とこの世への強靭な執着が、この巫歌から如実に読みとれる。死の使者が死につつある者に何度も襲いかかって、堅固な道具で痛めつけないと、亡者は死なないのである。

5 キリスト教

†天主教の受容

朝鮮への天主教（カトリック）の流入は、日本よりもかなり遅かった。

朝鮮において、キリスト教関係の学問は天学（ないし天主学）、あるいは西学と呼ばれた。マテオ・リッチ（利瑪竇）の『天主実義』二巻が最初にはいってきた。この書については、李睟光（号・芝峯）、柳夢寅《ユモンイン》（号・於于堂《オウダン》）、李瀷（号・星湖）が言及した。特に李星湖は跋文を書いてキリスト教の簡潔な要約をした。『天主実義』は一六〇三年に刊行されたが、日本では翌年にすでに林羅山の読了書として記録されており、一六八四年には日本語訳が完成した。朝鮮でも、年代は不明だが朝鮮語訳（訓民正音）が出た。

李星湖が党派として南人であり、彼の弟子たちのうち「星湖左派」が天主教に接近したことにも深く関係するが、朝鮮における天主教および西学の受容は、南人派、そのなかでも進歩派の時派が主導した。

西学を積極的に学んだ主な人物は、李家煥《イガファン》（李瀷の従孫）、丁若銓《チョンヤクチョン》、丁若鍾《チョンヤクチョン》、丁若鏞《チョンヤギョン》（以上は丁三兄弟）、李承薫《イスンフン》、李蘗《イビョク》、権哲身《クオンチョルシン》、権日身《クオンイルシン》（以上は権二兄弟）、黄嗣永《ファンサヨン》などだった。ほとんどが党派として南人に属し、血縁関係によって緊密に結ばれていた。彼らは広州陽根を根拠地として西学に勤しんだ。このことは、陽明学の受容と研究が少論という党派および江華島という地域を中心に、血族的関係にある学者たちによって推進されたのと似ている。党派・血族・同門・地域の要素が、朝鮮における異端思想の生き延び方として重要であることに注意すべきである。

もっとも早い時期にもっとも熱心に天主教に没入したのは、李蘗であった。公式的には、一七八四年に李承薫(号・蔓川《マンチョン》)が北京で洗礼を受けたのが、朝鮮で最初のキリスト教徒である。だが非公式的には、それよりもかなり以前にキリスト教は流入していたという説も有力である。李承薫の次に尹有一《ユンユイル》が一七九七年に北京で受洗した。

キリスト教が入ってきた当初、朝鮮における最大の問題は、祖先祭祀に関するもの(典礼問題)だった。一七九一年には、尹持忠《ユンジチュン》が姻戚の権尚然《クオンサンヨン》と企図して、母の葬儀に際して神位(位牌)を焼却した。儒教を奉じる朝鮮両班としては絶対にありえない行為だった。尹持忠は、①儒教式の葬礼は迷信であること、②天主教の真理こそが大切なこと、③母もまた天主教徒だったのであり、④その遺訓に従ったことなどを主張したが、南人僻派によって弾劾され、権尚然とともに処刑された。これを辛亥珍山《シネジンサン》の変と呼ぶ。時代は正祖の統治時期であった。

一七九四年には、天主教の信者の数が四千人に達している。清から周文謨神父が朝鮮に入った。

†天主教への弾圧

十九世紀は朝鮮の天主教にとって、弾圧に次ぐ弾圧が加えられた、暗黒のような時代であった。だが殉教者が増えれば増えるほど、信仰の力はいや増しに強くなったと思える。

一八〇〇年に正祖が疑問の死を遂げ、幼い純祖が即位するや、その外戚であった安東金氏をはじめ、老論の勢力が爆発的に強くなった。

一八〇一年正月には天主教に対する最初の弾圧が行われ、邪学（西学）厳禁の令が発せられた。「辛酉教難《シニユギヨナン》」という（辛酉邪獄《シニユサオク》とも）。李承薫・丁若鍾らが処刑され、李家煥・権哲身は獄死し、丁若銓・丁若鏞は配流された。南人時派は一掃された。さらに清国人である周文謨神父を死刑に処して晒し首にし、次いで尹持憲《ユンジホン》（持忠の弟）ら全羅道の西学徒も多く処刑された。

このとき、黄嗣永がひそかに帛（あらぎぬ）に迫害の様子をびっしりと（一万三千三百十一字）書き、密書として北京に送ろうとしていたところを逮捕され、帛が押収された。帛書の内容は、迫害の詳細、迫害をもたらした朝鮮政界の問題（党争）、そして朝鮮天主教の復興策であった。この事件は朝野を揺るがし、黄は凌遅処断（胴体と首・両手・両脚を切断してすべて別々の場所に晒す）の極刑に処せられた。これを「黄嗣永帛書事件」という。

この後、北京主教は一時、朝鮮での布教に消極的になったが、朝鮮の教徒の信仰は衰えなかった。一八三八年には教徒数は九千人となった。特にアンベール主教は庶民の婦女子への布教に熱心だった。

一八三九年に二度目の大きな弾圧が起きた。これを「己亥教難」という（己亥の大邪獄とも）。この年の四月から十二月まで続いた弾圧で七十八名が刑死した。そのうち女性が五十名近くを占めた。アンベール主教らフランス人も三人処刑された。この弾圧のさなか、憲宗は国王の名によって初めて天主教を国禁と定めた。

一八四六年の「丙午教難」では、マカオに留学して朝鮮ではじめての司祭となった若き金大《キムデ》建《ゴン》（一八二一〜一八四六、本貫は金海《キメ》）らが処刑された。アンドレア金大建への敬慕は現在でも非常に強く、ソウルの切頭山には大きな碑があって信者たちの信仰を集めている。

丙午教難の後も教勢は衰えず、一八五〇年には教徒数一万一千人となり、一八五七年には一万五千人を超えて、一八六六年には二万人に達したと推測されている。

一八六六年には、「丙寅教難」があった。興宣大院君による天主教弾圧で、フランス人宣教師九名を処刑し、一八七二年までに八千人以上の朝鮮人信者が殉教した。

†改新教（プロテスタント）の流入

朝鮮にプロテスタントが入ってきたのはカトリックよりもかなり遅く、十九世紀の終わりになってからである。一八八五年に西洋人が仁川から朝鮮に入り、プロテスタントを伝え、その後急速に勢力を伸ばすことになる（第七章参照）。

6　訓民正音、文学

†世宗と集賢殿

世宗は集賢殿《チッピョンジョン》に当代一流の学者を集めて、言語学を研究させた。当時の中国における最先端の言語学の知見も摂取しながら、学者たちは一四四三年に訓民正音《フンミンジョンウム》を完成させた。世宗はこれを一四四六年に公布した。これにより朝鮮語をきわめて正確に表記することができるようになった。世界的に見ても実に独創的な文字である。なお、この文字の制作原理の解説書『訓民正音解例本』は、長い間逸失されていたが、日本の植民地時代に発見された。

訓民正音は画期的な文字であったが、朝鮮時代の士大夫たちは漢字を真書と呼び、訓民正音を諺文と呼んで蔑視した。訓民正音を使って士大夫によって書かれた小説もあるにはあったが、主流ではなかった。だが、夫人への手紙や歌謡においては士大夫も訓民正音を多く使用した。またこの文字は漢文に対する諺解（儒教や仏教の経典に対する訳や註解）に使われた。婦人たちは手紙などにこの文字をよく使ったし、婦人が訓民正音で書いた小説も多く出た。だが、二十世紀初頭に朝鮮王朝が滅亡するまで、公式文書に訓民正音が使用されることはほとんどなかった。

なお、現在の韓国では訓民正音をハングルと呼んでいるが、これは植民地時代に初めて名づけられた呼称であり、「偉大な(ハン)文字(グル)」という意味である。

†訓民正音の思想

訓民正音は朝鮮語を正確に記す文字だが、漢字一字を一文字で表記できる表音文字である。朝鮮語の語彙の音節は新羅時代以降、閉音節(最後が子音で終わるもの)が極度に増加した。これを表記できる文字の開発は、たとえば日本語のように開音節(最後が母音で終わるもの)がほとんどである言語の場合より極端に困難であった。この問題を、訓民正音では以下のように解決した。①子音を表わす字母と母音を表わす字母の組み合わせで、一文字を構成する。②音節の最後の子音を一文字の下部に組み込むことで、一体的な文字の中に「子音+母音+子音」という構造を表現する(音節最後の子音は二つ連続する場合がある)。こうして、子音を表わす字母十七個と、母音を表わす字母十一個を作成し、その組み合わせで一音節一文字の音節文字を創造したのが訓民正音である。中国語の反切という概念を借りながらも、それを独自の記号で表

記したことによって、一音節を一文字で表記できるようになった。「発」という漢字の朝鮮語音を反切で表記するとたとえば「半達」となる。「半」の最初の子音［b］と、達の最初の子音の後の音［al］を組み合わせた［bal］が、「発」の朝鮮語音だという意味である。訓民正音は、この反切を「半達」という漢字で表記せず、［b］［a］［l］を表わす字母の記号をそれぞれㅂ、ㅏ、ㄹという形に決め、それを一文字に組み合わせて발とするのである。

字母はすべて儒教的な陰陽五行の思想から作成されている。子音の字母は五行、母音の字母は陰陽である。まず子音の場合、すべての子音を牙音［k］［g］など、舌音［d］［n］［t］［l］など、唇音［b］［m］［p］、歯音［s］［sh］［td］［z］、喉音［h］［ng］の五種に分類する。それぞれ、五行の木、火、土、金、水に該当すると考える。母音の場合は、すべての母音を陽母音、中性母音、陰母音に分類する。この母音字母と子音字母の組み合わせの論理（理）によって、宇宙のすべての音（気）を表記するという思想である。

†「竜飛御天歌」

世宗の時代、一四四五年に、「竜飛《ヨンビ》御《オ》天歌《チョンガ》」がつくられた。朝鮮朝廷の由来と功績を言祝《ことほ》いで歌の形式にしたものである。これは訓民正音が公布される前年のことであり、訓民正音で書かれた文献のなかで最古のものである。その意味でも、また歌の内容面においても、きわめて重要な作品である。冒頭の句は現在でも人口に膾炙している。

根の深き木は　風に揺るがず　花も実もたわわにして
源の深き水は　ひでりに涸れず　川に至り海へゆくなり

この歌は朝廷の儀式や宗廟の祭祀だけでなく公私の宴席でも用いられた。

†小説

朝鮮時代は、小説が花開いた時代である。

その理由のひとつは、訓民正音の発明により、自分たちの話し言葉をそのまま表記することができるようになったことである。漢字が真書とされ、訓民正音は婦女子の文字として士大夫に蔑視されたとはいえ、この文字を手に入れた女性たちがこの文字で手紙や文学作品を書くようになった。

とはいえ、漢文による小説も多く書かれた。朝鮮時代前期に多く書かれたのは稗官小説である。雑説や奇聞、猥談なども多いが、特に重要で格調の高い作品として成俔《ソンヒョン》（一四三九～一五〇四、号は虚白《ホベク》、本貫は昌寧《チャンニョン》）の『慵斎叢話』がある。また「放浪の詩僧」として有名な金時習《キムシスプ》

（一四三五〜一四九三、号は梅月堂《メウォルダン》、本貫は江陵《カンヌン》）が明の『剪燈新話』の影響を受けて書いた伝奇小説『金鰲《きんごう》新話』は、朝鮮において初めて小説の形式と内容を具備した作品と高く評価される。この作品は日本でも人気を得、二回翻刻された。

十六世紀末の日本による侵略戦争および十七世紀始めの後金（清）による侵略戦争の後、朝鮮では軍談小説（軍記小説）が盛んに書かれるようになった。柳成竜《リュソンニョン》の著名な史書『懲毖録』は軍談ものとしても読まれた。

軍談小説の流行の後、軍記以外の小説も数多く書かれるようになる。最初は漢文で書かれたが、やがて訓民正音によって書かれるようになった。代表的な作品として、『朴氏夫人伝』や『洪吉童伝《ホンギルドンジョン》』などがある。作者不詳の『朴氏夫人伝』は、朴氏という容貌魁偉な女性が道術を使って超人的な働きをし、活躍する物語である。『洪吉童伝』は許筠《ホギュン》の作であり、朝鮮時代の小説のなかで最高傑作とされる。

十七世紀の金万重《キムマンジュン》（一六三七〜一六九二、号は西浦《ソポ》、本貫は光山《クアンサン》）は、士大夫たちが漢詩文のみに関心を示すことを批判し、大衆小説こそ朝鮮に必要だとの論を主張した。そして自ら、『九雲夢《クウンモン》』『謝氏《サシ》南征記《ナムジョンギ》』という二大小説を書いた。内容は、中国を舞台にした勧善懲悪物であるが、儒教だけでなく仏教、道教の要素も作品のなかに色濃く流し込んでいる。三教混淆の世界観を小説で表現したともいいうる。『九雲夢』は中国の『紅楼夢』の影響を受けている。

宮中の女性の手になる宮廷小説も多く書かれたようだ。現在伝わるのは『癸丑日記』『恨中録』など三作品ほどだが、纖細で情感的な文体は、日本の平安時代の宮中文学に通ずるものがある。

十八世紀後半には、朱子学的哲学王であった正祖が、文体反正を行なった。これは当時の士大夫たちが中国の稗官小説を好んで読み古文から逸脱した卑俗な雑文体を好んでいることを戒め、朱子学や唐宋八大家の正統的な文体に帰ることを推進したものである。特に燕行使となって中国と直接交流のあった士大夫たちは、燕京(今の北京)におけるリアルタイムの流行を熟知していたので、非朱子学的な文化に魅力を感じていた。朴趾源はその代表格であり、彼を中心としたサロンに出入りする一派は文体に関して自訟文を書く事態になった。

朴趾源は前述のように諷刺小説の傑作をいくつも物した。「許生伝」「虎叱」「両班伝」「穢徳先生伝」などはその強烈な批判精神によって不滅の名作というにふさわしい。

†歌辞と時調

朝鮮時代に盛んとなったのが歌謡である。士大夫たちは歌謡においては訓民正音をよく使ったので、漢文による表記とは異なる叙情法が発達した。ただ、性理学者は厳格な道徳意識を持っていたため、朝鮮時代初期に存在した多様な歌謡や音曲(淫靡なものも含まれていた)を淘汰し、結局、歌辞と時調だけが残った。

もちろん士大夫たちの関心の中心は漢詩にあったが、歌辞と時調をつくる士大夫たちもいた。李退渓も時調を十二首も残している(「陶山十二曲」)。

この分野で特に著名なのが、鄭澈《チヨンチヨル》(一五三六～一五九三、号は松江《ソンガン》、本貫は延日《ヨニル》)である。彼の「関東別曲」「思美人曲」「続美人曲」は朝鮮歌謡(歌辞)の最高傑作といわれる。鄭澈は時調も八十四首残しているが、これは朝鮮士大夫として突出して多い作品数である。

時調は丙子の乱後に隆盛期を迎える。時調の最高峰は尹善道《ユンソンド》(一五八七～一六七一、号は孤山《コサン》、本貫は海南《ヘナム》)であるとされる。彼の人生は何回もの配流と隠遁によって綴られる。最後は全羅道の南海の孤島で詩作に耽り、隠者的な詩世界に遊んだ。

女流の歌辞文学(閨中歌道、内房歌辞という)も盛んとなり、『洪吉童伝』の作者・許筠の姉である許蘭雪軒《ホナンソロン》(一五六三～一五八九)が最も格調高いと評価される。

妓女(妓生《キセン》)は宴席で士大夫たちに文学的才能を披露したので、秀作をつくることができた。妓生の時調としては、最高の名妓とされる黄真伊《ファンジニ》のものが最も有名である。

冬至　長き夜　ふたつ折り
春風　掛け布団のなか　巻き巻き入れて

君　来む夜に　くるくる広げむ

†破格

朝鮮時代には、破格の文学者が数多く登場した。彼らは朱子学的な道徳世界が虚構であることをよく知っており、それを果敢に表現した。破格の文学者としては、先に述べた『洪吉童伝』を書いた許筠、「虎叱」「両班伝」などの諷刺小説を書いた朴趾源などがいるが、金笠《キムサツカ》（一八〇七〜一八六三、本貫は安東《アンドン》）も朝鮮時代を通じてもっとも破格な文学者のひとりであった。彼は名門だが不遇な家の生まれで全国を放浪し、物乞いをしたり寄食したりしながら奇想天外な狂詩を残した。彼の破格の詩は数多いが、ここでは一首だけ紹介しよう。読み方は様々にありえようが、ここではわたし（小倉）なりの読みを載せる。

是是非非非是是　是《ぜ》を是《ぜ》とし非を非とするは是《ぜ》に非《あ》らずして是《ぜ》なり
是非非是非非是　非を是《ぜ》とし是《ぜ》を非とするは非に非《あ》らずして是《ぜ》なり
是非非是是非非　非を是《ぜ》とし是《ぜ》を非とするは是非《これ》に非《あ》らず
是是非非是是非　是《ぜ》を是《ぜ》とし非を非とするは是非《これ》を是《ぜ》とするなり

新羅の元暁が「不然、大然」といったり、金サッカ（金笠）と同時代の東学の創始者・崔済愚が「不然、其然」といったのと同じ、絶対矛盾の自己不同一の果ての全肯定とでもいうべき霊性的世界が、ここにも開けている。支配層の虚偽と虚構の腐敗世界を、絶対的霊性の力で裏返しつくすという人物が、この半島には往々にして顕現するのである。

†芸能と文学

朝鮮時代中期以降に、芸能は広大《クァンデ》と才人《チェイン》という世襲のシャーマン系の倡優たちによって担われた。日本でも現代に至るまで長い間、芸能を担う人びとは厳しい差別に晒されたが、朝鮮における差別もひどかった。朝鮮時代の身分制度では八賤という被差別民の階級があった。私奴婢・僧侶・白丁・巫堂（シャーマン）・広大・喪輿軍・娼妓（身分の低い妓生）・工匠が八賤だった（僧侶や工匠が賤民階級に属していることに注意。ただし僧侶は賤民ではなかったという説もある）。芸能は主にこの賤民階級によって担われた（八賤以外の放浪芸人もいた）。

倡優は宮中、官衙《かんが》、両班の家、その他の各種祝宴に呼ばれて娯楽を提供した。地方の祭りへの巡業も多かった。農耕定住社会にあって、放浪者は特別の差別を受けた。旅芸人の代表は社《サ》堂輩《ダンペ》だった。若い女とその夫であり抱え主でもある男（居士《コサ》という）がペアになり、二十から三十のペアが一群となって村々をまわって娯楽を提供し、売春もした。朝鮮時代末期には少年を社堂とする男社堂輩《ナムサダンペ》が生まれ、娯楽と男色を提供した。

十七世紀末から十八世紀初にかけて、パンソリという芸能が確立した。パンソリは唄い手と鼓手の二人で演じる芸能で、組織としてはきわめて単純な究極の形式といえるが、その内容および創造する世界はかぎりなく奥深い。組織としては演劇とはいえず、日本の平家語りと類似する。唄いは唱《チャン》と呼ばれ、その詞章の長いものは全篇を唄うのに数時間を要する。『春香歌《チュニャンガ》』『沈清歌《シムチョンガ》』『興甫歌《フンボガ》（興夫歌《フンブガ》とも）』『卞《ピョン》ガンセ打令《タリヨン》』など十二篇の有名な曲があり、現在の韓国人はそのいくつかの曲の内容をほぼ知っている。パンソリは基本的に儒教的な世界観を唄ったものだが、その描写は人間の欲望を赤裸々に描いており、特に精力絶倫の卞ガンセとその妻の淫蕩女・オンニョの話などは、人間の性的エネルギーへの讃歌とそれへの儒教的な抑制の均衡が絶妙に描かれている。パンソリは現代韓国が誇る重要な芸能ジャンルのひとつであり、世界的にその名を知られつつある。

第七章
朝鮮末期および大韓帝国

1　略史

†十九世紀とは

十九世紀、特に一八八〇年頃までは朝鮮の歴史において、暗黒の時代ととらえられている。これは韓国、北朝鮮、日本の学者が一致している点である。

理由はいくつかある。

ひとつは、政治の停滞である。具体的には王の外戚問題に起因しているが、これは朝鮮王朝だけの問題ではなかった。高麗王朝もこの問題で苦しんだ。積弊といえる。

ふたつめは民衆の疲弊である。この時代を「民乱の時代」とも呼ぶ。数多くの民衆反乱が起きた。

三つめは、学問の停滞である。日本が蘭学を受け入れたような状況は、十九世紀の最初の八十年近くの間、朝鮮では起きなかった。むしろ朱子学の陣営では「理」の力を強化して中華中心主義を徹底化させるという事態が起きた。朝鮮思想史家の姜在彦*は、これらを理由に十九世紀を「空白の八十年」と呼んでいる。

さらに、産業の停滞がある。近代化という意味では、この世紀に産業が発達しなかったことがもっとも大きな痛手となった。

もうひとつ、別の角度から重要なのは、この時代に対する研究の未進展である。実は、十九世紀がほんとうに「暗黒」だったのかどうか、わからない。もしかしたら、「十九世紀は暗黒時代」という認識は誤謬であることもありうるし、「暗黒」というのは「観点」に依存した価値判断なので、観点が変われば（たとえば近代への懐疑）その価値判断も変わる可能性もある。だいたい、この時期はきわめて破格で独創的な哲学者や文学者が輩出している。金秋史（書家）、金正浩《キムジョンホ》（朝鮮全土の地図を作成）、崔漢綺（気哲学者）、崔済愚（東学）、金サッカ（破格の放浪詩人）など。よほど破天荒な想像力を発揮できた時代だったのにちがいない。最近では、十九世紀に、東学だけでなくさまざまな新興宗教が盛んに出現したことが宗教学の研究で明らかになりつつある。商業の発達に関しても、近年では褓負商（行商人）ネットワークの驚くべき実態をはじめとして研究が進んでいる。だがまだ、「新しい十九世紀像」の構築に成功した、とはいえない。

†略史

一八六三年に高宗《コジョン》が即位する。高宗の実父である大院君《テウオングン》（一八二〇〜一八九八）が実権を握って強力な鎖国政策を推進する。一八六六年に、フランス艦隊が江華島に侵入したが、朝鮮軍はこれを撃退した（丙寅洋擾《ピョンインヤンヨ》）。一八七一年にはアメリカ艦隊が江華島を攻撃したが、朝鮮軍はこれも撃退した（辛未洋擾《シンミヤンヨ》）。このふたつの攘夷が成功したため、大院君は排外政策を強化する。

一八七六年に日本と不平等な修好条約（日朝修好条規）を結び、ここに朝鮮は開国する。これにより不平等条約体制が成立する。一八八〇年代には西洋諸国と次々に通商条約を結ぶ。

一八八二年に漢城で壬午軍乱《イモグルラン》が起きる。兵士と民衆による抗日暴動である。高宗は政権を大院君に譲渡し、王妃・閔妃は逃亡した。

一八八四年には急進的な開化党による甲申政変《カプシンジョンビョン》が起きる。日本が朝鮮の内政に武力で干渉するという出来事だった。

一八九四年、全羅道で全琫準《チョンボンジュン》が蜂起する。甲午東学農民戦争である（かつては東学党の乱、甲午農民戦争などと呼ばれた）。これを契機に日清戦争が始まる。

一八九四年に、金弘集《キムホンジプ》を中心とした勢力によって近代的な改革である甲午更張《カボキョンジャン》が行われた。

一八九五年に日清戦争は日本の勝利に終わる。この年十月、日本の駐朝公使である三浦梧楼《みうらごろう》を首謀者とするテロリスト（守備隊・領事館員・警察・壮士などからなる日本人および朝鮮人）が王宮を襲撃し、王妃・閔妃《ミンビ》（現代韓国では、彼女は大韓帝国の皇后であるべきだった人という意味で明成皇后《ミヨンソンファンフ》と呼ぶ）を殺害してその遺骸を焼き捨てるという稀代の蛮行を働いた。この恥ずべき行為を働いた長州の奇兵隊出身者である三浦梧楼らは、すぐ日本に送られ、軍法会議の結果無罪となった。

一八九六年には徐載弼《ソジェピル》、李商在《イサンジェ》、尹致昊《ユンチホ》らが独立協会《トンニブヒョッペ》を結成し、『独立新聞』を発刊した。

一八九七年、朝鮮は清から独立して、大韓帝国となる。これにより、東アジアに大清帝国、大日本帝国、大韓帝国の三帝国が並び立つことになる。

一九〇四年に日本とロシアが戦争を始める。一九〇五年に第二次日韓協約で大韓帝国は外交権を失う。初代韓国統監として、伊藤博文が朝鮮（大韓帝国）に赴任する。

一九〇七年五月、親日派の李完用内閣が成立する。六月、ハーグ密使事件が起こる。七月、高宗が譲位し、純宗《スンジョン》が即位する。同月、第三次日韓協約が調印される。

一九〇八年十二月、東洋拓殖会社が設立される。

一九〇九年一月、純宗が地方巡幸し、伊藤博文統監が陪従する。同年四月には伊藤博文が韓国併合に同意し、六月に統監を辞任した。十月、ハルビン駅頭で伊藤博文が安重根《アンジュングン》に暗殺される。十二月に親日派の一進会が純宗と曾禰荒助《そねあらすけ》統監（伊藤の後任）に韓日合邦の上奏文を提出した。

一九一〇年三月、旅順で安重根が処刑される。五月、陸相・寺内正毅が統監になる。八月二十九日、ついに大韓帝国は日本に併合される。

2 衛正斥邪思想

†攘夷思想

朝鮮時代末期には、儒者たちの一部が衛正斥邪思想を打ち出した。正（正学）は儒教を意味し、邪（邪学）は西洋と倭およびその学問を意味する。儒教の正統を守り、野蛮な西洋（洋夷）と日本（倭）を排斥するという朝鮮版攘夷思想である。代表的な儒者として李《イ》恒老《ハンノ》、奇正鎮《キジョンジン》、金平黙《キムピョンムク》、崔益鉉《チェイッキョン》、柳重教《ユジュンギョ》、柳《ユ》麟錫《インソク》らがいる。

この思想の背景には、性理学の理を重視する朝鮮儒学の強い傾向がある。明が滅びたあと、明の中華は朝鮮に移行したという朝鮮版中華思想（小中華思想）が老論（李栗谷系統）を中心にひろがった。また李退渓の系統では理を極度に重視する傾向が生まれた。

朝鮮末期には、理発派として李震相《イジンサン》（一八一八〜一八八六、号は寒主《ハンジュ》、本貫は星山《ソンサン》）が特に著名であり、郭鍾錫《クァクチョンソク》（一八四六〜一九一九、号は俛宇《ミョヌ》、本貫は玄風《ヒョンプン》）がその継承者であった。気発派としては任憲晦《イムホンフェ》が著名だったが、彼の門人・田愚《チョンウ》は理気折衷論を主張した。このような流れのなかで、李恒老と奇正鎮という代表的な斥邪論者が登場した。

衛正斥邪思想の哲学的根拠はひとえに朱子学の理気論であった。彼らが衛《まも》るべきものは朱子学の理であった。彼らのいう理とは朱子学的な原理の体系であると同時に、それを完全に体現している地上唯一の政治体としての朝鮮＝中華である。現代韓国の崔根徳《チェグンドク》*は、斥邪論の性格を「理気論的斥邪論」「人獣論的斥邪論（朝鮮は人で洋倭は獣であるという考え）」「華夷論的斥邪論」に三分類するが、いずれの斥邪論も、「理気」「人獣」「華夷」の三要素を分有するものである。

†華西・李恒老

李恒老《イハンノ》（一七九二〜一八六八、号は華西《ファソ》、本貫は碧珍《ピョクチン》）の立場は韓国では、「理尊気卑論」ないし「理主気客」の主理論であるとされる。彼の主張は次のとおりである。

理は物に命じ、気は物から命じられる。理は物から命じられず、気は物に命じない。理は主であり、気は客である。理は客にはならず、気は主にならない。このような理と気の絶対的な関係は、単に形而上学の問題なのではなく、現実的な問題でもある。つまり、理が主となって気が使役されるなら、これは順理であるから物事が正しく進み、世の中は正され、天下は泰平となる。だが逆に気が主となってしまうと、これは逆理であるから物事はことごとく背馳し、世の中は乱れ、天下は危機に瀕する。そもそも理は純善であるが、気は雑駁さを持っているので、理が主となれば万物は純善になるが、気が主となれば万物は善にもなり悪にもなるのだから、予測不可能になる。このような理と気の関係は、さらに具体性を増して世界情勢にそのまま適用される。つまり、李恒老にとって理とは朝鮮を中心とする中華世界であり、気とは西洋である。朝鮮を中心とする中華世界＝理＝主＝尊であり、西洋＝気＝客＝卑である。この関係は絶対的であり、覆すことはできず、峻別しなくてはならない。中華世界は純善を求める理の主体だが、西洋は形気の奴隷となって邪欲にまみれている。朝鮮（理）が主となって西洋に命ずれば順理となり世界は正されるが、逆に西洋（気）が主となって朝鮮を使役するならば逆理となって世界は乱れ、危機に陥る。

このように李恒老は、理と気をそれぞれ実体化して朝鮮（中華世界）と西洋とに二分し、理気論が本来持っていた名分論的性格を極度にまで推し進めた。朱子学の本来の理気論は、科学的性格を強くすると、「すべてのものは気によって成っており、そこに理がいくつかの層位（一理と衆理）で存在する。その気と理の多様で複雑な関係を認識することが知るということである」という分析的な知となるが、道徳主義的な名分論の性格を強くすると、「Aは理であり

Bは気である。したがってAは尊くBは卑しい」という実体主義的・本質主義的な二項対立のイデオロギーとなってしまう。李恒老の理気論は、西洋の衝撃を受けて極度の不安に陥った中華の理の守護者が、後者の性格を極端にまで強くして到達した境地だといえる。

†蘆沙・奇正鎮

奇正鎮《キジョンジン》(一七九八〜一八七九、号は蘆沙《ノサ》、本貫は幸州《ヘンジュ》)は全羅道・淳昌《スンチャン》に生まれた。彼は理を絶対とする哲学を主唱したが、師がいたわけではなく、一生独学を貫き、全羅道・長城《チャンソン》において思索に没頭した。

奇正鎮こそは、理の絶対性を極点にまで増幅した哲学者であった。彼の立場を韓国では「理一元論」ないし「唯理論」と呼ぶ。彼の哲学は、理気二元論における理の相対的優位性を説いたのではなく、理を絶対化して「理は無対」という境地まで進んだ。理を他のもの(つまり気)との関係性において把握してはならないし、そうすることはできない、というのが彼の境地であった。「理気」という概念で捉えているかぎり、理は相対的なものとならざるをえない。事実は「理気」ではなく、絶対的(無対)な「理」のみが宇宙の根本として流行するのである。気は理のなかにあるもの(理中事)であり、理が流行する手脚(此理流行之手脚)の役割をするにすぎない。したがって理と気は二物ではない。理と気を同等の資格で分離することはできない。気は理から命令を受ける。命令をする者は主人であり、命令を受ける者はしもべとなる。しもべが苦しんで労し、主人は功を得るのが天の経、地の義である。

この考えは、現実の世界認識にも容易に移行する。すなわち、理の体現者としての支配層および朝鮮が絶対であり、それと民衆や洋倭との関係を相対的なものとして理解することはできない。支配層および朝鮮こそが宇宙における絶対的な存在なのである。

奇正鎮の哲学は門人の鄭載圭《チョンジエギュ》(一八四三～一九一一、号は老栢軒《ノベッコン》、本貫は草渓《チョゲ》)および孫の奇《キ》宇萬《ウマン》(一八四六～一九二七、号は松沙《ソンサ》、本貫は幸州《ヘンジュ》)などに受け継がれた。

†興宣大院君

朝廷において最も強く攘夷を唱えたのは、興宣大院君《フンソンデウオングン》(一八二〇～一八九八、本名は李昰応《イハウン》、単に大院君《テウオングン》とも、本貫は全州《チョンジュ》)であった。彼は高宗の実父として権力をふるった。

大院君は一八六六年に天主教(カトリック)に対する大弾圧を加え、フランス人神父九名と信者八千名を処刑した。これを丙寅教難という。これに対してフランス軍が報復したが、大院君は江華島でフランス軍を撃退した(丙寅洋擾)。また大同江ではアメリカの商船ジェネラル・シャーマン号を焼き払った。これに対しアメリカ側が江華島を攻撃したが、朝鮮側はこれを撃退した。

大院君が一八七一年に全国各地に建てた「斥和碑」は、彼の攘夷思想を凝縮したものとして有名である。そこには「洋夷侵犯　非戦則和　主和売国　戒我万年子孫（洋夷が侵犯した。戦わざるはすなわち和である。和を主とするは売国である。わが万年の子孫を戒める）」と書かれてあった。

しかし彼が息子の高宗の妃に迎え入れた閔妃と決定的に不和の状態が続き、結局このふたりの激烈な対立が朝鮮時代末期の混乱に拍車をかけることとなった。

†勉菴・崔益鉉

崔益鉉《チエイッキヨン》（一八三三〜一九〇六、号は勉菴《ミヨナム》、本貫は慶州《キヨンジユ》）は李恒老の下で学んだ剛毅な衛正斥邪論者であり、義兵闘争の指導者であった。

一八六八年に死去した李恒老や一八七九年に死去した奇正鎮に比べ、崔益鉉の時代は朝鮮（中華世界）にとってさらに危機は深まっていた。日本の侵略が強引かつあからさまに進行していた。

崔益鉉は一九〇五年の第二次日韓協約に抗議して、一九〇六年六月に蜂起した。日本に対しては謝罪と信義を回復することを求め、東洋平和のために韓日清三国の協力を説いた。単なる排外主義ではなく、日本が道徳を回復するという条件下での日中朝協力体制であった。崔益鉉は大韓帝国軍に捕らえられて対馬に送られたが、倭の粟を食らわずという気概を見せて獄中で死んだ。

彼が一九〇六年（つまり第二次日韓協約締結後）に書いた「日本政府大臣に致す書」では、日本が信義を踏みにじった罪状として以下の十六項目を挙げている。①一八八四年に竹添進一郎が朝鮮の皇上を播遷させ、宰相を殺したこと、②一八九四年に大鳥圭介が朝鮮の宮闕を焚掠したこと、③一八九五年に三浦梧楼が朝鮮の国母（閔妃＝明成皇后）を殺害するという稀代の大逆無道を働いたにもかかわらず、犯人を朝鮮に送り返さなかったこと、④林権助・長谷川好道が行った脅迫劫奪は数えきれぬが、最大の罪は鉄道敷設である。そのほか漁獲・伐採・蔘圃（朝鮮人蔘の畑）・鉱山・航海の利権など財産を奪った、⑤軍事上の必要と称して土地を強制的に占拠し、墓を暴き、家屋を壊した。小人を抜擢して賄賂を横行させた、⑥日露戦争のために鉄道を敷設し土地を収用し軍法を施行したのなら、戦争が終われば元に戻すべきなのにしない、⑦大韓の独立のためだとして賊子の李址鎔《イジヨン》を欺し、議政書を強制的に結ばせた、⑧知識人が上疏文によって訴えているのは、君王と国への忠誠心であるのに、これを捕らえて罰を与え殺す。これは忠言と公論の道を塞ぐものである、⑨東学の残党や土匪のような醜民を操って一進会のごとき団体をつくり、宣言書をつくらせてそれを民論だとし、逆に保安会や儒約所などで議論が起こるとそれは治安妨害だといって取り締まること、⑩人夫を強制的に募集して動物のようにこきつかい、少しでも意に沿わないと暴力をふるう。また愚民を募集してメキシコに売り飛ばし、そこで怨恨あふれる生を営ませた、⑪電信・郵便の支配権を奪い、通信機関を掌握した、⑫政府の各部署に顧問官を強引に配置し、高給を取りながら大韓帝国を滅ぼそうと企んでいる。特に軍警の減縮を図っている、⑬借款を強制し、「財政整理」という美名の下に新貨幣と称して旧貨と変わりないものを強要して莫大な利益を得、大韓帝国の財政を涸渇させた。通用しもしない紙片を無理に流通させ、高利を貪り、高給の顧問を招聘するなど大韓の精血を吸っている、⑭一九〇五年に伊藤博文・林権助・長谷川好道などが軍兵を率いて条約(第二次日韓協約)を強制的に結ばせ、われら政府の為政者の名をひとりひとり呼びながら条約締結の可否を問い、印章を奪って勝手に押捺し、われらの外交権を剝奪して統監を置き、われらの独立権を失わせた、⑮最初は日本が外交の監督のみをするといっておきながら、しまいには内政まで掌握し、自分たちが管掌する官庁を日々増やし、わが物顔に威嚇している、⑯移民条例を制定して強制的に人種を変えようという悪辣なたくらみをしている。

以上は、日本が犯してきた罪過のうち大きなもの一部のみを挙げたにすぎない。

3 東学

†水雲・崔済愚

一八六〇年、崔済愚《チェジェウ》（一八二四〜一八六四、号は水雲《スウン》、本貫は慶州《キョンジュ》）が慶州において、東学という新しい思想・宗教を創始した。この東学は後に一八九四年に全羅道において没落両班や農民たちが主体となって起こした蜂起（甲午東学農民戦争）の精神的拠り所となったために、特に重要である。

崔済愚の思想において著しい特徴となっているのは、そのハイブリッド性である。混淆されているのは儒教・仏教・道教だけではない。韓国における東学研究の第一人者である朴孟洙*は、東学誕生の思想的背景として、新羅の風流道、新羅の元暁、朝鮮の李退渓、西学、シャーマニズム、秘記図讖思想（予言書など）、民族固有の生命思想を挙げている（朴孟洙*『東経大全』一四〜一七頁）。

崔済愚によれば、一八六〇年という時期に、朝鮮は著しく動揺していた。政治世界だけでなく、民衆の心もまた不安と動揺に包まれていた。直接的には、アロー戦争（第二次アヘン戦争）によって北京が英国・フランス軍に占領されてしまったという衝撃的な報が朝鮮を打撃した。数百年のあいだ中華システムのなかに暮らしていた朝鮮人が、突如として西洋列強の帝国主義的な侵略という現実に驚愕したわけだ。公的には朝鮮王権は西学も西教も厳しく禁止していたが、在野の士や民衆たちは、「西洋人の武力は無敵で、新世界を創造する力も強く、それだけでなく新しい徳を打ち立ててもいる」という認識を急速に持ったようである。特に西洋人が「道を成し徳を立てた」（崔済愚の言葉）のではないかと朝鮮の人びとが語ったというのは、先に見た保守的な衛正斥邪思想が単に西洋を卑・邪・禽獣と見たのとは大いに異なる認識であった。むしろ民衆のなかには、保守的な理中心主義の名分論者たちよりももっと西洋を高く評価する軸が生まれつつあったと見るのが正しいだろう。

このような切羽詰まった危機感のなか、一八六〇年に崔済愚は突然、一種の神懸かり状態に陥る。そして上帝が彼に直接語る声を聞いた。その啓示は儒教・道教・仏教・シャーマニズムが入り混じった神秘的なものであった。崔済愚はこれを「東学」と名づけた。やがてその噂を聞きつけた知識人たちが、崔済愚のもとを訪ねるようになる。同時に彼は、二十一文字の呪文を定め、これを唱えることをもって修行とした。これは庶民にとって訴求力を持ち、たちまちのうちに広まった。またおそらく新羅の伝統を継承したものとして剣舞を重視し、侵略者へ対抗しようとした。なお、韓国では「人乃天（人すなわち天）」という言葉が崔済愚のものだという「定説」があるがこれは間違いで、崔済愚は「人乃天」とはいっていない。

だがいずれにせよ、天ないし上帝が直接降臨し、天の心がそのまま人の心であると崔済愚が説いたのは事実である。従来はこれは王権側の朱子学的世界観に対する全面的な対抗だと解釈されていたが、むしろ、天人合一という霊性的世界観をそれまで士大夫階層が独占して民衆をそこから排除していたものを、崔済愚は一気に民衆にまで開放したのだと考えたほうがよい。崔済愚の思想を極度に「反封建的」と評価するのは間違いであり、彼の思想が完全に水平志向だったわけでもない。

危機感を抱いた朝鮮朝廷は一八六三年に崔済愚を捕え、翌年、「左道乱正」の罪で梟首刑に処する。

後述する崔済愚の「不然・其然」は、元暁の和諍の論理における「不然・大然」と似ている。朴鍾鴻*は、元暁と崔済愚のあいだに一脈相通ずるものがあるのではないかと語る(『韓国思想史(仏教思想篇)』九八頁)。それだけではない。現代韓国の儒教研究者である崔在穆*は「崔済愚は李退渓左派」だとさえいう。崔済愚の思想にはあきらかに李退渓の影響があるというのだ。たしかに崔済愚の父は李退渓の学問を修めた人物であった。また崔済愚の剣舞はおそらく、新羅の花郎の影響も受けている。このように崔済愚の東学は、慶州という新羅の故地に脈々と生きる多様な思想的資源を収斂した霊性の思想であるといえる。

†崔済愚の言葉

以下、崔済愚の言葉を直接味わってみよう。崔済愚自身の告白によれば、一八六〇年四月に、突然「上帝」が彼に降りてきた。

不意に四月、心寒く身は戦《おのの》き、疾《やま》いの症状もわからず、語りえぬほどの難状のとき、何か仙人の言葉のようなものが、突然、耳中にはいってきた。驚起して相手を探して問うと、（その声は）次のようにいった。「懼《おそ》れるなかれ、恐れるなかれ。世人はわたしを上帝という。おまえは上帝を知らぬか」。（崔済愚が）なぜそうなのかと問うと、（上帝は）「わたしもまた（この世に）功がない、ゆえにおまえを世間に生んで、この法を人に教えんとするのだ。疑うでない、疑うでない」といった。（崔済愚が）「それならば、西洋の道によって人を教えるのですか」というと、（上帝は）「そうではない。わたしには靈符がある。その名は仙薬、その形は太極、あるいは弓弓の形をしている。わたしのこの符を受けて、人びとの疾病を救い、わたしの呪文を受けて、人を教えてわたしのためにするならば、おまえは長生し、天下に徳を広めることになる」といった。（崔済愚「布徳文」）

これが、崔済愚がはじめて上帝の声を聞いたときの様子である。このときの様子を、さらに詳しく、彼は別の文で次のように描写している。当時の朝鮮を取り巻く状況の混乱と、民心の極度の不安に、崔済愚の心が完全に同期していることがわかる。

庚申の年（一八六〇年）、建巳の月（陰暦四月）に、天下が紛乱し、民心は淆薄となり、方向性がまったくわからなくなった。また怪違の説があり、世間を大混乱に陥れた。西洋の人が、道を成し徳を立てたという。その造化するに及んでは、なさざることがなく、武器によって攻撃し戦闘するに及んでは、その前に立って立ち向かえる人とてない（という説だ）。（中略）わたしもまた悚然とし、ただひたすらこの世に遅く生まれたことを恨んでいたのだが、そのとき、身がふるえ、悪寒がし、身体の外には接霊の気があり、身体の内には降話の教があった。これを視れども見えず、聴けども聞こえず、心は怪訝であったが、心を修めて気を正して、「どうしてこのようなのか」と問うた。するとその声がいった。「わたしの心はすなわちおまえの心である（吾心即汝心）。人びとはどうしてこのことを知るか。（人びとは）天地を知るが鬼神を知らない。鬼神とはわたしである。おまえに無窮無窮の道を与える」（崔済愚「論学文」）

このようにして上帝＝天主（ハヌルリム）を受け入れた崔済愚のもとに、やがて遠くから知識人たち（四方賢士）が集まってくるようになる。そして崔済愚は、その人たちに教えを伝えるようになる。

崔済愚によれば、彼の教えの名は「天道」である。西洋の道とは同じであるが、理が違うという。つまり崔済愚の道は無為にして化すものである。道が同じだからといってこれを西学ということはできず、これを東学という。

重要なのは、上帝＝天主＝ハヌルリムが「吾心即汝心」と語る場面である。これは客観化した表現では「天心即人心」ともいわれる。すなわち天の超越的な神の心が、人びとの心そのものであるというのである。

また崔済愚の重要な概念として、「ふたたび開闢《かいびゃく》」（「夢中老少問答歌」）つまり「後天開闢」がある。世界秩序の大転換のときを迎え、これまでの歴史の運行とは根本的に質の異なる天地が開闢しなくてはならない、という叫びであった。

†呪文

崔済愚が上帝＝天主（ハヌルリム）から道を受けたのが一八六〇年四月五日（陰暦）であった。その後彼は約一年のあいだ修練を積み、一八六一年三月から四月に呪文と「布徳文」などをつくって、六月頃から東学を広めはじめた。呪文を人びとに与え、霊符で病を治療したという。

東学においてもっとも重要とされている呪文には、「先生呪文」と「弟子呪文」がある。前者には「降霊呪文」と「本呪文」があり、後者には「初学呪文」「降霊呪文」「本呪文」がある。このうち「弟子呪文」の「降霊呪文」八文字と「本呪文」十三文字を合わせたものを「二十一文字呪文」といい、これはあたかも日本の浄土真宗における「南無阿弥陀仏」と同様、東学においてもっとも重要な文字となる。

先生呪文　降霊呪文　至気今至四月来
　　　　　本呪文　　侍天主令我長生　無窮無窮万事知
弟子呪文　初学呪文　為天主願我情　永世不忘万事宜
　　　　　降霊呪文　至気今至願為大降
　　　　　本呪文　　侍天主造化定　永世不忘万事知

【意味】（崔済愚による説明）
先生呪文　降霊呪文　究極的な渾元の一気がいままさに至って道にはいり、気が接するのを知るとき、四月が来たれり
　　　　　本呪文　　天主をさぶらい、内に神霊を迎え、外に気化を得れば、われをして

長生させ、無窮無窮の万事を知らしめる

弟子呪文　初学呪文　天主のためにすればわが情を願われ　永世に忘れないならば万事が宜しくなる

降霊呪文　究極的な渾元の一気がいままさに至って道にはいり、気が接するのを知るとき、願わくば大きな降臨があり、気化することを

本呪文　天主をさぶらい、内に神霊を迎え、外に気化を得れば、無為にして造化が定まり　永世に忘れないならば万事が知られる

崔済愚はこの呪文について「論学文」で以下のように説明している。

「至気」というのはきわめて重要な語だが、この「気」は「虚霊蒼蒼、事として渉らざるものなく、事として命ぜざるものなく」の意であり、つまり「渾元之一気」である。

この教えの核心は「侍天主」であるが、崔済愚によればこの「侍」というのは、「内有神霊、外有気化、一世之人、各知不移（内に神霊があり、外に気化があり、世のすべての人がこの霊性のなかにあることを知る）」の意である。「侍天主」は「天主を侍す」という意だが、朝鮮語では「モシダ」と訓ずるこの「侍」字をどう解釈するかで諸説がある。「はべる」「たてまつる」「仕

える」などという訓があるが、わたし（小倉）は「さぶらう」と解釈するのがもっともよいと考える。崔済愚の「侍（モシダ）」は、「侍」の主体と客体が離れているのではなく、ひとつになると同時に敬してたてまつるのである。

†不然其然

一八六三年十一月、つまり逮捕される約一年前に、崔済愚は「不然其然」という不思議な文を書く。

其然によって見るなら其然にして其然だが、不然を探求して思考するなら不然にして不然である。（中略）必然的といいがたいものは不然であり、容易に断定しうるものが不然である。根源を探究して比較検討すれば、不然であり不然、つまり不然そのものである。だが造物者に付託してみるなら、其然であり其然、つまり其然の理そのものなのである。（「不然其然」）

「其然（そのとおりである）」と「不然（そうではない）」がなにを指すのかは明瞭でなく、実に多様な解釈がある。たとえば朴孟洙*は「人間の経験と理性で理解が可能な世界」が「其然」で、「人間の経験と理性で理解できない世界」が「不然」だとする（朴孟洙*『東経大全』八二頁）。また金容沃《キムヨンオク》*は「文明以前の世界を不然と言い、文明以後の世界を其然と言った。其然というのは、私たちの常識的因果が通じる世界であり、不然というのは、そのような因果から断絶された世界である」（金容沃*「気哲学の構造」『思想』七九二号、二九一頁）という。

わたし（小倉）はこれは、崔済愚がみずからに対する政治的圧迫と世界情勢の地殻変動を強く感じ取りながら、いままで朝鮮人が信じて生きていた分節化のあり方が根本的に大変革を迎えているのだという言表だと考える。「其然」とは朱子学的な理による分節化によって区分され意味付与され価値付与された自然道徳的世界である。朝鮮人はこの世界に数百年のあいだ暮らしながら、それを自明な（其然）ものとしてきた。この「其然」の世界を認識することが理性であり、認識できる人間が士大夫（知識人）だと考えてきた。

だがいまや世界は文明的大転換のときを迎えている。これまで「そうだ」（其然）と思ってきた分節化の世界は完全に混乱した。「そうでない」（不然）という世界を受け入れず、それを排除するのか。そうではなく、「不然」を受け入れてそれを新しい「其然」とするのか。受け入れれば後天開闢できるが、受け入れなければ後天は開闢しない。このぎりぎりの臨界点にいまわれわれが立っていることを、どうして旧い理（其然）の世界の人間はわからぬのか。……これが、崔済愚のいいたいことだったにちがいない。

†東学の意味

朝鮮における東学思想の重要性は過小評価されてはならない。その反腐敗・反封建主義・反帝国主義の主張は、十九世紀後半という東アジアの激動期にあって、きわめて重要であるのは言を俟たない。それとともに重要なのは、従来きわめてエリート主義であった朝鮮の思想において、ほぼ史上初めてといってよい平等思想が炸裂したという事実である。ヨーロッパではプロテスタント、日本では親鸞の思想が、それ以前の厳しい階級制度、宗教組織の繁文縟礼を打破する水平志向の革新運動としてすでに存在した。しかし朝鮮では十九世紀に至るまで、朱子学という極度に上下の垂直的秩序を強調する高度なエリート主義的哲学的教理が社会を支配した。このことは、民衆の宗教・思想的な実践がなかったことを意味しない。民衆層は主に仏教とシャーマニズムおよび風水思想、予言思想などを熱烈に信じてきた。だが、社会の階級・階層秩序を下から打ち壊す思想は出てこなかった。東学はその意味で画期的なのである。

　東学の平等思想が十九世紀朝鮮に出現したという事実は、それが自国内の反腐敗運動の原動力になっただけではなく、帝国主義の大波のさなかでそれに対して下から抗うという方向性を、十九世紀のほかのどの東アジア思想よりも鮮明に打ち出すことができたという意味できわめて重要なのである。近代に、日本の浄土真宗が帝国主義側の思想に変質してしまい、日本の侵略行為と同伴した事実と鮮明な対比ができるだろう。

なお、東学の「平等」思想は、朝鮮王朝を否定するような西洋近代的な民主主義思想ではない。

また気の思想が社会の底辺層の世界観であったわけではない。あくまでもそれは、エリート層の抽象的な観念であった。このところが従来の思想史においては誤解されていた点である。「気一元論は民衆の思想」というのは端的に間違いなのである。

†海月・崔時亨

さて、崔済愚の死後、崔時亨《チエシヒヨン》(一八二七〜一八九八、号・海月《ヘウオル》、本貫は慶州《キヨンジユ》)が第二代教主となった。彼は崔済愚を尊崇し、崔済愚の教えを復元、編集して刊行した。漢文体の『東経大全』と訓民正音の『竜潭遺詞』とである。崔時亨の時代に東学は慶尚道から全羅道にかけて急速に広まり、教団組織も整った。各地域の最小単位を「包」と呼び、接主がこれを率いた。接主のうえには都接主を置き、もっとも大きな単位として中央の道主があった。整然たる自治の組織の誕生であった。

一八九二年には、かつて処刑された崔済愚の冤を晴らす運動(解冤運動)を全羅道および忠清道で大々的に繰り広げた。これがひとつの契機となって、一八九四年の甲午東学農民戦争が勃発した。

崔時亨は崔済愚の後を継いだ人物であり、師をもちろん尊崇していたが、実はこのふたりの世界観はかなり異なるものだった。ひとことでいえば、崔済愚はシャーマニズム的な世界観の持ち主であったのに対し、崔時亨はアニミズム的な世界観の持ち主だったのである。崔時亨が第二代教主となることによって、東学は、メシアニズム的な思想の軸（崔済愚の軸）に、万物一体的な水平志向の思想の軸（崔時亨の軸）が合体した宗教として変身したといってよい。

崔時亨は「人＝天」という等式を土台とした、徹底した平等思想の持ち主だった。子どもがやって来ても「ハヌニム（神様）がいらっしゃった」といえと教えた。彼の水平志向性は生ける者どうしだけではなかった。死者とのあいだやものとのあいだにも水平志向を貫いた。祭祀における先祖崇拝のための位牌や食べものを死者のためでなく死者と生者のために置くこと（向我設位という）や、食事をすることを「以天食天（天を以て天を食う）」と表現したことも、その表われである（「以天食天」の思想は、一九七〇年代になって韓国の金芝河により「めしが天である」という思想に継承される）。

†崔時亨の言葉

崔時亨の思想とはどのようなものであったのか。ここでは、呉知泳の『東学史』を引用しよう。

先生は道を教えるときいつも、「人に事《つか》うること天の如し」ということばを唯一の訓話とした。人と人の間で、富貴貧賤・老若男女・嫡子か妾腹の子か、主人か奴隷かなどの別をわかってはならぬとし、人と人とが相い会するときには互いに礼をすべきことを教えた。天地も鬼神もすべて我が身に在るのだから、およそ祭祀を行なうときには自分の方に正面を向けて位牌を設けて儀式を行なえと教えた。（呉知泳『東学史』七二頁）

また、「水雲先生の臨終の時に私が受けついだのは『守心正気』の四字だけである。『守心正気』は吾道の精神である。（中略）我の一気は宇宙の元気と相通ずるものであり、我の一心は『造化』のしからしむところであるとともに一個人の活用である。したがって、天は即ち我であり、我は即ち天である」とも教えた。（呉知泳『東学史』七三〜七四頁）

道を修める次第は、天を敬い、人を敬い、物を敬うことなのである。（中略）物を敬うことができない者を、どうして天と人を敬う者ということができようか？（呉知泳『東学史』八六頁）

「天を以て天を食う」は天地の大法である。物みななお我の同胞であり、物みなまた天の表現であるから、物をうやまうことは天をうやまうことであり、天を養うことである。天地神明が物から（人へと）推移するのである。諸君は物を食うことは天を食うことだと知り、人が来ることは天が来ることだと知れ。（呉知泳『東学史』八七頁）

崔時亨によれば、人間はすべて天（ハヌルリム）である。人間だけではなく、あらゆる自然も物もすべて天（ハヌルリム）であり、人や動物や天地の動き、心、行為や行動のすべてが天（ハヌルリム）であり、また天（ハヌルリム）の造化なのであった。ここではすでに師の崔済愚が持っていた垂直的な（ただし水平性と矛盾しない）上帝という観念は稀薄になっている。朝鮮思想においてアニミズム的な世界観が前面に出るのは、この崔時亨がほとんど唯一の例であるといってよいのである。

なお、韓国でも「人乃天《インネチヨン》（人すなわち天）」というのが崔済愚の思想の核心であるという説明がよくなされるが、正確にいえばこれは東学第二代教主である崔時亨の思想を第三代教主の孫秉熙がコンセプト化したものであり、崔済愚はこの言葉を語ってはいない。

†韓国・北朝鮮における東学の評価

現代韓国において、自国の思想を語るときに東学を語らないことは考えられない。それほど、民主化以降の韓国において、自民族の思想資源としての東学の重要性は莫大なものと把えられている。現代韓国の鬼才・金容沃《キムヨンオク》*は、「東学は、最近の一九八七年「六月革命」を別にすれば、朝鮮史上最大の民衆運動である。東学は十九世紀後半の朝鮮民衆の心霊を把え、二十世紀のすべての近代性の土着的基盤を形成した。二十一世紀を目前にした今日、東学は新たに胎動している」（金容沃*「気哲学の構造」『思想』七九二号、二九一頁）という。

なお、現代韓国において東学をもっとも深く研究しているのは、朴孟洙《パクメンス》*である。彼は韓国全土をくまなく巡って東学関係の史料や証言を集めただけでなく、女性たちが執筆する東学の小説シリーズを企画するなど、東学の現代化に積極的に取り組む。張壹淳および金芝河による「死の文明から生かしの文明へ」という思想を東学を通して実践する。「死の文明」とは近代の武器・戦争・科学技術の文明であり、「生かしの文明」とは相生と平和と霊性の文明である。このような運動を通しても、東学は現代社会に生き生きとした霊性を惜しみなく提供している。

北朝鮮においては、東学は朝鮮思想史における気一元論の絶頂として、全朝鮮思想における最高の到達点として評価されている。以下は、鄭鎮石*・鄭聖哲*・金昌元*による崔時亨に対する評価である。

東学思想におけるおもな哲学的内容は、唯気論的な唯物論を中心にして、独創的に体系化した汎神論的な見解である。（中略）かれは、人間がすなわち神であり、人心がすなわち天心であるといったが、これは、人間理性にたいする尊重であり、封建的な秩序から個性の解放を要求するのと一致する思想であった。これは、当時の歴史的な条件のもとでは、進歩的な側面であった。このようなかれの思想は、当時の封建秩序に反対する農民の思想を表現した。
（鄭鎮石*・鄭聖哲*・金昌元*『朝鮮哲學史』三三〇～三三一頁）

「人心即天心＝理性尊重＝反封建的＝個性の解放＝農民の思想＝進歩的」という図式はいかにも無理がある。

†甲午東学農民戦争、東学から天道教へ

一八九四年、全羅道で全琫準《チョンボンジュン》（一八五四～一八九五、号は海夢《ヘモン》、緑豆《ノクトウ》将軍と呼ばれる。本貫は天《チョ》安《ナン》）が蜂起をする。直接の理由は、地方官史の腐敗・圧政への抵抗であった。古阜《コブ》郡守の趙秉《チョビョン》甲《ガプ》は稀代の悪代官であったとされる。この地方長官に対する蜂起が、「斥倭洋倡義」という排

外思想と結びついているところが、近代以降の韓国における示威行動の原型となっているといってよい。つまり直接の導火線は自国の政治の腐敗によるものなのだが、そこに火がつくと、強大ないし邪悪な外国勢力に対しての爆発となるのである。

さて、東学は大韓帝国から植民地時代にかけて、その傍流が親日的な立場を明確にするに至る。この部分は、現在にいたるまで論争の的となっている。なぜ西洋と日本の勢力に反対する立場だった東学が、その後立場を変えたのか、ということである。親日団体である一進会《イルジンフェ》をめぐるこの動きに関しては、第八章で述べる。

4 開化思想、愛国啓蒙思想、東洋連帯論など

†開化思想

十九世紀の終わりに、開化思想が登場する。開化思想の推進者は開化派であった。開化派は、十八世紀の北学派の巨頭であった燕巖・朴趾源の孫である朴珪寿《パクキュス》（一八〇七～一八七七、号は瓛齋《ファンジェ》、本貫は潘南《パンナム》）に始まるという説が一般的である。その門下に朴泳教《パクヨンギョ》（一八四九～一八八四、本貫は潘南《パンナム》）、朴泳孝《パクヨンヒョ》（一八六一～一九三九、本貫は潘南《パンナム》）、徐光範《ソグアンボム》（一八五九～一

八九七、号は緯山《ウイサン》、本貫は大邱《テグ》）、洪英植《ホンヨンシク》（一八五六〜一八八四、号は琴石《クムソク》、本貫は南陽《ナミヤン》）らが育った。朴珪寿の死後、開化派が形成されていく過程で重要な役割を果たしたのが、訳官の呉慶錫《オギョンソク》（一八三一〜一八七九、号は亦梅《ヨンメ》、本貫は海州《ヘジュ》）、漢医の劉鴻基《ユホンギ》（一八三一〜一八八四?、号は大致《テチ》、本貫は漢陽《ハニャン》）、僧侶の李東仁《イドンイン》（一八四九?〜一八八一、法名は浅湖《チョンホ》）らであった。一八八四年の甲申政変、一八九四〜九五年の甲午改革に際して主導した勢力が開化派である。

開化派はふつう、「急進派」と「穏健派」に分けられる。

「急進派」は、守旧派から権力を奪取し、一気に変法を目指した。一八八四年の甲申政変を主導して失敗した勢力であり、金玉均《キムオクキュン》（一八五一〜一八九四、号は古筠《コギュン》、本貫は新安東《シンアンドン》＝壮洞《チャンドン》）、朴泳孝、洪英植などがいる。

これに対して「穏健派」は、清との関係を破棄せずに、そのまま開国して近代化していくというシナリオを持った。守旧派と妥協もしながら漸進的な改革を目指した。「急進派」の失敗を受けて一八九四〜九五年の甲午改革を主導した勢力であり、金弘集《キムホンジプ》（一八四二〜一八九六、号は道園《トウオン》、本貫は慶州《キョンジュ》）、金允植《キムユンシク》（一八三五〜一九二二、号は雲養《ウニャン》、本貫は清風《チョンプン》）、魚允中《オユンジュン》（一八四八〜一八九六、号は一齋《イルチエ》、本貫は咸従《ハムジョン》）、兪吉濬《ユキルジュン》（一八五六〜一九一四、号は天民《チョンミン》、本貫は杞渓《キゲ》）などがいる。

†独立協会と愛国啓蒙思想

清からの独立を推進する勢力は一八九六年、独立協会《トンニプヒョッペ》を結成する。主要なメンバーは徐載弼《ソジェピル》（一八六四～一九五一、号は松齋《ソンジェ》、本貫は大邱《テグ》）、李《イ》商在《サンジェ》（一八五〇～一九二七、号は月南《ウォルナム》）、尹致昊《ユンチホ》（一八六四～一九四五、号は佐翁《チャオン》、本貫は海平《ヘピョン》）らであった。彼らが発刊した『独立新聞』創刊号では、徐載弼が漢文ではなく訓民正音でコミュニケーションを推進することを宣言した。朝鮮王朝は一八九七年に清から独立する。

また、大韓帝国期から、朝鮮ないし韓国（大韓帝国）を近代的な主権国家として明確に認識し、愛国および啓蒙の思想を精力的に展開した知識人が輩出した。代表的な人物としては朴殷植、張志淵、申采浩などがいる。彼らの言論活動は、一九一〇年の韓国併合以後さらに激烈になっていくので、彼らに関しては次章で語ることにする。

†東洋連帯論

朝鮮末期から大韓帝国期には、東洋連帯論が多様に唱えられた。衛正斥邪思想や抗日思想に比べると日本に対する対決姿勢が強固ではないので、韓国ではさして評価されない思想である。しかし実際には、現代韓国人が考えている以上に東洋連帯論の立場を取っていた人物は多かった。現代韓国で代表的な抗日の英雄（義士）とされている安重根も、その思想の本質は東洋（中韓日）連帯論であった。その連帯を日本の為政者が阻むので抗日をするのである。また一九一九年の三・一独立運動における独立宣言書も、狭い意味では抗日思想ではあるが、広い意味では東洋（朝日）連帯論であった（この点が韓国では批判されもする）。

一九〇九年にハルビン駅で伊藤博文を暗殺した安重根《アンジュングン》（一八七九〜一九一〇、本貫は順興《スヌン》）は、中韓日の東洋連帯主義者だった。彼の思想遍歴は多重的である。若き安重根は一八九四年の甲午東学農民戦争の際には朝鮮政府側の義兵として農民軍を相手に戦った。その後カトリックの洗礼を受け、上海に赴いた後、朝鮮に戻って愛国啓蒙運動に邁進した。一九〇七年にはウラジオストクで義兵闘争を開始するが敗北する。一九〇九年に伊藤を暗殺して逮捕された後は、死刑判決を受けて旅順監獄で処刑された。獄中で「東洋平和論」を書く。ここで彼は、中韓日三国による東洋平和会議の設立や、共同銀行・共同貨幣を発行して経済を共同で発展させること、三国の青年をして二カ国語以上の教育をし、平和軍を創設すること、そして中国・韓国に対して日本がその行為を反省することなどを主張した。元来は韓国併合に反対だった伊藤を暗殺したことは高く評価できないが、彼の理想は二十一世紀の今日でも東アジアの指針となりうるものである。

安重根はもちろん親日派ではなく独立運動家であるが、彼の思想の中身は実は日本との連帯論なのであって、単なる抗日論者ではなかった。なお、彼の人格と思想は同時代の日本人に感銘を与えており、安重根を尊崇する日本人もいた。

†親日派および親日団体

朝鮮時代末期から大韓帝国期には、親日団体が生まれた。東学の傍流と関連する一進会がその代表的な存在である。親日団体に対しては、韓国でも北朝鮮でも、百パーセント否定的な評価しかないのは当然であるが、客観的で冷静な分析の対象となっているわけではなく、とにかく民族反逆者として頭から断罪するという論調しかない。一進会を肯定的に評価する論調が金輪際皆無であるのは無論だが、一進会とはどういう団体であったのか、彼らの主張には一分の理もなかったのか、ということすら一切問われない状況は、好ましくないだろう。この時期になぜ強力な親日団体が生まれ、伊藤博文の保護国化政策に反対して積極的に日韓合併を主張したのかということに関しては、感情論ではなく冷静な学問的分析が必要なはずだ。

5　宗教

†仏教

朝鮮末期の仏教の様相は、曖昧としている。かなり疲弊していたという説と、そうでないという説がある。一八九四年から一八九七年まで朝鮮を旅した英国人イザベラ・ビショップ・バードは、次のように書いている。現代の韓国人が聞いたら大いに不快になるにちがいない記述である。

この深山に隠遁してしまった瀕死の仏教は、鬼神信仰を上塗りされ、清国の仏教と同じようになかば神格化されたおおぜいの聖者の下で窒息しかけている。たとえば門徒のような日本の大きな仏教改革派の特色である、正義を求める崇高な目的や向上心はなにも見られない。(改行)修行僧たちはひどく無学で迷信深い。みずから信仰している宗教の歴史や教義についてほとんどなにも知らない。(イザベラ・バード著、時岡敬子訳『朝鮮紀行』一八七頁)

朝鮮時代の五百年間虐げられてきた仏教の瀕死の姿が、これなのか。単なる西洋の旅行者の目に見えた宗教の現場の描写をそのまま信じるわけにはゆかないが、そこにあるていどの事実があることもたしかであろう。同時代の日本人の目にも、同じように見えたようである。併合植民地期の日本人学者・高橋亨*も、「李朝仏教は疲弊している」と見た。だが、このような見方は韓国人からはもちろん、「帝国主義者の見方」「植民地主義者の見方」「西洋中心の見方」として批判され、糾弾される。しかしかといって、韓国人学者から「西洋人や日本人の見方とは根本的に異なる朝鮮末期の仏教の実態」がどういうものであったのかに関して、説得力のある説明を聞くことはできない。ここがおそらく問題なのである。

明治のはじめから、日本仏教が朝鮮に流入する。天正時代に釜山に布教した奥村浄信の末裔である大谷派本願寺の奥村円心が、一八七七（明治十）年に釜山で布教した。これは明治政府による国策によるものであった。彼は仏教の布教とともに救貧の慈善事業をしたが、これが朝鮮における日本人による最初の社会事業となった。一八八一（明治十四）年には、日蓮宗の渡辺日運が布教を始めた。日清戦争までにこの二宗が朝鮮にはいりこんだ。日清戦争から日露戦争までの時期には、本派本願寺派の中山唯然と浄土宗の三隅田持門が釜山で布教を開始した。日露戦争後には、真言宗、曹洞宗、臨済宗も布教を始めた（江田俊雄*『朝鮮仏教史の研究』四二七頁）。

なお朝鮮時代には、仏教の僧侶は漢城（ソウル）城内に出入りすることができなかった。壬辰倭乱のときは義兵軍が活躍したため、城内への出入りが許されたが、一六二三年に再び出入り禁止となった。ところが朝鮮時代末期に日本の僧侶が朝鮮にはいると、彼らは漢城城内への出入りが許され、ソウルに布教の場を持った。日蓮宗の佐野前励が一八九五年に金弘集・総理大臣に朝鮮僧侶の漢城への入城を許すことを上書し、許可された。一八九六年には朝鮮僧侶と日本僧侶が合同でソウル城内で無遮大法会を行った。これ以後、朝鮮の僧侶もソウル城内で布教することができるようになった（金煐泰*『韓国仏教史概説』二二二頁）。

朝鮮末期、大韓帝国期の代表的な僧は以下のとおり。

李東仁《イドンイン》。開化思想の持ち主で、一八七九年に日本に渡って外交活動をする。福沢諭吉と交流し、文明開化の現場を知る。東本願寺で浄土真宗の僧侶となる。

鏡虚《キヨンホ》禅師（一八四九～一九一二）。近代禅を開始した。満空の師であり、無所有を唱えた。

†キリスト教

朝鮮時代におけるカトリックに対する最後の、そして最大の弾圧は、興宣大院君の時代に起き、一八七二年まで続いた（第六章参照）。

一八八六年に朝鮮はフランスと条約を結んだが、これによりフランスは信仰の自由と政教分離の原則を朝鮮に認めさせた。これは近代の入り口に立つ朝鮮にとって、宗教分野における最大の出来事であった。このときまで天主教徒は喪服を着ていたのだが、それからも自由になり、布教活動を始めた。フランスの宣教師は「洋大人」と呼ばれ、治外法権を享受するなど、十数年前の興宣大院君による大弾圧のときとは百八十度異なる立場に立った。

朝鮮にプロテスタントが流入したのは一八八五年だった。カトリックへの最後の大弾圧から十数年後である。この年、アペンゼラー（朝鮮メソジストの開拓者）とアンダーウッド（朝鮮長老教の開拓者）が仁川から朝鮮に入った。アペンゼラーは貞洞《チヨンドン》第一監理教会と培材《ペジエ》学堂を設立した。アンダーウッドは延禧《ヨニ》専門学校（現在の延世《ヨンセ》大学校の前身）を設立した。

プロテスタントは、宣教・教育・医療の三つの事業を積極的に展開し、瞬く間に勢力を拡大した。特に婦女子と労働者大衆に向けての宣教に力を入れた。一八八六年には女性の教育機関である梨花《イファ》学堂（現在の梨花女子大学校の前身となる女子中学校）が設立された。

一九〇〇年に『新約聖書』が朝鮮語に完訳される（『新約全書』）。『旧約』の完訳は一九一一年のことである（『旧約全書』）。この翻訳事業を通して、近代朝鮮語が文法・語彙・正書法の面で飛躍的に発展した。

一九〇七年には復興会運動が展開され、信者数を大きく増やした。一九〇〇年のキリスト教信者数は八万人ほどだったが、一九一〇年には二十万人になった。

尹致昊《ユンチホ》（前出）は米国で神学を学んだ最初の朝鮮人だった。米国に行く前には日本に二年間滞在し、中村正直や福沢諭吉に学んだ。

この時期の重要なプロテスタント系人物としては、崔炳憲《チエビヨンホン》（一八五八～一九二七、号は濯斯《タクサ》）

や吉善宙《キルソンジュ》（一八六九〜一九三五、号は霊溪《ヨンゲ》）などがいる。

†新興宗教

この時期には、民族の危機、西洋的知の流入、日本の国粋主義の影響などにより、朝鮮で多くの新興宗教が創始された。それらは苦難と試練を乗り越えて、現在に至るまで大きな勢力を拡大してきたものも多い。

もっとも強力な新興宗教のひとつが、甑山教《チュンサンギョ》である。姜一淳《カンイルスン》（一八七一〜一九〇九、号は甑山《チュンサン》、本貫は晋州《チンジュ》）によって創始された。甑山教は現在の韓国においてもかなり強い影響力を持っている。

また一九〇九年に羅喆《ナチヨル》（一八六三〜一九一六、号は弘巌《ホンアム》、本貫は羅州《ナジュ》）によって大倧教《テジョンギョ》が始められた。檀君神話にもとづく国粋主義の宗教である。羅喆の宗教は哲学的でもある。三と一を宇宙の根本とする「三・一哲学」がそれである。

第八章　併合植民地期

1　略史と文化

†長州の役割

一九一〇年八月に、日本（大日本帝国）と韓国（大韓帝国）は併合される。朝鮮側は義兵闘争などで抵抗するが、日本は着々と侵略政策を実施する。

なお、日本の朝鮮支配に最初からもっとも深く関わったのは長州藩出身者であった。特に統治の初期における要職は長州閥が占めた。これは、ある外国の統治に日本の特定地域出身者がほぼ全面的に関係したという点で、きわめて特徴的な事例であった。長州藩出身者が朝鮮で行ったことの暴力性は、突出している。この事実はもっと注目されてよいであろう。

歴代の韓国統監と朝鮮総督は以下の通りである。伊藤博文（初代韓国統監、長州）、曾禰荒助（第二代韓国統監、長州）、寺内正毅（第三代韓国統監および初代朝鮮総督、長州）、長谷川好道（第二代朝鮮総督、長州)、齋藤実(第三代および第五代朝鮮総督、水沢出身、父は水沢藩士)、山梨半造(第四代朝鮮総督、相模国大住郡出身)、宇垣一成(第六代朝鮮総督、備前国磐梨郡出身)、南次郎(第七代朝鮮総督、大分県国東郡出身)、小磯国昭(第八代朝鮮総督、栃木県宇都宮出身、父は新庄藩士)、阿部信行(第九代朝鮮総督、金沢出身、父は金沢藩士)である。長谷川好道までは武断統治といわれる苛酷な暴力的統治をした。水沢(現・岩手県)出身の齋藤実以降、文化統治と呼ばれる比較的柔軟なやり方に劇的に変わった。

長州出身者であれ非長州出身者であれ、侵略者であることには変わりはないのだから、後者のみを高く評価することは意味のないことなので避けたいが、一点だけ付け加えるなら、台湾の総督府民政長官をつとめた後藤新平もまた、齋藤実と同じく水沢出身であった。伊藤博文にハルビン行きを強く勧めたのが後藤新平であった(ロシア蔵相ココツェフと会うため)。伊藤は乗り気でなかったが、後藤の強い勧めによって一九〇九年十月にハルビンに赴く。そこで安重根に殺されるのである。

この背景には、後藤と伊藤の大陸認識の違いがあった。伊藤は元来、東アジアよりも英米を中心とした西洋との関係を重視する考えを持っていた。しかし後藤は、伊藤にもっと積極的に朝鮮・満州に関わることを要求した。そのためにはロシアとの関係が決定的に重要である。東アジアの複雑な関係性を熟知していた後藤は、日本はすでに東アジアに深入りしてしまったので、英米との関係のみを軸にしていいてはならない、と考えたのである。

山県有朋のような侵略派であれ伊藤のような消極派であれ、長州閥の朝鮮への関わり方は多面性・多角性を欠いているようだ。三浦梧楼（長州奇兵隊出身）のような盲目的猪突猛進性も持つ。これに対して後藤や齋藤の場合は、より重層的・深謀遠慮的であり、事態の多面性をよく理解しようとしたようだ。明治維新の際に勝利した長州と、敗北した東北地方の心性の違いが現われているのかもしれない。

†略史

日本は土地調査事業を通して、それまで曖昧だった朝鮮人の土地の所有権を確定した。この事業の結果、朝鮮全土の約四〇パーセントの土地が総督府のものとなったとされる（ただし諸説がある）。併合植民地朝鮮の貧困は、この土地事業と深く関係するという説が有力だが、それに反対する説も近年説得力を増している。

併合植民地支配をはじめてから一九一九年までの統治を、一般に、武断統治という。

一九一九年二月八日に東京で朝鮮人留学生たち（朝鮮青年独立団）によって独立宣言書が発せられる。

同年三月一日に、朝鮮で独立宣言書が発表され、大規模な独立運動が起こる。日本ではこれを「万歳運動」とも呼んだ。独立宣言書は天道教の孫秉熙《ソンビョンヒ》（一八六一～一九二二、道号は義菴《ウィアム》、本貫は密陽《ミリャン》）、キリスト教の李《イ》昇薫《スンフン》（一八六四～一九三〇）、仏教の韓龍雲《ハンヨンウン》（一八七九～一九四四）らによって起草された。宣言書に署名したのは民族代表三十三人だったが、その内訳は、天道教徒十五名、キリスト教徒十六名、仏教徒二名だった。三月一日以後、京城での運動に呼応して、朝鮮各地で「独立万歳」が叫ばれる。その過程で多くの朝鮮人が犠牲になった。京城の梨花学堂に学んでいた女学生・柳寛順《ユグァンスン》（一九〇二～一九二〇、戸籍名は柳冠順、本貫は高興《コフン》）は故郷・天安に帰ってそこで「万歳運動」に加わり、逮捕されて拷問を受け、西大門刑務所で十七歳のいのちを奪われた。彼女は「朝鮮（韓国）のジャンヌ・ダルク」と呼ばれ、韓国では殉国烈士として深く尊敬されている。

この独立運動を契機に総督府の統治方針が武断統治から文化統治に変わったとされる。

一九二〇年には『朝鮮日報』『東亜日報』という新聞が発刊される（両方とも今日でも韓国を代表する日刊紙である）。

一九二五年に日本で治安維持法が制定される。これは朝鮮にも施行されたが、治安維持法とセットにして内地では施行された普通選挙法は、朝鮮では施行されなかった。普通選挙法は属人主義ではなく属地主義を取っていたので、朝鮮人だけでなく、朝鮮在住の日本人にも施行されなかった。逆に日本在住の朝鮮人には選挙権も被選挙権も与えられたので、衆議院議員になる朝鮮人（朴春琴《パクチュングム》、一八九一〜一九七三）も出た。

一九二九年には光州で日本人の学生が朝鮮人の女学生の髪をひっぱりからかったことから朝鮮人学生が立ち上がり、大規模な光州学生抗日運動が起こる。

一九四〇年に創氏改名が始まる。これは儒教式の姓システムを持っていた朝鮮人に対して、日本式の氏のシステムを導入しようとしたものである。単に金という姓を金田という日本式の苗字に変えるということではなく、朝鮮人の家族・血族制度を根底から変えるものであった。

なお、一九三〇年代末から学校や公的時空間では日本語を使用することが義務づけられ、朝鮮語が禁止された。これを解放後の北朝鮮でも韓国でもふつう「朝鮮語ないし韓国語が抹殺された」と表現するが、誤解を招く言葉である。公的時空間での使用を禁じられただけなので、もちろん朝鮮語が「抹殺」されたわけではない。ただ、朝鮮語の霊性を私的時空間に封じ込め、日本語のヘゲモニーを圧倒的な優位に置いた政策を総督府が展開したことはたしかである。

†併合植民地の性格

一九一〇年の韓国併合から一九四五年の解放までの期間を、本書では「併合植民地期」と呼ぶ。その間の朝鮮は「併合植民地」である。

この期間において、台湾や朝鮮の併合植民地を含んだ広い意味での日本を〈日本1〉とし、植民地を持つ前のいわゆる内地のみの日本を〈日本2〉とする（琉球＝沖縄や樺太＝サハリンも〈日本2〉からは除外される）。さらに、日本の併合植民地となって〈日本1〉の構成員となった朝鮮を〈朝鮮1〉とし、〈日本2〉と区別される民族共同体としての朝鮮を〈朝鮮2〉とする。この〈日本1〉と〈日本2〉の区別、〈朝鮮1〉と〈朝鮮2〉の区別が曖昧なことが、併合植民地時期の様々な認識に混乱を引き起こしている。

この期間の朝鮮は単なる日本の植民地ではない。ヨーロッパではたとえばドイツが併合したポーランドやオーストリアを「ドイツの植民地」とはいわない。それと同じように、朝鮮を単に日本の植民地と呼ぶのは正しくない。

史実としては、〈日本2〉と〈大韓帝国2〉は合併したのであり、これをもう少し〈日本2〉を主体として語るならば、〈日本2〉が〈大韓帝国2〉を併合したのである。

ただし、単なる合併、併合でなかったこともたしかであり、〈朝鮮1〉は〈日本1〉の植民地的な性格を多分に持っていた。だからドイツとポーランド、オーストリアとの関係と同じなのではない。

そこでわたし（小倉）は、「併合植民地」という新しい言葉を使うことにした。

この概念を使うことによって、いままで疑問に思われていたことや、あるいは隠蔽されたり捏造されたりしてきたことが、かなり明確に解明されるのではないかと思う。

この〈日本1〉には、東京（〈日本2〉の中心）と京城（総督府）というふたつの中心があることになる。このふたつの中心は一枚岩ではなかったので、互いに齟齬する場合ももちろんあった。

この時期に〈日本1〉が〈朝鮮1〉を純粋な客体として収奪や暴力的支配だけをしたというように歴史を描くのは、史実に対する冒瀆であると同時に、歴史を生きた朝鮮人に対する蔑視でもある。なぜなら、もし〈日本1〉が〈朝鮮1〉に対して収奪や暴力的支配だけをしたなら、なぜこの時期に親日的な朝鮮人があれほどたくさん出現したのかが説明できないからだ。親日的な朝鮮人は、機会主義的で民族を裏切る卑怯者だったのだろうか。もしそうならば、朝鮮人の多くが多かれ少なかれ機会主義的で民族反逆的だったということになる。正しい朝鮮人は、抗日パルチザン活動をした金日成一派（朝鮮民主主義人民共和国の原点）や上海・重慶で臨時政府をつくった独立運動家（大韓民国の原点）だけになってしまう。だからつねに、金日成と上海臨時政府のどちらにより多くの民族正統性があるのか、という闘争を南北が展開することになる。

とはいえ、この時期、〈日本2〉と〈朝鮮2〉が対等な関係で「合併状態」にあったわけではもちろん決してない。あくまでも主体性は〈日本2〉にあった。〈朝鮮2〉に与えられた主体性は少なかった。

しかしそれでもやはり、主体性と客体性は〇対百ではなく、グラデーションをなすのである。たとえば主体性二十八対客体性七十二、というようにである。

併合植民地時期の歴史を、〈日本2〉と〈朝鮮2〉の敵対の時空間としてしか描かないのは、戦後（解放後）の単一民族国家観に基づいたナショナリズムのパラダイムにがんじがらめになっている人たちの方法論である。それも全く意味がないとはいえない。事実として〈日本2〉と〈朝鮮2〉の対立は根深かったのであり、それは当然、〈日本2〉が〈朝鮮2〉を支配したからだった。だが、この時期に起きたことを、そのような単一民族国家的ナショナリズムのパラダイムからのみ描くことは、歴史の矮小化そのものなのである。〈日本1〉と〈朝鮮1〉の関係を、歴史から排除してはならないのである。

併合植民地期には、〈日本人1〉と〈朝鮮人1〉とのあいだで、敵対と融合の関係が複雑に機能した。一九二九年に光州で、日本人中学生が朝鮮人女学生に侮蔑的行動をしたことに端を発して小競り合いがあり、これが光州学生抗日運動という全国的規模の大きな反日デモに拡大したが、これは例外であり、三・一独立運動（一九一九）以後、この光州学生抗日運動よりも大きなデモは解放時まで起きていない。

併合植民地期に、〈日本人1〉が〈朝鮮人1〉を徹底的に蔑視し、苛酷な差別を行い、暴力的な支配のみをした、というのは、戦後につくられた虚像である。もしそうなら、なぜ暴動が起こらなかったかが説明できない。もちろん〈日本2〉は警察などの暴力装置および治安維持法などの法的装置によって、強権的な力による統治を実行した。しかしそれだけで統治が完了したと見ることはできない。内鮮一体、皇国臣民化、兵站基地化という支配の巧妙さと複雑さを、極度に単純化してはならない。

†文化

一九一九年三月の三・一独立運動後、朝鮮総督府の統治方針が変わる。それまでの武断統治から、朝鮮人に文化活動を許容する文化統治への転換である（先に述べたようにこのとき、朝鮮総督が長州閥の長谷川好道から水沢出身の齋藤実に変わった）。このことによって、新聞の発刊、新しい傾向の文学の台頭、思想の多様化などという現象が起きた。

併合植民地期の近代的知識は、主として日本から、日本語によって流入した。文学、哲学、共産主義、自然科学など、ありとあらゆる西洋近代の新知識が日本語から朝鮮に移入された。知識は語彙とも深く関連する。西洋概念を日本で翻訳した語彙は、そのまま朝鮮語の語彙となった。併合植民地期に日本の古本を朝鮮で売ったある古書店主の回想では、当時、日本の本は朝鮮で飛ぶように売れた。もっともよく売れたのは世界文学全集の類であり、逆にあまり売れなかったのは和歌や俳句をはじめとする日本の古典文学だったという。

またこの時期には、「新女性」と呼ばれる女性たちが登場した。主に都市部に住む教育を受けた女性を指す。またこれとは別に近代的資本主義の文化を享受する「モダンガール」も登場した。京城のモダンボーイ、モダンガールのファッションは当時の東アジアで最先端を追っていた。

消費文化の発達は、百貨店の売り上げ状況からも確認される。併合植民地期には京城に日本資本の三越百貨店、三中井百貨店、丁字屋百貨店、平田百貨店と、朝鮮資本の和信百貨店があったが、その売り上げ額は夥しく、三越の買い物袋は女性たちのファッション・アイテムだった。消費文化はエンターテインメントにも直結する。「ソウルにダンスホールを許可せよ」という要請広告が新聞に掲載されもした。

もちろん併合植民地期において消費文化のみが発達したわけでなかったし、都市と農村部の格差は厳しかったが、「朝鮮は搾取されて塗炭の苦しみに喘いでいただけだった」という歴史観は正しくない。

†人間観

併合植民地期は、近代化の時代であったので、当然、人間観にも大きな変革があった。それをひとことでいえば「個人の登場」である。個人は朝鮮においてもあきらかに登場していた。

それは〈日本2〉における夏目漱石の苦悩と似たような苦悩を、朝鮮の個人もしていたことを意味する。だがそのことは、従来の朝鮮史においてはほとんど言及されてこなかった。併合植民地期に関する叙述は、徹頭徹尾、民族的な世界観のみを前面に出したものしかなかった。あたかも併合植民地期の朝鮮人は、個人というものに気づきもせずに民族的価値観のみを持っていたかのように描かれてきた。共同体や民族から自己を分離し、底なしの孤絶を経験した個人が朝鮮にはいなかったという思考をもし朝鮮史叙述者が共有しているのなら（あきらかに共有しているのだが）、それは朝鮮人という存在に対する根本的な蔑視を意味するのではないだろうか。

とはいえ、朝鮮においては、夏目漱石の個人主義、つまり「人から人へ掛け渡す橋はない」（『行人』に引かれたドイツの諺）という絶望的な、絶対的な他者との断絶という思想と同じレベルまで「個人」を深めた思想家はいなかったように思える。わたしとしてはこのことこそが、日本が朝鮮を支配したことによるもっとも根源的な抑圧ではなかったかと思う。つまり、支配をしていたときも、その支配が終わってからも、朝鮮人・韓国人が「個人」という問題を徹底的な深みまで降りて思考できず、つねに中間段階で民族や国家という価値に思考を自己回収してしまう回路に押しやったこと、このことこそが日本支配の問題なのである。

2　日本への抵抗、独立思想

†独立宣言書

一九一九年三月一日に独立運動が起こったが、このときの「三・一独立宣言書」の内容を要約して整理すると、次のとおりである。

われらはここに、わが朝鮮が独立国であることと、朝鮮人が自主民であることを宣言する。これを世界万国に告し、人類平等の大義をあきらかにし、これを子孫万代に知らせ、民族の自立と生存の正当な権利を永遠に享受せんとする。（中略）

旧時代の遺物である侵略主義・強権主義の犠牲となり、有史以来数千年の歴史上初めて、異民族の圧迫によって十年も苦痛を受けている。その間、われらの生存権が剝奪され、霊的発展が妨げられ、民族の尊厳と栄光を毀損され、新しき鋭敏さと独創力によって世界文化の大潮流に寄与する機会が失われた。（中略）

丙子修好条約（一八七六年の朝日修好条規）以来、盟約を数多く裏切った日本の信義の欠如を責めたいのではない。学者たちは講壇において、統治者たちは政治の実際において、われらの先祖が築き上げてきた伝統を植民地化し、文化民族であるわれらを野蛮民族であるかのように扱ったが、これは征服者の快感を貪っているだけである。日本がわれらの久遠なる社会基盤と卓越した民族の心性を無視するといって、日本の義の欠如をたしなめるわけでもない。自らを奮い立たせるのに忙しいわれらは他者を恨んでいる遑《いとま》もない。（中略）われらは自己を建設するのに邁進するのであって、決して他者を破壊しようというのではない。厳粛なる良心の命令にしたがって自らの新しい運命を開拓しようとするのみであり、決して古い怨恨と一時的な感情によって他者を妬んで追い出そうというのではない。古くさい思想と古くさい勢力にしばられている日本の政治家たちの犠牲となってしまった不自然かつ不合理な錯誤状態を改善し、自然と合理の営みの大本に帰らせるのだ。

初めからわれらの民族が望まない両国併合の結果が、姑息な威圧と差別的不平等と統計数字の虚飾なのであって、互いに利害が異なる両民族のあいだに永遠に和解できない怨恨が深まっているのが今日の実情である。

勇敢に、賢明に、果敢に、過去の過ちを正し、まことの理解と同情を基本にした友好的な新局面を打開することが、互いにとって福となる近道であることを知るべきではないのか。

怨恨と憤怒を抱いた二千万の民を暴力で拘束することは、東洋の永久なる平和を保障する道ではない。これにより東洋の安全保障の主軸である四億の支那人が日本に対する危惧と猜疑心を増大させ、その結果東洋全体がともに倒れ同じく亡びる悲惨な運命になることはあきらかである。今日朝鮮の独立は、朝鮮人に正当なる生存と繁栄を成さしめると同時に、日本にも間違った道から脱して東洋を支える者としての重大な責任をまっとうさせるのであり、支那には寝ても覚めても抱く不安と恐怖を除去させることになり、東洋の平和がその重要な一部である世界平和と人類幸福にとって必要な階段となるであろう。これがどうしてつまらない感情の問題であるだろうか。

新しい天地が目の前にひろがっている。武力の時代が終わり、道徳の時代が到来しつつある。過去全世紀のあいだ錬磨し育ててきた人道的精神が、まさに新しい文明の曙光を人類の歴史に投射しはじめた。新春が世界に到来し、万物の蘇生を促している。いまや凍れる寒い冬は終わり、あたたかい春がやってきているのが、この天地の転換期である。この世界の潮流に乗ったわれらには、躊躇することはひとつもないし、忌憚することもなにもない。われらが本来持つ自由権を守り、生命の旺盛な楽しみを心から享受するのであり、われらにそなわった独創力を発揮して春の天地に民族的精華を花咲かせるであろう。

われらは今日、奮い立った。良心はわれらとともにあり、真理がわれらとともに進んでいる。老若男女すべてが陰鬱な昔の居場所から活き活きと立ち上がり、森羅万象とともに愉快な復活を成し遂げた。千代、百代の祖先の霊がわれらを助けており、全世界の気運がわれらを外から護衛している。だから始めることが成功なのだ。ただひたすら行く手の光明に向かって力強く進むのみである。

公約三章
一　今日のわれらの行動は、正義・人道・生存・尊栄のための民族の要求であるから、ただ自由の精神を発揮すべきなのであり、決して排他的な感情で逸脱してはならない。
一　最後のひとりまで、最後の瞬間まで、民族の正当な意思を明快に発表せよ。
一　すべての行動は、秩序をもっとも尊重し、われらの主張と態度をあくまでも公明正大にせよ。

朝鮮建国四千二百五十二年三月一日　朝鮮民族代表

以上が「独立宣言書」の概要である。「侵略主義」「強権主義」(つまり帝国主義)を根底から批判し、「旧時代の遺物」と呼んでいる。侵略を受けた側の意識が、侵略した側の意識よりも数段進んでいるのである。そして自分たちの目的は独立だが、独立していないがためにどのような不利益を被っているかといえば、たとえば自分たちの独創力によって新しい世界文化に貢献できていないことだという。この高い調子に対して、当時の日本人のどれだけの人間が、真摯に呼応しようとしただろうか。この宣言文は、感性や知性や理性で書かれたものではない。それらを包越する霊性で書かれたものだと考えなくては理解できない。今日の日本人も、この「独立宣言書」の高い精神を、霊性レベルでよく味わうことが必要だろう。

なお、このときの朝鮮民族代表はその後日本に妥協してゆくとして、現代韓国では批判されもする。

†愛国啓蒙思想

大韓帝国期から併合植民地期に、朝鮮王朝末期の儒教的教養を土台としながら近代的世界観にも接した多くの知識人が登場するようになる。そのなかで、日本による不当な支配から脱するために、自国の歴史を誇りあるものとして描き、それによって愛国の精神を啓蒙しようとする民族主義の思想を「愛国啓蒙思想」と呼ぶ。朴殷植、張志淵、申采浩などがその代表である。

彼らの多くは新聞を拠点にして文筆活動を通して朝鮮人の意識を高めることに邁進した。また、中国など国外において活発な運動を展開した。

†朴殷植

朴殷植《パクウンシク》（一八五九〜一九二五、号は謙谷《キョムゴク》・白岩《ペガム》、本貫は密陽《ミリヤン》）は代表的な独立運動家、愛国啓蒙思想家のひとりである。「人文主義的ナショナリスト」（小倉の造語）の典型的かつ始祖的人物といえる。『皇城新聞』主筆、『大韓毎日申報』主筆などを務めて大いに健筆をふるった。中国およびソ連で独立運動を展開し、三・一独立運動以後は上海で大韓民国臨時政府に加わり、一九二五年に第二代の大統領となったがしばらくして死亡した。

彼の関心は、朝鮮の歴史を主体的に描くことにあった。「民族史学」の開拓者であり、その理念は申采浩に受け継がれた。代表作として『泉蓋蘇文伝』（一九一一）、『安重根義士伝』（一九一四）、『韓国痛史』（一九一四）、『韓国独立運動之血史』（一九二〇）などがある。

朴殷植は陽明学者でもあった。そのためと思われるが、彼は「国魂」とか「大韓精神」などという言葉を好んで使った。国家や民族を「魂」や「精神」と結合させて使うのは、日本の精神主義的ナショナリズムの影響と考えてもよいが、朝鮮末期の衛正斥邪運動の延長線上にあると考えてもよい。ただし衛正斥邪が「正を衛る」というのは国家を衛ることではなく、第一義的にはあくまでも中華の理という文明的実体を衛るという意味であった。朴殷植はその「中華の正＝理」を「韓国の魂、精神」に変えた。だがその手本としての中国は強く存在している。「中華から韓国へ」という移行状態の認識が、彼の論理からは読み取れる。同じ「人文主義的ナショナリスト」でも、安重根などにはまだ「東洋連帯」の理想が強くあったのであり、それゆえ「ナショナリスト」の側面は比較的弱いのであるが、朴殷植になると完全な「ナショナリスト」になる。

彼は「魂」と「魄」を区別して次のようにいう（『韓国痛史』一九一四）。この地球上で野蛮を脱して国家制度を達成していて、道徳・倫理・政教・法制を持っているのは、歴史を持っている者であり、歴史を保っているのは「国魂」が保たれているということだ。中国は魂を保っている国である。匈奴・鮮卑・蒙古などに侵略されても、五千年の文化の淵源は絶えなかった。したがって他民族に同化せず、逆に他民族を同化した。中国は魂が強い国だからである。これに対して鮮卑や蒙古といった国は、魂ではなく魄が強い国なのである。

およそ国教・国学・国語・国文・国史は魂に属するものであり、銭穀・軍隊・城池・艦船・機械などは魄に属するものである。魂の魂たるものは、魄によって生き死にするものではない。したがって国教と国史が亡びなければ、その国も亡びないのだ。嗚呼！　韓国の魄はすでに死んだが、魂は生きながらえているか、消え去ったか。（『韓国痛史』結論、一九一四）

以下は「大韓精神」に関する朴殷植の言葉である。国家を家として把えているが、儒教的な国家（国＝王家）概念と日本の国家（国＝家）主義の双方から影響を受けているといえよう。

およそ国家というのはひとつの大きな家族である。その家族の精神がまっとうでなく、ひとつのまとまりを成すことができなければ、ほかの家族から蔑視と蹂躙を受けるのは当然な時勢である。この大韓はわれらの祖国であり、三千里の国土はわれら家族の家であり、四千年の文化はわれら家族の伝記である。われら二千万の同胞の血脈は互いにつながりあっており、天から与えられた本性と天命およびこの身体は純粋に大韓精神の結晶である。(「大韓精神」の要旨)

このような世界観から、彼は日本を批判し、「日本は滅びる」という。衛正斥邪の時代から綿々と続き、解放後の韓国でも長いあいだ絶対的に信奉されてきた「人文学的日本滅亡論」(小倉の造語)の完成版がここに登場する。この論理は非常に強固であり、かつ朝鮮民族にとってきわめて魅力的である。簡単にいってしまえば、「西洋を真似て武力と機械文明に突き進み他国を侵略する不道徳な日本は必ず亡び、道徳と歴史と文化の国である朝鮮・韓国は必ず復活し繁栄する」というフレームである。儒教の道徳主義的世界観をきわめて強く受け継いでいるので、このフレームを「儒教道徳主義的日本滅亡論」と呼んでもいいかもしれない。いずれにせよ強烈に道徳中心的な文化論的序列型ナショナリズムの一完成型である。一九八〇年代までの韓国では、このフレームを信奉しない者は知識人ではなかったし、このフレームの真偽は真面目に検討される対象ではないほど自明であった。したがって一九六〇年代以降にこのフレームを破壊しようとした朴正煕政権は、知識人から徹底的に嫌悪された。

朴殷植による「人文学的日本滅亡論」の完成型を見てみよう。以下は『韓国独立運動之血史』(一九二〇)緒言の要旨である。

なぜ日本は近い将来に滅亡するのか。西洋列強の豊かな文明は自分たちが人智と力を尽くして達成したものだ。しかし極東に閉じこもっている島国・日本にはもともと見るべき文化はなく、歯を黒く塗り、体には刺青をほどこし、魚や亀と暮らしていた者たちである。彼らの食べ物や衣服、宮廷で使っているものはわが国から伝わったものにすぎない。西洋の勢力が東漸したと見るや日本は、自強しなければ自存できぬと考え、進取の意図を持たなければ発展できぬと考えた。そして精神と武力を鍛えて国勢を高め、軍国主義で大陸に勢力を伸ばし、中国・ロシアと戦争して勝利し国威を広げ、その覇業はとどまるところがなかった。しかし外への勢力伸張にばかり力を費やしたので民の力は疲弊の極に達した。わが国を併合したときもわが国の民意を侮蔑し、狡猾な党(親日派)を利用して欲望を果たした。中国やロシアに対しても同じく狡猾な術策を使った。そしてその傲慢と横暴と虐待の惨状は最大限に達した。結局日本は、韓国・中国・ロシアすべての敵となった。強い武力を持っているといっても世界人民の敵となったからには、彼らの無敗がいつまで続くか。西洋の列強も日本の侵略行為に対して憤怒と嫉視を抱いており、日本を制圧せんという意図が大きい。日本の国際的孤立がここに至っては、日本は近い将来滅亡するだろう。われらが主張するのはただひたすら独立のみである。日本を窮地に陥れ、自分たちの行いに対して悔い改めさせれば、完全なる独立も成し遂げられるのだ。(『韓国独立運動之血史』緒言、要旨)

朴殷植の言葉は絶大なる訴求力を持っている。彼は一方で右のように道徳主義的な日本糾弾を繰り広げるとともに、自分たちが独立するためには自分たちが自分たちを改造しなくてはならないということも主張した。ここが、前の時代の衛正斥邪とは決定的に異なる点である。

要するに朴殷植の論理は、①中華中心主義からは離脱して人文学的韓国・朝鮮ナショナリズムを打ち立てたこと②しかし中華主義の根幹である道徳中心主義は堅持していること③だがそれだけではなく、現実的な自民族改造案を果敢に提示していること、の三点によって、解放後の韓国および北朝鮮における対日本観、自強観にまで強靭に引き継がれているのである。

†張志淵

張志淵《チャンジヨン》（一八六四〜一九二一、号は韋庵《ウイアム》、本貫は仁同《インドン》）は著名な思想家、ジャーナリストであり愛国啓蒙運動家であった。

日韓保護条約の締結に際して彼が一九〇五年十一月二十日に『皇城新聞』に書いた「是日也放声大哭」という社説は、併合前夜の朝鮮人の叫びとして、もっとも有名な文のひとつである。

この文で張志淵は次のような主張をしている。①愚かなわが人民は「伊藤博文は東洋三国の安寧を企図する人物である。だからわが国の独立のためにやってきたのだ」と考えた。②それで期待をして、わが国の人民は伊藤を大歓迎した。③ところが蓋を開けてみると、伊藤博文はわれわれが夢にも思わなかった（保護国化の）五条件をつきつけた。④これに対してわが政府の大臣たちは、栄利を求めて豚犬のようにふるまった。⑤この豚犬のような者どもは、四千年の歴史を持つ領土と五百年の歴史を持つ王室を他人に渡し、二千万の生霊を他人の奴隷にしたのだ。抵抗した者もいたがなんの役にも立たなかった。

そして文を次のような、言葉にならない悲憤慷慨の調子で結ぶ。

鳴呼、痛むことよ。鳴呼、憤ることよ。わが二千万の、他人の奴隷になる同胞よ、生きるのか、死ぬのか。檀君、箕子以来、四千年の国民精神が、一夜のあいだに猝然《そつぜん》と（にわかに）滅亡して終わるのだ。痛むかな、痛むかな。同胞よ、同胞よ。

この哭声こそ、併合植民地化を目前にした朝鮮知識人の魂の叫びであった。張志淵はこの文によって投獄される。

†申采浩と安昌浩

申采浩《シンチエホ》（一八八〇～一九三六、号は丹齋《タンジエ》、本貫は高霊《コリヨン》）は忠清道の生まれで、成均館に学んだ。『大韓毎日申報』の主筆となり、愛国啓蒙運動の健筆を揮った。中国に亡命して独立運動を展開した。大韓民国臨時政府や無政府主義団体にも加わった。台湾で日本の警察に逮捕され、旅順の刑務所で獄死した。

彼は朴殷植や張志淵と並んで代表的な愛国啓蒙運動家である。朝鮮古代史に関する発見・著述を通して、朝鮮民族の誇りを確立することに邁進した。彼は「民族史学」の水準を高め、その後長いあいだ大きな影響を与えつづけた。代表的な著書に「朝鮮革命宣言」（一九二三）、『読史新論』（一九〇八）、『朝鮮上古史』（一九三一）などがある。

申采浩の革命論は、暴力による破壊である。暴力によってすべてを破壊することを、彼は唱えた。

また、彼の言葉のなかでもっとも有名なもののひとつが、次の一節であろう。

釈迦が来たれば朝鮮の釈迦にならず釈迦の朝鮮になり、孔子が来たれば朝鮮の孔子にならず孔子の朝鮮になり、なんらかの主義が来たれども朝鮮の主義とならずに主義の朝鮮になろうとする。それゆえ道徳と主義のための朝鮮があれども、朝鮮のための道徳と主義はない。嗚呼、これが朝鮮の特性なのか。特性というなら特性ではあるが、奴隷の特性である。わたしは朝鮮の道徳と朝鮮の主義のために哭するのである。(「浪客の新年漫筆」一九二五)

朝鮮の精神世界をこれほど端的に、痛烈に批判した文は珍しい。この文は、一九八〇年代までは韓国でよく新聞コラムなどに引用された。しかし韓国が自信をつけるようになった一九九〇年代以降は、徐々に忘れられつつあるようだ。だが折にふれて何度も何度も立ち帰るべき言葉であるようにわたし(小倉)には思える。

†民族主義とマルクス主義

日本への抵抗思想は、民族主義組織によるものだけでなく、マルクス主義によるものも大きな影響力を与えた。基本的には、民族主義的な抵抗運動が後の大韓民国の基盤となり、マルクス主義的な抵抗運動が北朝鮮の基盤となったとはいえる。しかし実際は、大韓民国の初代大統領・李承晩は愛国啓蒙思想の直系ではなかったし、朝鮮民主主義人民共和国の初代統治者・金日成も朝鮮共産主義思想の直系ではなかった。直系はどちらの国家においても排除されたり、挫折したのである。ここに、解放後の二国家における思想的なねじれと歪みがあらわれている。

とはいえ、併合植民地期に民族主義とマルクス主義の共同戦線がなかったわけではなく、新幹会という強力な民族統一戦線があった。独立派の左派社会主義者を中心にして、民族主義者をも包摂するかたちで一九二〇年代半ばから活動を活発化した。一九二七年に正式に結成され、会員数を四万人にまで増やして一九三一年まで続いたが、当局による弾圧や内部路線の対立などにより、一九三一年に解散した。

†独立運動家・民族改造論の重要人物

三・一独立宣言以後の独立のための闘争は、主に朝鮮の外で行われた。上海・重慶につくられた大韓民国臨時政府や、満州で闘われた抗日パルチザン活動などがその主たるものである。ただ、朝鮮に残りながら独立を思索し、実践し、闘争した人もいた。

これまで言及した人物以外の著名な独立運動家や民族改造論者としては、以下のような人士がいた（尹致昊は前出）。

尹致昊《ユンチホ》（一八六四〜一九四五、号は佐翁《チャオン》、本貫は海平《ヘピョン》）は独立協会で活動し、『独立新聞』発行人を務めた言論人・政治家・教育家・宗教家である。大韓帝国期から併合植民地期にかけて政治・外交・文化・教育などほぼあらゆる分野で活躍したが、晩年には親日的立場をとった。

いかにして朝鮮の独立を勝ち取ってゆくのか。安昌浩《アンチャンホ》（一八七八〜一九三八、号は島山《トサン》、本貫は順興《スヌン》）は典型的な「民族改造論」の主唱者であった。その内容は、独立のためにはまず朝鮮民族が「修養人格」「務実力行」に邁進しなければならず、それによって民族の資質・文化を向上させた後に自治を勝ち取るというものである。彼は米国で「独立時期尚早論」を唱え、資質向上のための団体である興士団を一九一三年に組織した。

呂運亨《ヨウニョン》（一八八六〜一九四七、号は夢陽《モンヤン》）。朝鮮建国同盟を結成し、解放後は左右合作に尽力した。

安在鴻《アンジエホン》（一八九一〜一九六五、号は民世《ミンセ》）。第十章参照。

宋鎮禹《ソンジヌ》（一八九〇〜一九四五、号は古下《コハ》、本貫は新平《シンピョン》）。『東亜日報』を拠点として論陣を張る。

3 親日思想

†親日という行為——李完用

親日派というのは解放後の北朝鮮でも韓国でも「民族反逆者」を意味するので、唾棄すべき存在以外の何者でもない。そのことはよいとしても、「親日派は唾棄すべき存在なのでそれについて研究したり理解したりすることは容認できない」という、北朝鮮でも韓国でも共有されている認識は、間違いであろう。親日派をどう解釈し、理解するかは、朝鮮の歴史を理解するうえできわめて重要なことである。

代表的な親日団体として一進会がある。これは一九〇四年に宋秉畯《ソンビョンジュン》（一八五七〜一九二五）がつくった団体だが、同年、東学の流れを組む李容九《イヨング》（一八六八〜一九一二、号は海山《ヘサン》）の進歩会を吸収した。ここに、かつて斥倭を唱えた往年の東学の支流が、親日勢力の中心に合流するという皮肉な流れとなる（本流は孫秉熙の天道教となる）。

一進会は、積極的に日韓併合を推進し、日本側はこれを利用した。しかし日韓併合後に解散させられてしまう。

李完用《イワニヨン》（一八五八〜一九二六、号は一堂《イルダン》、本貫は牛峰《ウボン》）は現在にいたるまで、「親日売国奴」の代表的人物として韓国・北朝鮮で悪名が高い。彼は一九〇五年の日韓保護条約に学部大臣として積極的に賛成し、一九〇七年には内閣総理大臣となって高宗を退位させる圧力を加えた。一九一〇年の日韓併合に際しては韓国側代表として調印した。このように彼は国を日本に売った代表的な売国奴である。

解放後の韓国でも北朝鮮でも、李完用を理解するような論調はまったく存在を許されないが、自分も「売国奴」のレッテルを貼られることを覚悟しつつ、李完用を擁護する論を打ち出す論者が皆無であるのではない。李完用の考えはまったく非合理的で民族反逆的なものだったとはいえず、将来の朝鮮独立のために、日本の保護下にはいって実力を養おうというものであった。

†中国へのまなざし

一九三〇年代になると、朝鮮の中国観は厳しくなる。中国の「侮日」政策を改めよ、という主張が主流となる。中国という、〈日本2〉と〈朝鮮2〉、つまり〈日本1〉にとっての共通の敵を設定することが進行した。

代表的な独立運動家のひとりであった韓龍雲も、一九三〇年代には次のように主張するようになる。

ある一国を目標として排斥・侮蔑の政策をかかげて国民を教育し、その軍兵を訓練することは、その動機の如何なるを問わず一国家の採るべきところの道ではない。（「支那事変と仏教

徒」一九三七年十月一日、全集二一—三五九a)

ここで「ある一国」とは具体的には「(大日本)帝国」であり、「一国家」が指し示すのは「世界情態に対する誤れる認識と侮日・抗日の掘墓の政策」を採る中国国民政府である。「支那事変」において「(〈日本1〉が:小倉)所期の戦果を得ていることは、国民とともに感謝するところ」とし、「銃後国民の義務」「日本国民としての態度と覚悟」「後方国民の覚悟」を韓龍雲は強調するのである。

4 新しい思潮

†孫秉熙と天道教、李敦化

孫秉熙《ソンビョンヒ》(一八六一~一九二二、号は義菴《ウィアム》、本貫は密陽《ミリャン》)は崔海月の後を継いで東学の第三代教主となった人物である。東学を継いだ後、一九〇一年に日本に亡命し、そこで開化派の朝鮮人と接触した。一九〇四年に進歩会の結成に関わり、断髪・黒衣の開化運動を展開した(甲辰開化革新運動)。

彼の「三戦論」(一九〇二)は有名である。東学の道によってたたかう「道戦」、ハンウル(天)が与えた万物の財によってたたかう「財戦」、言語による外交によってたたかう「言戦」の三つが、「三戦」である。「兵器のない戦争」ということができ、東学と開化思想の融合といえる。

その後、進歩会が親日派の一進会に統合されてしまうと、一九〇五年に孫秉煕は東学の哲学的土台の上に天道教を創始する。一九一九年の三・一独立運動には指導者のひとりとして加わった。

植民地期の哲学・思想にとって天道教の果たした役割は大きかった。天道教の雑誌『開闢《ケビョク》』はおそらく、植民地時代における最も知的水準の高い思想誌であった。

『開闢』誌には独創的な思想家たちが綺羅星のように集まったが、そのなかでももっとも中心的な人物は、天道教の理論家であった李敦化《イドンファ》(一八八四〜一九五〇、号は夜雷《ヤレ》)であった。わたし(小倉)の見るかぎり、李敦化は併合植民地時代の最大の哲学者である。彼の著書『新人哲学』(一九三〇)は、当時の西洋哲学・西洋社会思想の成果(社会進化論、マルクス、ニーチェ、フォイエルバッハなど)もふんだんに取り入れて、「水雲主義」を哲学化した業績である(水雲は東学開祖である崔済愚の号)。また彼は崔済愚の「後天開闢」を哲学的に精緻化し、「精神開闢」「民族開闢」「社会開闢」の「三大開闢」を主張した(「開闢方式と三大開闢」一九二一)。

東学と西洋思想と日本からの刺戟が相俟って、李敦化の渾然たる哲学は練り上げられた。だがこれほど高い境地の哲学を構築した人物を、現代韓国では「親日派」に分類している。「親日派」に分類されてしまえば、その人物に対する客観的な理解や研究ができなくなる。戦後の長いあいだ日本で、イデオロギー的な理由により西田幾多郎や京都学派を蛇蝎のごとく扱って学界から排除したのと、似たような現象である。実に嘆かわしく、くだらないことである。

†文化論

併合植民地時期は、往々にして、日本人による朝鮮文化の蔑視が横行した時代だといわれる。間違いではないが、単純すぎる見解である。もちろん、停滞論的なバイアスが強くかかっていたし、また結局は併合植民地統治のためという目的があったとはいえ、日本人による朝鮮文化の研究は非常にレベルの高いものであった。高橋亨*や忽滑谷《ぬかりや》快天《かいてん》*による朝鮮仏教の研究や、赤松智城*や秋葉隆*による朝鮮シャーマニズムの研究などを超えることは、解放後の北朝鮮においても韓国においても、きわめて困難であったといわざるをえない。むしろこの時期における日本人の朝鮮研究では、歴史学よりも文化・思想研究のほうがずっとレベルが高かった。歴史学はほぼ完全に、植民地史観に支配されていた。この時期における日本人による朝鮮史研究の成果で、今日でもまともに参照できるものは少ない。だが文化・思想研究は今日でも第一級の価値を失っていないものが多い（もちろん全面的に良質というのではなく、問題は多く抱えている）。

このことの影響も受けて、むしろ併合植民地期は、朝鮮人が自民族の文化をはじめて仏教や儒教という普遍的イデオロギーの枠組みからはずれて認識しえた時代である。それは「朝鮮」や「大韓」という固有名詞のつく文化・思想・歴史への開眼であり、その練磨であった。二十一世紀の今日から見ると、民族名や国家名のついた文化論はナショナリズムの発露だとして強く批判される。だが併合植民地期に朝鮮で民族主義的な文化論・思想・歴史観が登場したのは、帝国日本の文化論・思想・歴史観の国粋主義的性格の影響を強く受けたものであるとしても、なお深い意味がある。民族や国家が自立していくうえで一度は通過しなくてはならない道であるからである。

†文一平と崔南善

併合植民地期の代表的な文化論者として文一平《ムンイルピョン》（一八八八〜一九三九、号は湖岩《ホアム》、本貫は南平《ナムピョン》）がいる。彼は思想・芸術・美などという分野において「朝鮮」という固有名詞を前面に打ち出し、「朝鮮我」「朝鮮心」「朝鮮学」などの概念を謳った。彼の論考は実に高い調子で強い訴求力を持っている。当時の最高レベルの朝鮮知識人である彼が打ち出した最高レベルの文化論を、わたしたちも知っておく必要がある。日本人だけでなく、現代の韓国人も知っておくべきだ。なぜなら、ここには、現代韓国人が忘れてしまったこと、認めたくないことも多々書かれてあるからだ。
以下は文一平の「史眼で見た朝鮮」(一九三五)というエッセイの要旨である。重要な文なので、長くなるが載せる。

古代朝鮮のことを支那人は「君子国」と呼んだし、近代の欧州人の目に朝鮮は「神仙国」と映った。だがむしろ朝鮮は「東方古文化国」と呼ぶのがふさわしい。朝鮮の文化は朝鮮の独創ではなく他者の模倣ではないかという批判もあるが、むしろ儒・仏の文化を全面的に完成させたのが朝鮮である。歴史的に見れば、高句麗の文化は満州文化の淵源となり、百済文化は日本文化の淵源となり、新羅文化は朝鮮文化の淵源となった。朝鮮を中心にして見ると、われわれの文化は片腕で満州を抱え、片腕で日本を抱えながら東方に君臨したのである。しかしこれは過去のことだ。今日、高句麗の故地である満州も新羅の故地である朝鮮も力がない。ただ百済の文化を享受した日本だけが西洋の文化を摂取して隆盛し、満州と朝鮮に対して大規模な文化の逆輸入をさせている。朝鮮と日本の文化的な地位は逆転したのである。朝鮮は新文化の試練に直面している。

朝鮮の歴史をふりかえると、大きな特徴がある。それは、変化の少なさである。歴史上、何回か王朝が変わったが、金氏(新羅)が王氏(高麗)から李氏(朝鮮)に変わった同じ期間に二十数回の易姓革命があった支那とは比べものにならない。朝鮮の歴史は革命が少ないことと、専制政治の持続が特徴であるが、それだけでなく、新羅の貴族が二千年間そのまま維持されていることが最大の特徴である。その意味で今日の朝鮮は新羅の延長であるといってよい。高麗は新羅の支配階級を重用してそのまま支配階級に置いたし、王朝が李朝に変わると、高麗の遺臣で李朝に仕えぬ高潔な士もいたが、全体的にいえば高麗の支配階級がそのまま李朝の支配階級となった。つまり高麗も李朝も、王家が変わっただけであって、支配階級の人びとには大きな変動がなかった。奴隷制も一八九四年まで維持されてきたことを勘案すると、朝鮮社会の変化の少なさは明らかだ。

朝鮮は一貫して領土と文化を維持してきた。これは支那のほかには朝鮮しかない。伸縮自在な民族的弾力と玲瓏不壊の民族的本性・能力は驚嘆すべきものだ。しかしわが民族の活動面は寂しいかぎりだ。外部からの侵攻への防御に疲弊し、民族の精力を蓄積できなかったのはたしかだ。だが疲弊の原因は外部だけにあるのではない。内部の腐敗があればそれを正すために階級の交代がなければならないが、朝鮮では王統の交代があっただけで、階級の交代はなかった。このため疲弊と停滞が持続した。日本の場合は国体の変更つまり革命のない国だが、実質的には階級の交代があった。だから日本は「革命はないが、(実質的には)ある」のだ。逆に朝鮮は「革命はあったが、(実質的には)ない」のだ。政治面を見れば朝鮮の歴史は惰気の連続だった。支配階級の私的な争いの繰り返しだった。男性的な歴史とはいえない。中国の周辺国で、中原を脅かしたことのない民族は朝鮮だけである。小さな国内で内紛に明け暮れて半島のなかに閉じこもっていた。高句麗の南進も失敗し、新羅の北進も失敗した。

そのようななかで仏教と儒教を深化・普及させた。仏教も儒教も新羅から出て高麗を経て李朝で集大成させ、燦然たる文明となった。元暁と李退渓がその白眉だ。だが李朝文明の結晶は、世宗がつくった訓民正音である。これこそ民衆文明そのものである。旧文明が廃れ、新文明の種子が蒔かれている今日、朝鮮人の一挙手一投足が未来の文明をつくっている。朝鮮人は現代の落伍者ではあるが、訓民正音という文明を持っているからには、努力次第で新しい生命を開拓できる。

世宗が創造した文化は「朝鮮我」に目覚めた第一歩なのである。われわれの固有の言語を記す文字を創造した訓民正音こそ、朝鮮思想の淵源である。したがって世宗は「朝鮮心の代表者」なのである。朝鮮学は、朝鮮文字の発明とその発達によって存在価値を増すのだ。しかしこの文字が発明されてから五百年、朝鮮の思想は眠りから醒めなかった。いまこそ、旧思想から脱して朝鮮を再意識するときなのである。（「史眼で見た朝鮮」要旨）

現代の韓国人はよく、「わが国には伝統的に革命があったが、日本には革命がなかった。この事実からわかるとおり、守旧的な日本よりわが国のほうが政治意識が高い」ということを語る。そのような現代韓国人の表面的で浅薄な歴史認識よりも、文一平はやはり透徹した歴史意識の持ち主である。朝鮮の歴史と日本の歴史の本質を正確に見抜いている。そして現在の屈辱を超えて、未来の朝鮮を意志的に開拓しようとしている。

もうひとり、この時期の知の巨人として崔南善《チエナムソン》(一八九〇～一九五七、号は六堂《ユクタン》、本貫は東州《トンジユ》)がいる。彼は一九〇八年に雑誌『少年』を発刊した(一九一一年廃刊)。

彼の思想としてもっとも有名なのが、第二章で紹介した「不咸文化論《プラム》」である。ただ崔南善は満州建国大学の教授をつとめるなど、日本寄りの人物であるという評価が強すぎた。端的にいえば、彼はその思想の中身とは関係なく、親日派というレッテルを貼られたのである。同時代の申伯雨《シンベグ》に崔南善は「朝鮮の上杉慎吉」であり曲学究であると罵倒されている。

5　宗教

†日本の宗教政策

朝鮮時代末期の外国との修好条約によって、朝鮮では信仰の自由がはじめて認められた。併合植民地期にも個人の信仰の自由が認められ、朝鮮人が各自の信念によって信仰世界を守ることができるようになった。これは朝鮮の歴史上、画期的なことであった。

しかし日本は、全面的な信仰の自由を推進したわけではない。そこには精妙な規制が伴っていた。

総督府は「布教規則」(一九一五)により、キリスト教・仏教・神道のみを「宗教」のカテゴリーのなかに入れ、天道教などの新興・民族宗教を別に「類似宗教」とした。儒教も宗教からはずされた。「宗教」カテゴリーに含まれたものは「公認宗教」とされ、統制された。キリスト教に対しては一般法規によって統制したが、仏教に対しては、一般法規のほかに「寺刹令」によって朝鮮仏教を日本の支配下に置こうとした。総本山制の導入、住持の任命権を総督府が持つ、などの大々的な統制であった。

†日本による朝鮮仏教への浸透と抵抗

朝鮮仏教会は、一九二一年以降は禅学院を中心として、日本仏教への対抗姿勢を示した。一九三五年には朝鮮仏教禅宗宗憲が誕生し、妻帯肉食を浄化の対象とした。

また、朝鮮仏教界の抵抗の思想として、政教分離を明確に打ち出したことも注目に値する。寺刹令は政治権力による宗教干渉であるため、大日本帝国憲法(第二十八条)の信教の自由保障に対する違反だという主張である。
次は、一九三七年に満空《マンゴン》が朝鮮総督府での会議に出席した際のできごとの描写である。もちろんこれは満空の語録に収録された文であり、その事実性に関しては全面的な信憑性はないが、この当時を代表する僧侶の思考を知ることができる。

(会議で)時の日本人総督・南次郎が、「朝鮮仏教に対しては前の総督であった寺内正毅の功績がきわめて大きく、まさに日本仏教に従属するのがよろしい」と饒舌に語った。すると満空が奮然と蹴座して、壇上に立ち上がり、大声で次のように語った。「清浄が本然である。山河大地がいかに忽然と現れたるか」といって声を振るって一喝した。その声は十方に響き渡り、満場を威圧した。一同は驚いて騒ぎ、収まりがつかなかった。満空は、「朝鮮仏教が日本仏教に従属することはできない」と力説し、「寺内正毅は朝鮮の僧侶をして日本の僧侶の風習に従わせ、破戒させた大罪悪人であるから、無間阿鼻地獄に落ちて苦しむべきだ」といい、また(満空の持論であった)政教分立論を説いて壇を降りた。その夜に満空の畏友である韓龍雲和尚が訪ねてきて、「でかしたぞ、獅子吼じゃ。この一喝で相手はさぞかし肝胆を落としただろう。(ただ)一喝したのはよかったが、棒を振るって殴ってやるのがもっとよかったのではないか」といった。満空は大笑して、「喫茶去。この狐狸め。阿呆な熊は棒を振りまわすが、獅子は一喝するのじゃ」といった。（「丁丑年三月十一日対日人総督南次郎喝一喝」『満空語録』修徳寺、一九六八）

ここで重要なのは、満空は霊性を語っていることである。これを日本側は理解できていない。統治者はみずからの「暴力行使のための思考」を「理性」だと思い込む。しかし満空はそれに対して、霊性で対抗するのである。

もうひとつ重要なのは、満空が「政教分立論を説いた」という部分である。次項の韓龍雲の持説も同じであったが、この当時、総督府の仏教政策に対抗する朝鮮仏教側の重要な論点が、政教分離原則であった。

†韓龍雲

韓龍雲《ハンヨンウン》（一八七九〜一九四四、法号は万海《マネ》または卍海《マネ》、本貫は清州《チョンジュ》）は韓国で、「万古不屈の民族正気を守った独立運動家、愛の証道歌を謳った詩人、仏教の大講伯、大禅師」（全宝三*）などと呼ばれる。事実彼は、独立運動家として三・一独立運動では「独立宣言」の「公約三章」を起草し、また監房にて「朝鮮独立の書」を答弁した。詩人としては今日でも広く愛される「ニムの沈黙」を謳い、また仏家としては「朝鮮仏教維新論」を発表し、果敢な仏教維新運動を行った。「僧侶娶妻問題建議書」(一九一〇)では日本の僧侶のように妻帯可能にすることを建議し、大きな波紋を投げた。僧侶の妻帯可否は韓国仏教界で今日に至ってもつねに物議をかもす問題である。

卍海の思想的結実は「朝鮮仏教維新論」(一九一三、以下「維新論」と略称)を出発点とする。ここでは、全篇を貫通する最も根底的な思考として、すべてを可能にする「人間の力」への信念がある。全般的に中国の梁啓超の影響が強い。卍海は、「天之無救於事之成敗」として伝統的な「天」の力を否定し、天下のすべての成敗は全的に人間の力によって結果され、「人之責任而已《のみ》ナルカナ」と強調する。それゆえ卍海は人間の行動の重要性を訴える。その際、仏教における心/行の論を逆手に取り儒教の君子主義を採っている点が注目される。人間が世界をつくる。そのためには人間の労力が重要である。さらに、人間をありのままに把えることが前提とされる。それは、欲望の肯定を意味する。この欲望論が重要なのは、これが進歩にとって必要であり、進歩の基盤となるという点である。

進歩は卍海の基本的世界観のひとつである。世界は「進進不已《やまず》」にして文明発展の道を一方向的に突き進んでいる。すなわち、物質的世界が発展すれば人の感覚的欲望が無限に増大し、それによって進歩思想が無限に進展する。この意味で、人間と物質が相互作用しつつ進化が進むのだというのである。このような進歩主義の下に、変化を求め、勢力を肯定する。

卍海は自由を重視する。自由を行使する根拠は「吾心」の主体性である。自らを従にして他者を主とするような無自由な人は、すでに人ではない。そしてこの主体性の前には、世俗的権威は用をなさない。

卍海はまた、合理主義によって迷信を厳しく排斥する。競争もまた、卍海が強調するもののひとつである。そして卍海は経済的な競争社会における自立を強調する。進歩し競争するためには、破壊が必要である。維新は「破壊之子孫」であり、破壊は「維新之母」である。仏教の主義のひとつとして卍海は、「平等主義」を挙げる。「近世自由主義ト　世界主義ガ　実平等真理之子孫也」であるという。仏教の主義として卍海が挙げるもうひとつは、「救世主義」である。救世主義とは、「独利主義之反対」である。

仏教維新と並んで卍海の実践のもうひとつの軸をなすのは独立運動であり、その基本思想は「朝鮮独立の書」（一九一九）に表されている。ここで卍海が主張する核心は「自由」である。「平和」を保つ「真自由」という概念が強調され、これに反して「侵掠的自由は没平和の野蛮自由」として強く否定される。

ただ、彼の論は、徹底的な自己批判を内包していた。そこが、衛正斥邪論者との決定的な違いであった。

朝鮮の人は従来、自己独行の精神と努力よりは依他性が多かったのです。その結果としては今日、いかなることも自ら解決できず、他人の力を借りることばかりになったのであって、われわれが弱くないわけがありません。(「自立力行の精神を普及させよ」一九三三年十月一日)

ためしに万古を顧みるに、いかなる国家が自滅せずに他国の侵略を受け、いかなる個人が自侮せずに他人の侮蔑を受けたであろうか。そのようなことはないであろう。……自分が不幸なときに他を怨望する者は、自分の不幸が他によってやって来たと見るからだ。さすれば自分の幸福も他によってやって来るだろうと考える人である。その人は独立性と創造力の少しもない人だ。さすればその人は、泉台に赴く前にこの世で死んだ人である。(「反省」発表年不明)

卍海は、すぐれた詩人でもあった。詩集『ニムの沈黙』は哲学的抒情ともいえる独自の世界を切り開いている。

†仏教

併合植民地時代の僧侶としては、以下の人物が特筆すべきである。

龍城《ヨンソン》禅師（一八六四～?）。仏教現代化を進めた。大覚運動。
石顚《ソクチョン》和尚（一八七〇～一九四八：俗名は朴漢永《パクハンヨン》）。仏教改革運動をした。
満空《マンゴン》禅師（一八七一～一九四六）。唯心浄土を唱える。宇宙全体としてのナ＝我。
漢岩《ハナム》禅師（一八七六～?）。普照禅を継承し、「南・満空、北・漢岩」といわれた。

†キリスト教

併合植民地期にキリスト教は爆発的な成長を見せる。そもそも一九一〇年の韓国併合に対して、朝鮮で宣教活動をしていた西洋のキリスト教勢力は反対の意志を示すことはなかった。むしろ列強側の立場として、併合は文明化であるとした。またそもそもキリスト教勢力の根本的な思想として政教分離があったので、西洋の宣教師たちはこれを根拠に、総督府への無抵抗を貫いた。三・一独立運動に際してもキリスト教の宣教師たちは無関与の立場を堅持し、学生たちが示威行動に出るのを制止した。このため総督府とキリスト教宣教師たちの関係は、対立よりも協調を基調としていた。

だが朝鮮人のキリスト教信者たちは、日本への抵抗精神を持っている者が多かった。伊藤博文を暗殺した安重根はカトリック信者であった。「親日売国奴」李完用を暗殺しようとした李在明《イジエミヨン》（一八八七～一九一〇、本貫は鎮安《チナン》）はプロテスタントであった。一九〇九年に現在の明洞聖堂に到着した李完用を刺して重傷を負わせた。逮捕された李在明は翌年処刑されるが、裁判で述べた「われは死んで数十万人の李在明としてよみがえり、日本を亡ぼすであろう」という言葉に、強い民族的霊性が宿っているのが感知できる。

三・一独立運動のあとには、総督府の文化政策の影響もあって、キリスト者も日本への抵抗よりは農村運動や啓蒙運動、文化運動に力を注ぐようになる。

一九二三年に月刊誌『新生命』が発刊される。崔炳憲《チェビョンホン》(一八五八〜一九二七、号は濯斯《タクサ》)はプロテスタント初期の文化事業家として重要な人物である。

†新興宗教

朝鮮末期・大韓帝国期に続いて、併合植民地期においても、新興の宗教が数多く誕生した。仏教系では、一九一六年に朴重彬《パクチュンビン》(一八九一〜一九四三、法号は少太山《ソテサン》)によって円仏教が始められた。少太山は一円相の真理を悟って円仏教を創立した。円仏教系の円光大学校は、韓医学を研究・教育するなど韓国でもっとも特色ある大学のひとつとして現在、有名である。

6　文学

†文学

朝鮮時代の正統的な文章観は、「文は以て道を載せる」というものだった。儒教的な世界観により、「文というものは道徳を表現する器である」という思想だ。開化期から併合植民地期にかけて初めて近代文学と出会った朝鮮では、伝統的な「文」に対する観念をそのまま文学という形式に移行させるという傾向が強かった。したがって朝鮮の近代文学は、思想を表現する器という位置づけが色濃い。だが、幸か不幸かこの民族が初めて出会った近代文学は、あるいは日本文学（内地文学）であり、あるいは日本語に移された西洋文学であった。朝鮮で西洋の書籍がはじめて朝鮮語に翻訳されたのは、一八九五年に刊行された『天路歴程』（バニヤン著）であった。このときから翻案小説、新小説が一気に多数出現する。その後に、朝鮮の近代文学が花開く。この過程は決定的に重要なものだった。林和《リムファ》（一九〇八～一九五三）はこの翻案小説から朝鮮文学への流れを次のように語る（林和は彼自身が併合植民地期の小説家であり、解放後北朝鮮に渡って処刑された）。

昭和初年まで、聖書を除いて大部分の翻訳が和訳からの重訳であり、大正初年に盛んに行なわれた何夢《ハモン》・李相協《イサンヒョプ》、一斎《イルチェ》・趙重桓《チョージュンファン》、牛歩《ウボ》・閔泰瑗《ミンテウォン》らの翻案小説もすべて内地文学、あるいは和訳からの重訳である。また創作の領域において最初に朝鮮人に西欧近代文学の様式を教えたのが内地の創作や翻訳である。短編小説がそうであり、詩がそうであり、戯曲がそうであり、長編小説がそうであった。とりわけ短編小説は先にも述べたように、西欧のどの短編様式よりも内地の短編小説の様式をそのまま移植してきたもので、それは私たちの短編と西欧の短編を比較した時に見られる大きな違いを見るときに明らかである。西欧の中編にあたるようなスケールや内容を持った長い短編は、全くもって内地文学の独特の産物であり、現在はほとんど東洋の新文学の一特性となっている。（改行）のみならず、私たちが特に留意すべきことは、新文学の生成期において最も重要な問題であった言文一致の文章創造において、朝鮮文学はもっぱら明治文学の文章を移植してきた。（林和「新文学史の方法」一九四〇、『東亜日報』連載、尹相仁・渡辺直紀訳、『韓国の近現代文学』二九〇頁）

一九二五年にカップ（KAPF：朝鮮プロレタリア芸術同盟）が形成される。カップは無産階級のための芸術運動を展開したが、メンバーの多くが検挙されたことなどにより、一九三五年に解散した。李箕永《イギヨン》はカップの中心メンバーであった。右の林和もカップのメンバーである。

この時期の著名な小説家としては、兪鎮午《ユジノ》、朴泰遠《パクテウオン》、金東里《キムドンニ》などがいる。著名な詩人としては、金素月《キムソウオル》、李陸史《イユクサ》などがいる（文学者はそのほかにも数多い）。

†何人かの文学者たち

以下、この時期の幾人かの文学者について語ろう。

趙明熙《チヨミヨンヒ》（一八九四〜一九三八、号は抱石《ポソク》）はカップの中心メンバーだった。彼は貧困をテーマにして苛酷な朝鮮の現実を描き、「生命は力である」との信念のもと、「生命人間主義」とでもいうべき思想を形成した。代表作としては「洛東江」（短編小説）、「金英一の死」（戯曲）などがある。一九二八年にロシアに渡って活動したが、一九三八年にＫＧＢに逮捕され、処刑された。

彼の小説に描かれたのは、徹底的な飢えであり、空間の移動であり、人びとの摩擦と対立であり、人間の小ささと大きさであり、支配と被支配の絶望的な関係だった。

人間が飢えるということはいかなることなのか。短篇小説「新しい物乞い」に描かれた母子や、同じく「農村の人びと」の貧農一家は、絶対的な貧困の悲惨さを舐め尽くしている。絶対的に生活力のない母子はかろうじて自殺から逃れるが、物乞いに転落する。水田の水争いで富者に敗北した男は、生活力を失って絶望の末に死に、残された老母と幼子は間島へと流れていく。貧困から逃れる道はあるようにも見えるが、登場人物たちはそのことを知らない。転落するときの加速度ほどおそろしいものはない。一気に底まで落ちる。

だが彼の作品に描かれたのは、絶対的な貧困ばかりではない。つまり、社会の最底辺層で、生きるための手立てをすべて奪われている人間たちだけではない。戯曲「金英一の死」の金英一は日本留学生だし、短篇小説「大地のなかへ」の「わたし」も日本留学から帰ったインテリだし、短篇小説「低気圧」の「わたし」も新聞記者だ。彼らは五体満足であるし、学問もある。それでも飢えている。極度に飢えている。それはなぜなのか。

趙明熙は天才的な嗅覚と冷静な観察眼によって、「貧困には多様性がある」と語りたかったのではないだろうか。もちろん植民地時代の貧困の原因は、ひとつには還元できないものの、いくつかの巨大な矛盾と強い関係がある。苛酷な日本帝国主義と原初的で荒々しい資本主義が大きなものだが、そのほかにも、農業技術の不足、階級差別、家父長制、人間の主体性の不足……。これらが複雑にからまりあって、朝鮮の貧困は再生産された。それゆえ「洛東江」で趙明熙は、青年運動、農民運動、衡平運動、労働運動、女性運動という多くの運動を羅列した。そして主人公パク・ソンウンは熱烈な民族主義者から社会主義者に変わった。だがこの社会主義者は、単に資本家と労働者の関係を転倒させるだけの使命を帯びているのではない。「強い人間」をつくるための「主義」なのだ。だからほんとうは、社会主義でなくてもよい。むしろ生命人間主義といったほうがよいのだ。白丁（被差別民）出身の若い女性活動家であるローザに対して、パク・ソンウンは次のようにいう。

「あなたは最下層から炸裂してくる爆弾のようでなければなりません。家庭に対し、社会に対し、同じ女性に対し、男性に対し、すべてのものに対して反抗しなくてはなりません」

「あなたはまたあなた自身に対しても反抗しなければなりません」

これは、パクの生命人間主義こそ、生命を抑圧するものすべてに対抗する主義だからである。彼の肉体的生命は、警察の拷問によってずたずたにされ、そして洛東江のかたわらで消えていったが、彼の生命人間主義の魂、生命する魂は、ローザに受け継がれ、そして生命するすべての人間に受け継がれる。生命はすでに名詞ではなく、あらゆる抑圧にあらがう力強い動詞なのである。彼らは究極の状況で「生命する」という実践をしたのである。それは「生命は力だ」（「生命の枯渇」）という趙明熙の哲学を結晶させた人物だったといえるだろう。

李《イ》光洙《グァンス》（一八九二～?、号は春園《チュヌォン》、本貫は全州《チョンジュ》）はすぐれた小説家であったが、典型的な民族改造論者でもあった。彼は自らの民族を改造しつつ、朝鮮内で合法的に許される範囲で政治運動をすることを提唱した。彼のこの理論は日本に対する妥協であると、民族主義者および社会主義者たちから強い非難を受けた。日本に積極的に協力したため親日派とされている。

骨太の大河小説にも傑作が現れた。洪命熹《ホンミョンヒ》（一八八八～一九六八、号は碧初《ペクチョ》）の『林巨正《イムコクチョン》』（一九三九）である。林巨正（?～一五六二）は朝鮮時代中期の白丁（被差別民）出身の民衆反乱者であった。黄海道を中心に広範囲に反乱を起こし、朝鮮政界を動揺させた。彼は民衆によって伝説化され、義賊として親しまれた。洪命熹は左派民族主義の独立運動家で、『東亜日報』主筆や五山学校校長などを務めた。新幹会の中心となったが投獄された。解放後は北朝鮮で活躍した。

金史良《キムサリャン》（一九一四～一九五〇）は、平壌郊外に生まれた。一九三九年に東京帝国大学独逸文学科を卒業した。日本語と朝鮮語で小説を書き、一九三九年の「光の中に」は芥川賞候補になった。中国に渡ったあと、解放後は朝鮮北部に戻ったが、朝鮮戦争の初期に死んだ。『光の中に』（第一小説集、一九四〇）、『故郷』（第二小説集、一九四二）などがある。河出書房社と理論社から、それぞれ全集と作品集が出ている。

鄭芝溶《チョンジヨン》（一九〇二～一九五〇）は土着性を超越した詩語をつむいだ詩人である。日本の同志社大学を卒業しており、日本語の詩も多く残した。梨花女子大学の教授を務めたが、朝鮮戦争が勃発するや、平壌に送られた。その後の経緯は不詳である。尹東柱《ユンドンジュ》にも大きな影響を与え、尹東柱が京都に暮らしたときは鄭芝溶の詩「鴨川」を口ずさみながら同志社大学に通った。

李箱《イサン》（一九一〇〜三七）は併合植民地朝鮮が生んだ最大の文学的天才であり、モダンを超え、ポストモダンを数十年先取りした鬼才である。日本が韓国を併合した年である一九一〇年に、ソウル（京城）で生まれた。京城高等工業学校（現在のソウル大学校工科大学の前身）建築科を卒業し、一九二九年に朝鮮総督府建築課に就職する。この前後からダダイズムの影響などを受けて極度に人為的で難解な詩や小説を発表しはじめ、モダン京城に多数登場した芸術至上主義者たちと生の実験に邁進する。一九三三年には総督府を辞め、京城の中心街に「つばめ」「鶴」「69」「麦」というカフェを次から次に開いてはつぶす。『朝鮮中央日報』に連作詩「烏瞰図《オガムド》」を発表するや、その難解さのため読者から轟々たる非難を浴びる。「十三人ノ兒孩《こども》ガ道路ヲ疾走シマス。（道ハ袋小路ガ適当デス）第一ノ兒孩ガコハイトイヒマス」と始まり、「（道ハ行キ止マリデナクテモ結構デス。）十三人ノ兒孩ガ道路ヲ疾走シナクテモヨイデス。」で終わるこの詩は、切羽詰まったモダニティの終焉に向かって疾走する小児たちの加速度を描ききったものである。プレモダン朝鮮の儒教的道徳主義者たちに理解されるわけは、これっぽっちもなかった。

自殺への強い願望を抱きつつ、一九三六年に自ら「二十世紀出張所」と呼んだ東京へ渡るが、この巨大都市の軽薄さに吐き気を催す。翌一九三七年二月に逮捕され、神田警察署に収監される。肺病が悪化し保釈され、東京帝大附属病院に入院するが、四月に死亡する。

以下は、李箱の「翼」(一九三六)という短編小説の冒頭である。

「剝製になつてしまつた天才」をご存じですか。わたしは愉快です。こんなとき恋愛まで愉快です。

肉身がゆらゆらするほど疲労したときのみ、精神が銀貨のやうに清いのです。ニコチンがわたしの蛔虫《くわいちう》だらけの腹の中に染みこめば、頭の中にきまつて白紙が準備されるといふわけです。その上にわたしはヰツトとパラドクスを碁の布石のやうに配置するのです。憎むべき常識のやまひです。(中略)

そなた自身を偽造するのも、やりがひのあることです。そなたの作品は一度も見たことのない既製品によつてむしろ軽便で高邁となるでせう。

十九世紀はできるなら封鎖してしまひなさい。

第九章

朝鮮民主主義人民共和国

1 略史

†北朝鮮の起源と国家・体制の性格

朝鮮民主主義人民共和国の建国は一九四八年九月九日であるが、この国家の起源は、満州における抗日パルチザン活動にある。つまり、金日成が満州で抗日遊撃隊の活動を始めたときが、この国家の起源であるとされる。

北朝鮮では、朝鮮人民軍の原点は一九三二年四月二十五日に金日成が抗日遊撃隊を組織した日にあるとされる。金日成が満で二十歳のときである。

北朝鮮の建国時は、「従ソ依中の兵営国家」（小倉の造語）であった。「従ソ」はソ連への従属、「依中」は中国への依存を指す。

しかし朝鮮戦争を経て、一九六〇年代にチュチェ（主体）思想をうち出し、自主路線を進むようになると、この国は少なくとも政治外交的には、独立的な意志を貫くようになる。とはいえ経済的に自立できているとは言い難いのだから、完全な自立とはいえない。しかし防衛と安全保障に関しては、韓国に比べると相対的に独立度が高いとは明らかにいえるだろう。

アメリカなど西洋においては、北朝鮮のチュチェ思想を往々にして「孤立主義（isolationism）」と呼ぶが、これは正しくない。チュチェ思想は自立志向ではあるが、国を閉ざすことを国是としているわけではない。第三世界との外交は伝統的に盛んに行ってきたし、北朝鮮はかつて非同盟諸国のなかで指導的な役割も果たしていたのである。北朝鮮がどれほど外国との関係を重視してきたかを正確に認識できなければ、この国を理解することは決してできない。

北朝鮮の統治体制をどのように説明すればもっとも説得的であるのか。さまざまな学者がこの問題に挑んでいる。

単に独裁体制、全体主義国家という規定をする論者もいるし、中世ヨーロッパの有機体国家論と酷似しているという見解からコーポラティズム国家であるという規定もある。

和田春樹*は、北朝鮮を「遊撃隊国家」と規定した。金日成が満州で抗日パルチザン活動をしていたときの組織形態、活動様式などを引き継いで国家の基礎とした、という解釈である。だが和田*は一九九七年に北朝鮮は、それまでの「遊撃隊国家」から「正規軍国家」へと変わったと主張する。そのメルクマールは、この年に人民軍最高司令官である金正日が党総秘書になっ

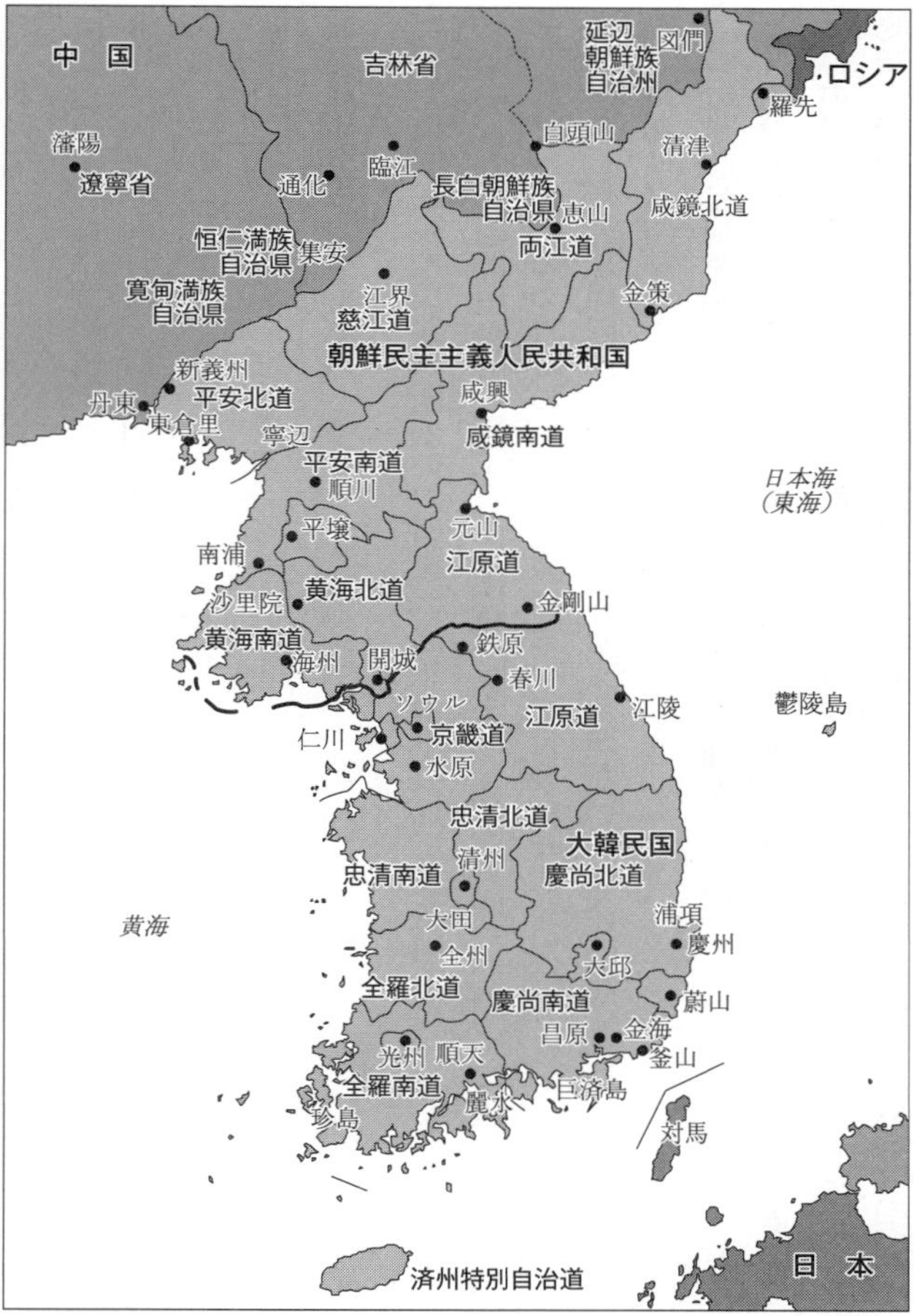
中　国
吉林省
延辺
朝鮮族
自治州
図們
ロシア
羅先
瀋陽
遼寧省
臨江
通化
白頭山
清津
長白朝鮮族
自治県
恵山
咸鏡北道
恒仁満族
自治県
集安
両江道
江界
寛甸満族
自治県
慈江道
金策
朝鮮民主主義人民共和国
新義州
平安北道
丹東
咸興
東倉里
寧辺
咸鏡南道
平安南道
順川
日本海
（東海）
元山
平壌
南浦
江原道
黄海北道
沙里院
金剛山
黄海南道
鉄原
海州
開城
春川
ソウル
江陵
鬱陵島
江原道
京畿道
仁川
水原
忠清北道
大韓民国
清州
忠清南道
慶尚北道
黄海
浦項
大田
慶州
全州
大邱
全羅北道
慶尚南道
蔚山
昌原
金海
光州
順天
釜山
全羅南道
巨済島
麗水
珍島
対馬
済州特別自治道
日　本
現代の朝鮮半島

て、軍が党を握ったという事実である。

ひときわ強い説得力を持つのは、鐸木《すずき》昌之*による「首領制国家」論である。鐸木*によれば、北朝鮮国家の本質は、儒教的伝統と社会主義が合体してできた首領制という特異な統治形態にある。それは「首領の領導を代を継いで継続的に実現することを目的とする体制」(『北朝鮮首領制の形成と変容』一五頁)である。

†北朝鮮の中核思想と歴史観

朝鮮民主主義人民共和国という国家の思想の中核は、反帝国主義、反封建主義、反事大主義である。この思想は徹底しており、明確であり、揺るぎがない。この国家自ら「唯一思想体系」といっているのだから、この国家においては多様な思想が許されてはいない。したがってこの国家を唯一思想国家と呼んでなんら差支えがない。具体的な名称はチュチェ思想であるが、その中身は右に挙げたものである。

この思想は何を表現しているのだろうか。外部からの敵(侵略者、支配者)に対する敢然たる打倒であると同時に、内部の敵(封建的勢力、事大的勢力)に対する容赦ない粛清である。北朝鮮の思想の二側面を正確に理解しなくてはならない。たとえば日本に対しては、次のような認識を持っている。日本はたしかに帝国主義によってわが国を侵略した悪辣な国家であるが、これは帝国主義を奉ずる軍国主義者たちが行なったことであり、被支配階級である日本人民は、朝鮮人民と同じく日本軍国主義者たちの被害者であった。だから朝鮮人民と日本人民は反帝国主義の闘いを貫徹するかぎり、手を取り合うことができる。これは中国のいわゆる二分論(日本人を軍国主義侵略者とそれによる被害者としての人民の二類に分ける論)と全く同じ論理である。

つまりここでは、帝国主義を敵とするかぎり、かつての侵略側(日本)と被侵略側(朝鮮)は同じ立場に立ちうる、という思想が成り立っている。むしろ同じ朝鮮民族のうち封建主義や事大主義に染まっている者どものほうが敵性が強い。民族という概念に囚われないイデオロギー優先の思想がここにはある。

ちなみに韓国は共産主義的な階級史観を採らないので、中国や北朝鮮のような二分論はない。そのかわり韓国では、ごく一部の「良心的日本人」とそれ以外の日本人という道徳主義的な二分論を採る。「良心的日本人」とは、歴史に対して反省し、韓国の歴史観と同じか酷似した歴史観を持つ日本人のことをいう。

北朝鮮の歴史観によれば、朝鮮半島における正統的な国家は三つである。それは、高句麗、高麗、および朝鮮民主主義人民共和国である。正統性の有無を判断する基準は、その国家の自立性/傀儡《かいらい》性である。北朝鮮の歴史観においては、新羅、朝鮮(李氏朝鮮)、南朝鮮(韓国)は正統性を持つ国家ではない。なぜなら新羅は唐と野合して高句麗と百済を滅ぼしたのであり、朝鮮半島を統一したといっても高句麗の領土は失っている。朝鮮は明と清に事大したし、南朝鮮は米国の傀儡だからである。

†一九四〇〜一九八〇年代

朝鮮民主主義人民共和国は一九四八年九月九日に建国された。このときに「朝鮮民主主義人民共和国憲法」が制定された。

一九四九年に、北朝鮮労働党とソウルの南朝鮮労働党が合体して、朝鮮労働党ができた。その始点は一九四五年十月十日に発足した朝鮮共産党北部分局である（併合植民地期にはコミンテルンの方針によりごく短期間を除いて朝鮮共産党をつくることができなかった）。金日成が中央委員会の初代委員長となった。

北朝鮮は社会主義国家であるから、革命に関しては精緻な理論構築が必要だった。その根幹を成すもののひとつが、土地改革である。北朝鮮を代表する歴史家である金錫亨《キムソッキョン》＊は、京城帝国大学法文学部朝鮮史学科を卒業した。彼によれば、朝鮮社会は甲午改革以前は奴婢制に依存していたが、甲午改革以後もその性格は変わらず、封建地主が悪辣に小作農民を搾取する封建的土地所有関係は日帝の植民地下でも米帝の南朝鮮植民地下でも変わらなかった。共和国北半部（北朝鮮）における金日成元帥の領導による土地改革によってはじめて、朝鮮民族は封建的な小農経営から脱することができたとする（『朝鮮封建時代農民の階級構成』）。

一九五〇年六月二十五日の未明に、北朝鮮の軍隊が突如南侵を開始した。朝鮮戦争（北朝鮮では祖国解放戦争という）の始まりである。数百万人の死者を出したこの悲惨な戦争は、一九五三年七月二十七日に休戦協定が結ばれて一旦停止となった（ただし韓国は休戦協定の当事者にはいっていない）。

朝鮮戦争後の復興は、ソ連および東欧諸国、そして中国からの援助を土台に進められた。一九五五年には、南日《ナムイル》声明を出して、日本政府に対して貿易・文化の関係を開くことを求めた。この間、北朝鮮では劇しい党派闘争が展開された。金日成によって、ソ連派や朴憲永派などが「反党的分派分子」とされて粛清されたり、勢力を削がれた。後に延安派も粛清された。

一九五八年に始まった生産向上運動が、「千里馬運動」である。一日に千里を走るという朝鮮の伝説上の馬が千里馬である。和田春樹*はこれを「スタハノフ運動の朝鮮版」であるという（『北朝鮮現代史』九六頁）。なお、後に二〇一〇年代には、金日成の孫の金正恩が、「万里馬運動」を開始した。

一九六〇年代に、金日成はチュチェ（主体）思想を強化する。朝鮮の革命をしている朝鮮の人民は、主体的な「われわれ」のやり方をして民族的自負心を養わねばならない、というものである。北朝鮮では、チュチェ思想の始まりは一九三〇年であるとされるが、公式的に確認できるのは、一九五五年である。

チュチェ精神の体現として、一九六〇年に金日成は、平安南道青山里における農村工作の方法を「青山里方法《チョンサルリ》」とし、その精神を「青山里精神」と規定した。

また一九六一年には平安南道大安の電気工場における責任制を「大安《テアン》の事業体系」として定式化した。

時代的な背景として中ソの対立が表面化したこの時期に、北朝鮮は独自の路線を取ることを決めた。一九六五年に金日成が、インドネシアのアリ・アルハム社会科学院での講演で対外的にはじめて、チュチェ思想を語った。「思想における主体、政治における自主、経済における自立、国防における自衛」というのがその有名な表現である。

一九六七年には金日成が演説で、「党の唯一思想体系の確立」を語った。

一九七〇年代のはじめに、金日成の後継者として、長男の金正日が浮上してくる。金正日は一九七四年二月、全国党宣伝講習会において、「全社会の金日成主義化」を語った。また「速度戦」による経済建設を開始した。

一九八二年、金日成が七十歳になったのを記念して、平壌で「全国チュチェ思想討論会」が開催された。

†一九九〇～二〇一〇年代

一九八八年に韓国がソウルオリンピックを成功させたことは、北朝鮮に強烈な焦りを与えた。だがそれよりも大きな潮流が一九九〇年代に北朝鮮を呑み込むことになる。それは、ソ連と東欧における共産主義国家の崩壊である。

きわめて大きな危機感を抱いた金正日は、一九九一年五月に、「人民大衆中心のウリ式社会主義は必勝不敗である」という講話を行った。「ウリ」は朝鮮語で「われわれ」という意であるから、「ウリ式社会主義」は「われわれ式社会主義」とも訳される。

この当時、北朝鮮の外側では、「ウリ式社会主義」というスローガンに対してその有効性を懐疑する論調が主流であった。たしかにその後の北朝鮮の苦境を見れば、「ウリ式社会主義」が成功したとはいえないであろう。しかしこの当時、「北朝鮮もソ連や東欧と同じく早晩崩壊する」という論調が多かったにもかかわらず、その後北朝鮮は崩壊せずに存続する。

一九九二年四月に北朝鮮は憲法を改正し、「朝鮮民主主義人民共和国社会主義憲法」とした。この新しい憲法においては、マルクス・レーニン主義がこの国の指導理念であるという文言が消えた。チュチェ思想のみがこの国の指導理念となったのである。

一九九四年には米国・韓国と北朝鮮のあいだで軍事的な緊張が極度に高まったが、訪朝した米国のカーター元大統領が金日成と会談して危機は劇的に回避される。その直後、七月に金日成が急逝する。金日成が死去したあと、金正日が代を継ぐが、彼はしばらくのあいだ政治の表舞台には出てこなかった。

一九九六年から、「苦難の行軍」が唱えられる。

一九九七年二月、黄長燁《ファンジャンヨプ》（一九二三〜二〇一〇）が韓国に亡命した。黄長燁は、金日成総合大学総長や党秘書を歴任し、事実上、北朝鮮のチュチェ思想の哲学的内容をつくりあげてきたとされる人物である。チュチェ思想の中枢的人物である黄長燁の亡命は、朝鮮半島内外に大きな衝撃を与えた。黄長燁は亡命後、韓国政府の完全な保護のもとに、北朝鮮の思想および体制に関する批判的な著作を多く執筆した。

一九九八年には、「強盛大国」というスローガンを掲げる。

二〇〇〇年六月に、金正日と韓国の金大中大統領が、平壌で歴史的な会談を行った。

金正日は日本との関係修復にも動き、二〇〇二年と二〇〇四年に小泉純一郎首相が平壌を訪問して首脳会談を行った。二〇〇二年には小泉首相が植民地支配を反省し、金正日が拉致問題について謝罪し、「日朝平壌宣言」を出して国交正常化へ向けて動いたが、その後の拉致問題の展開によってこの動きは停止し、逆に日朝関係は極度の硬直化を招いた。

二〇〇六年にはじめての核実験を行い、核兵器の保有を宣言した（北朝鮮はその後、二〇〇九年、二〇一三年、二〇一六年に二回、二〇一七年に核実験をした)。

二〇〇九年の憲法改正で、チュチェ思想と先軍思想が北朝鮮の二大指導思想であると明確に規定された。

二〇一一年十二月に金正日総書記が死亡する。後を託されたのはまだ二十代の金正恩であった。彼は「核と経済の並進路線」を打ち出し、核兵器の開発・能力向上と経済発展の両軸を国家の中心課題に据えた。

2 政治家・思想家たち

†金日成

金日成《キムイルソン》は一九一二年四月十五日に平壌郊外、大同江《テドンガン》の近くに生まれた。本名は金成柱《キムソンジュ》である。父は金亨稷《キムヒョンジク》(一八九四~一九二六、本貫は全州《チョンジュ》)、母は康盤石《カンバンソク》であり、哲柱《チョルチュ》、英柱《ヨンジュ》という二人の弟がいた。貧農であったとされるが、一家は反日・反帝国主義の闘争において由緒正しい革命家の血統を継いでいたとされる。

平壌郊外の万景台《マンギョンデ》には、金日成の生家が保存されて建っている。粗末な藁葺き屋根の朝鮮農家であるが、ここで金日成少年は打倒日本帝国主義の夢と大志を抱いたとされる。生家の背後には小高い山（万景峰）があるが、少年は峰への道すがらにある船の形をした岩に乗り、それを軍艦に見立てて、日本を壊滅させる空想にふけった。

十四歳のときに彼は、「チョソンが独立しなければ再びもどっては来まいとかたく決心して」（チョソン労働党中央委員会党歴史研究所『キム・イルソン同志の革命活動　略歴』外国文出版社、平壌、一九六九、八頁）、鴨緑江を渡った。

満州においては、朝鮮人のパルチザンは一九三〇年代に中国共産党の支配下に組み込まれた。これが東北抗日聯軍である。金日成は当初中国共産党の支配下にいたが、のちにソ連領に脱する。一九四五年の解放後に金日成がソ連の後ろ盾で朝鮮に帰国したのはそのためである。金日成が満州から朝鮮に率いてきたパルチザンは二百名未満だった（徐大粛*）。その後、朝鮮民主主義人民共和国の建国、朝鮮戦争、政敵の打倒、戦後復興、自主路線の開拓、チュチェ（主体）思想の確立などを成し遂げていく。

なお、北朝鮮では金日成の誕生日である四月十五日を「太陽節」として祝う。また金日成の生年である一九一二年を「チュチェ元年」としている。たとえば西暦二〇一七年は、北朝鮮の元号では「チュチェ百六年」となる。

†朴憲永

朴憲永《パクコニョン》（一九〇〇?〜一九五六?、号は而丁《イジョン》、本貫は寧海《ヨンヘ》）はもっとも有能かつ尊敬を集めた朝鮮の共産主義者であった。一九二五年に第一次朝鮮共産党を創立したときのメンバーであり、解放後すぐに朝鮮共産党を再建した中心人物が朴憲永であった。彼の本拠地は南朝鮮にあり、南労党（南朝鮮労働党）出身であったが、北朝鮮の共産主義者たちにとってももっとも影響力の強い人物であった。一九四八年の第一次内閣では副首相兼外相を務めた。金日成は朴憲永を牽制するために、満州派だけでなくソ連派、延安（中国）派といった外国での活動を背景としたグループを登用した。

朝鮮戦争が北朝鮮の思い描いたような戦果を上げられずに膠着した一九五一年に、朴憲永の右腕である李承燁《リスンヨプ》（一九〇五〜一九五四、本貫は仁川《インチョン》）が軍事クーデターを起こして金日成を除去しようとしたとされる。クーデターは一九五三年に実行されたが失敗に終わったとされ、李承燁らが一斉に逮捕された。朴憲永も逮捕された。アメリカ帝国主義者のためのスパイ行為を働いたこと、南朝鮮における民主勢力および共産主義革命勢力を無差別に壊滅させたこと、軍隊を動かして政府転覆を謀ったことが罪状であった。徐大粛*は「裁判記録を読んでみると、そこにあげられている証拠はほとんど説得力を持っていない」「朴憲永に対する訴追の中味は、他の被告たちに対するものにもまして、ばかげた内容だった」（徐大粛*、林茂訳『金日成』二〇一〜二〇五頁）といっている。

だが朴憲永、李承燁をはじめ訴追された者はすべて、起訴事実を認めた。朴憲永は死刑の宣告を受けたが、刑の執行時期は不明である。

†許哥誼・金料奉・崔昌益・朴昌玉

許哥誼《ホガイ》（許哥而《ホガイ》とも、一九〇八〜一九五三、ソ連名はアレクセイ・イワノヴィチ・ヘガイ）は高麗人の革命家である。高麗人とは朝鮮からソ連に移住した人びとをいう。許哥誼は解放後朝鮮に入り、「ソ連派」の中心人物となった。朝鮮労働党の設立および朝鮮民主主義人民共和国の建国に際して主導的な役割を果たした。一九五〇年の朝鮮戦争に関して、戦況の泥沼化とともに金日成とのあいだで不和が生じ、結局許哥誼は権力の座から降りることとなる。一九五三年には朴憲永をはじめとする国内派が弾圧されていくが、そのさなかに許哥誼は謎の死を遂げる。

金料奉《キムドゥボン》（一八八九〜一九五八?、号は白淵《ペギョン》）は独立運動家出身で北朝鮮の国家元首まで務めたが、最終的に金日成に粛清された。彼は上海の大韓民国臨時政府に加わるが、共産党に入党し、一九四二年に中国・延安に移って独立同盟を結成する。日本の敗戦以後は朝鮮に戻り、一九四六年に北朝鮮労働党の党中央委員会委員長になった（副委員長は金日成）。一九四八年には最高人民会議常任委員長になり、九月九日の朝鮮民主主義人民共和国の建国とともに国家元首となった（首相は金日成）。このように彼は名実ともに共産主義系の最大の実力者のひとりだった。だが一九五〇年の朝鮮戦争の開戦に彼は反対し、開戦を強行した金日成と対立した。その後、金日成が独裁的統治スタイルを構築しようとするや、金科奉らの延安派と金日成らの満州派の対立は激化した。結局、金日成による延安派に対する粛清が一九五八年に行われ、金科奉は処刑されたという。

崔昌益《チエチャンイク》（一八九六〜一九五七）は日本の早稲田大学に学んだ後、中国で独立闘争をして解放後に朝鮮半島北部に帰還した共産主義者であり、金科奉とともに延安派の中心人物であった。一九四八年には朝鮮民主主義人民共和国の樹立に参加し、副首相などの要職を歴任した。一九五六年八月にはソ連派の朴昌玉らとともに金日成の個人独裁を強く批判し、また朝鮮独立の主体は満州パルチザンだけでなく多様であることを主張したが（八月宗派事件）、逆に金日成により事大主義者・宗派主義者として批判され、粛清された。中国からの抗議もあって一時は釈放されたが、結局獄死した。

朴昌玉《パクチャンオク》（?〜一九五八）はソ連派の代表的な政治家であった。ハバロフスクの朝鮮師範大学校を卒業後、教員をしていたが、その後政治家となり、北朝鮮においてソ連派の中心人物となった。一九五三年に朝鮮労働党政治局員となり、翌年には副総理兼国家計画委員会委員長となる。だが金日成により執拗な批判を受けるようになる。一九五五年以降、金日成はさかんに「チュチェ（主体）」を強調するようになるが、彼の演説などを読むと、それは主に朴昌玉らを批判するための論理なのであった。つまり朝鮮革命のためには「チュチェ（主体）」をうちたてる必要があるのだが、朴昌玉などが教条主義、形式主義に陥っていて「チュチェ（主体）」を失っているという批判であった。一九五六年八月に朴昌玉は延安派の崔昌益らとともに金日成の一人独裁を正面から批判したが（八月宗派事件）、逆に金日成によって一九五八年九月に粛清された。

†金正日

北朝鮮では、金正日（一九四一〜二〇一一）は白頭山で生まれたとされているが、事実は、ソ連生まれであるとする説が有力である。金日成総合大学を卒業する。一九七三年九月に党中央委総会で組織・宣伝担当書記に選ばれる。一九七四年二月には金日成の後継者として決定される。「党中央」という呼び名で金正日は活動するようになる。このときに金正日はチュチェ思想を「金日成主義」と定式化する。一九八〇年十月に第六回党大会で、政治局常務委員に選ばれる。このとき金正日の名が公式に明らかにされる。一九九一年十二月に軍最高司令官となる。一九九二年四月には共和国元帥となる。一九九三年四月に国防委員長となる。一九九四年七月に金日成が死去すると、喪に服するという形で公式的な場から姿を消すようになる。一九九七年十月に、服喪期間が終わって新設の党総書記（正式には党中央委員会総書記）となる。金正日は特に思想・芸術方面に天才的な能力を持っているとされ、独創的な芸術哲学である「種子論」を唱えた。

二〇〇八年に病に倒れたといわれる。その後回復したが精力的な活動をさらに推進し、心身の疲弊が極度に達して、二〇一一年十二月に死去する。

†金正恩

金正恩は、金正日と高英姫（音写で高容姫という説も）とのあいだに生まれた。高英姫は大阪生まれの在日朝鮮人である。生年ははっきりとはわかっていない。一九八四年生まれという説が有力である。

北朝鮮では金日成、金正日、金正恩と三代にわたる世襲が行われてきた。これを説明する論理は「革命の血統」である。金日成が開拓した革命偉業を代を継いで継承する、という考えだ。これは、抗日遊撃隊という北朝鮮国家の原点を継承するという論理なので、その革命精神の純血性という意味で、ほかの勢力を排除する説得力を持つ。もうひとつ重要なのは、「首領福」という概念である。北朝鮮の人民は、金日成に与えられた「首領福」を持っているというのだ。

金正日には「将軍福」を、金正恩には「大将福」をもらっているという表現もかつてはしていた。これは、民衆側が伝統的に持ちつづけている祈福的な世界観を吸収した概念であるにちがいない。「首領福」を与えられたわれらは幸せであり、「首領福」を与えることができるのは白頭の血統の継承者のみである、という観念があるのであろう。

金正恩は、二〇一〇年九月に党中央軍事委副委員長となってはじめて名前が公開される。二〇一一年十二月に金正日が死去すると、直後に軍最高司令官となる。二〇一二年四月に新設の党第一書記および国防委員会第一委員長となる。同年十二月に共和国元帥となる。二〇一六年五月に新設の党委員長になる。同年六月には国防委に代えて新設の国務委の委員長となる。

金正恩は十代のころヨーロッパで教育を受けたこともあり、開放的な政策を展開するのではないかと期待もされた。だが、その統治方法は徹底した独裁であり、敵対勢力に対する容赦のない粛清であった。しかしこのような統治スタイルに対しては、大きく分けて二通りの見方がある。ひとつは、「金正恩は政治についてなにもわからない無能な独裁者である」というものだ。米国だけでなく日本の為政者やメディアでも広く共有されている認識だといってよい。だがもうひとつは、「金正恩はきわめて合理主義的な改革主義者であり、軍部を中心とした守旧勢力を除去して合理的な統治システムを構築しようとしている」というものであり、北朝鮮の事情に詳しい研究者やジャーナリストに共有されている認識といってよい。

金正恩は核実験を強行し、その核能力とミサイル能力を誇示した。彼の戦略は「核と経済発展の並進路線」と呼ばれる。

3　チュチェ思想

†不滅のチュチェ思想とその萌芽

北朝鮮の思想の中心は、一にも二にも三にもチュチェ思想である。「チュチェ」は「主体」の朝鮮語読みである。日本では「主体思想《しゅたいしそう》」ともいわれるが、「チュチェ思想」という呼称も使われる。国際的にも「juche idea」と呼ばれる。

北朝鮮の公式の歴史においては、金日成はその青年期に「不滅のチュチェ思想」を創始し、その思想に基づいて抗日革命闘争を組織・領導し、その結果「祖国解放の歴史的偉業」を成し遂げ、さらに朝鮮民主主義人民共和国を創建した、ということになっている。チュチェ思想がなければ抗日闘争もなく、祖国解放もなく、建国もなかったというのである。

チュチェ思想は、インド、パキスタン、スリランカ、アフリカ、イタリア、ラテンアメリカにおいて一定の影響力を持っている。チュチェ思想国際研究所の理事長はラモン・ヒメネス・

ロペスであり、日本の尾上健一が事務局長である（二〇一七年）。
北朝鮮では、金日成が「チュチェ（主体）」を唱えはじめたのは、一九三〇年六月三十日に彼が中国の卡倫において招集した、共産主義青年同盟および反帝青年同盟の指導メンバーの会議（卡倫会議）で発表したものだとされている（「チョソン」は「朝鮮」）。

われわれの当面の目的は、日本帝国主義侵略者を打倒し、チョソンの解放と独立を達成することである。ところで、われわれの闘争対象である日本帝国主義者はつま先まで武装した強盗である。……それゆえ、日本帝国主義者はみずからすすんでひきさがりはしない。それでは、だれがチョソンを独立させるのか⁉ 外国の援助によっては絶対に独立をかちとることはできない。……唯一の道は、われわれチョソン人自身の力で日本帝国主義に抗してたたかい、勝利することである。そのためには、武装闘争をおこなわなければならない。（チョソン労働党中央委員会党歴史研究所『キム・イルソン同志の革命活動　略歴』外国文出版社、平壌、一九六九、二二頁）

朝鮮人パルチザンたちは、満州地域での抗日闘争において主導権を握れず、中国やソ連の支配下に組み込まれる状態で活動するしかなかった。そのときに金日成は、「日本打倒の闘争は朝鮮人が主体にならなくてはならない」という強い思いを抱いていたのであろう。これを評して北朝鮮では、「キム・イルソン同志はまた、この会議で、武装闘争にかんするマルクス・レーニン主義理論を創造的に発展させたチョソン革命の主体的革命路線——抗日武装闘争路線をうちだしました」(前掲書、二一頁)といっているが、これは後年になってから作り上げられた話である。当時満十八歳の金成柱(金日成の本名)が「主体」に関する発言をこのときしたのがもし事実であるとしても、そこに後年の思想的な完成度があったわけでは決してない。ただ、若き金成柱の心に、後年「主体」として結晶される強烈な「朝鮮意識」が燃えていたことは、おそらく事実なのであろう。

†「チュチェ(主体)」の登場——一九五五年の演説

金日成が「チュチェ(主体)」に関して最初に明確な形で述べたのは、一九五五年だと思われる。「思想活動において教条主義と形式主義を一掃し、主体を確立するために——党の宣伝扇動活動家の集会でおこなった演説」(一九五五年十二月二十八日)という、きわめて有名で重要な演説がそれである(後につくられた文書との説もある)。この演説で金日成は、「われわれの宣伝活動は、おおくの点で教条主義と形式主義におちいっています」と指摘したあと、以下のように主張する。

すべての問題をふかくほりさげず、主体に欠けていることが、思想活動におけるもっともおもな欠陥であります。主体がないといえば語弊があるかもしれないが、じっさい、主体がはっきり確立されていません。これは重大な問題であります。（中略）わが党の思想活動における主体とはなんでしょうか？　われわれはなにをしているのでしょうか？　われわれは、あるよその国の革命をしているのではなく、まさにチョソンの革命をおこなっているのです。このチョソンの革命こそ、わが党の思想活動の主体なのであります。だから、すべての思想活動は、かならずチョソン革命の利益に服従させなければなりません。（キム・イルソン「思想活動において教条主義と形式主義を一掃し、主体を確立するために――党の宣伝扇動活動家の集会でおこなった演説」〈一九五五年十二月二十八日〉、チョソン労働党中央委員会党歴史研究所『キム・イルソン著作選集1』、チョソン・ピョンヤン　外国文出版社、一九七〇、五九二～五九三頁）

こう述べたあと、金日成は、チョソンの歴史・地理・風俗を知り、人民をその気質に合うように教育し、自分の郷土と祖国を熱烈に愛するようにさせることが重要だと説く。チョソンの多くの活動家が自国の歴史を知らないため、伝統を継承・発展しようとしない。これでは結局は、チョソンの歴史を否定することになってしまうと彼はいう（具体的には政敵であった朴昌玉を批判している)。人民学校に行ったら、かけてある写真はマヤコフスキー、プーシキンなど外国人のものばかりで、チョソン人のものはひとつもなかったという。このような教育ではたして民族的自負心が生まれるのか、と金日成は問う。この語を契機にして、後に朝鮮の学校に金日成の肖像画が飾られることになる。

†自主・自立・自衛——一九六〇年代

対外的に「チュチェ思想」が語られたのは、一九六五年が最初である。この年の四月十四日、金日成はインドネシアのアリ・アルハム社会科学院で著名な講演を行なった。この講演で金日成が「自主・自立・自衛」を語ったとされるが、それがより明確なかたちで定式化されるのは一九六七年である。彼はいう。

共和国政府は、わが党の主体思想をすべての部門にわたってりっぱに具現することによって、国の政治的自主性を強固にし、わが民族の完全な統一独立と繁栄を保障しうる自立的民族経済の土台をいっそううちかため、自力で祖国の安全をたのもしく防衛することができるよう国の防衛力を強めるための自主・自立・自衛の路線を徹底的につらぬくでありましょう。（キム・イルソン「国家活動のすべての分野で自主・自立・自衛の革命精神をいっそう徹底的に具現しよう――チョソン民主主義人民共和国最高人民会議第四期第一回会議で発表したチョソン民主主義人民共和国政府の政綱」〈一九六七年十二月十六日〉、チョソン労働党中央委員会党歴史研究所『キム・イルソン著作選集4』、チョソン・ピョンヤン　外国文出版社、一九七一、五七二頁）

†憲法とチュチェ思想

北朝鮮においてチュチェ思想が国家のなかでどのように位置づけられているかを、憲法の規定の変遷から見てみる。

一九四八年の建国時の憲法には、当然ながらチュチェ思想に対する言及はない。

一九七二年の改正憲法・第四条の規定は次のとおりである。この憲法ではじめて、チュチェ思想が言及された。

朝鮮民主主義人民共和国は、マルクス・レーニン主義をわが国の現実に創造的に適用した朝鮮労働党のチュチェ思想を自らの活動の指導的指針とみなす。

一九九二年の改正憲法・第三条では、次のように規定された。この憲法で、マルクス・レーニン主義という語が消えた。

朝鮮民主主義人民共和国は、人間中心の世界観であり、人民大衆の自主性を実現するための革命思想であるチュチェ思想を自らの活動の指導的指針とする。

二〇〇九年の改正憲法・第三条では、次のように規定されてチュチェ思想と先軍思想とが並列された。

朝鮮民主主義人民共和国は、人間中心の世界観であり、人民大衆の自主性を実現するための革命思想であるチュチェ思想、先軍思想を自らの活動の指導的指針とする。

†社会政治的生命体論

社会政治的生命体論は、チュチェ思想を補完する思想的装置として最強のものである。これは「親からもらった肉体的生命は有限だが、オボイ首領から与えられた社会政治的生命は永遠に生きる」という思想である。この社会政治的生命は、革命的生命でもある。すなわち、朝鮮の革命に生きる同志は、自らの生命を肉体的生命から社会政治的生命に高めうる。そして革命のために肉体的生命を失っても、革命的な社会政治的生命は永生するのである。鐸木昌之*によれば、金日成が「政治的生命」を語ったのは一九五九年が最初である。六〇年代に思想的内容が加わり、一九七二年には「社会政治的生命」という語が公式文献で初めて使われ、その後、金正日によって理論化されてゆく(『北朝鮮　首領制の形成と変容』一四六〜一五七頁)。

この思想の淵源は、キリスト教と儒教および日本の国体論にあるとわたし(小倉)は考えている。

そもそも朝鮮半島北部、特に平壌は併合植民地時代に「東洋のイェルサレム」と呼ばれるほどキリスト教信者が多かった。このような宗教的伝統を、北朝鮮の思想は引き継いでいる。社会政治的生命体論は、キリスト教のうちパウロの思想と酷似している。パウロは、「父母にもらった肉体的生命は有限だが、霊によって与えられた生命は永遠に生きる」といって、人びとの信仰を獲得した。

また儒教にも、似たような思想がある。儒教では本来、霊魂の不滅性を否定し、生きている人間を形成する気は、死後に魂と魄に分かれて徐々に個性を失いつつひとつの気に溶融していくと考える。だが血族のなかで特別に傑出した人物や、国家や共同体にとって特に道徳的な人物(義士や烈士など)は、その魂が個性を維持したまま永遠に生き残ると考えられる。

日本の一九三〇年代の国体論は、右のキリスト教および儒教の影響を受けて構築されたものである。国体論の完成版である『國體の本義』(文部省、一九三七)では、天皇のために身命を捧げることは、国民としての真生命、歴史的生命を生かすことだとされた。

†チュチェ思想の内容①――自主性

チュチェ思想とはなにか。この思想に関してもっともコンパクトに整理されたパンフレットを参照してみよう（『チュチェ思想問答』、朝鮮民主主義人民共和国　外国文出版社、二〇一二）。

チュチェ思想とは、「革命と建設の主人は人民大衆であり、革命と建設をおし進める力も人民大衆にあるという思想」である。これはまた、「自己の運命の主人は自分自身であり、自己の運命を切り開く力も自分自身にあるという思想」であるといい換えられうるとされる（前掲書、一頁）。

「人間があらゆるものの主人であり、すべてを決定する」というのが、チュチェ思想のもっとも凝縮されたスローガンである。そしてそこでは、自主性・創造性・意識性がもっとも重要であるとされる。

自主性と創造性、意識性ゆえに、人間は世界で特殊な地位をしめ、特殊な役割を果たす存在となります。いいかえれば、自主性と創造性、意識性ゆえに、人間は世界を支配する唯一の主人に、世界を改造し変革する唯一の創造者となるのです。（金日成『反帝闘争と国際連帯』

白峰文庫、六七頁）

これが、金日成によって高らかに宣言され、北朝鮮で連綿と受け継がれてきたチュチェ思想の根本である。

チュチェ思想における「自主性」とは、「世界と自己の運命の主人として生き発展しようとする、社会的人間の属性である」（前掲『チュチェ思想問答』七頁）と説明される。

自主性ゆえに、人間は自然と社会のあらゆる束縛・従属に反対し、すべてのものを自己に奉仕するように変えていく。（改行）人間は自然の束縛と社会的従属を甘受せず、これを振り切って自由に生きることを望み、その実現のためにたたかうのである。（前掲書、七〜八頁）

北朝鮮のような「自由のない社会」において、右のような「自主性」が強調されているのは滑稽な矛盾であるかのようにも思える。だが、北朝鮮の論理が破綻しているとは一概にはいえない。

人間にとって自主性は生命である。（改行）人間にとって自主性は生命だというとき、その生命とは社会的・政治的生命のことである。肉体的生命は生物有機体としての人間の生命であるが、社会的・政治的生命は社会的存在としての人間の生命である。(改行)社会的存在である人間にとって、肉体的生命より社会的・政治的生命の方がより貴重である。たとえ肉体的生命を維持していても、社会的に見捨てられ政治的自主性を失うことになれば、社会的人間としては屍も同然である。(前掲書、八〜九頁)

つまり「自主性」とは、金日成によって与えられた革命的な社会的・政治的生命なのであって、これに比べれば肉体的生命は重要ではない。肉体的生命の自主性が重要なのではなく、チュチェ(主体)としての社会的・政治的生命の自主性が重要なのである。したがって後者のために前者の自由が制限されるのは当然なのだ。

†チュチェ思想の内容②――創造性

チュチェ思想では「創造性」が重要だとされる。

創造性は目的意識的に世界を改造し、自己の運命を切り開いていく社会的人間の属性である。(改行)創造性ゆえに、人間は古いものを変革し、新しいものを創造しながら、自然と社会

を自己にとっていっそう有用・有益なものに改造していく。（前掲書、九頁）

自主性は創造性発現の要因である。（中略）人間は創造性を持つがゆえに自主性を実現することができ、創造性が高く発揮されればされるほど自主性はいっそう高く実現されていくのである。（前掲書、一一頁）

つまりここでいう「創造性」とは、社会的・政治的生命としての革命主体が革命を遂行していくうえで自然・旧社会を変革してゆく動力なのである。個人の欲望や意図にもとづいた創造を語っているのではないことは、いうまでもない。北朝鮮社会がこれまでいかに多くの創造的変革を成し遂げてきたのか、そのことを資本主義的・自由主義的な観点からのみ過小評価してはならないだろう。決して理想社会にはならなかったが、北朝鮮の歴史は革命的・自主的な創造の連続であったのである。そのことは、平壌の美しい街並みを見ればよくわかる。そこには、韓国・ソウルで見られるような個人商店や個人企業の雑多で猥雑で醜い個人主義的な欲望の景観とはまったく異なる、革命的で創造的で絶美の景観が繰り広げられているのである。個人の欲望を統制した革命的な全体主義がつくりだした、息をのむような美しさといってよい。

†チュチェ思想の内容③——意識性

意識性とはなにか。

意識性は、世界と自分自身を把握し改造する活動のすべてを規制する、社会的人間の属性である。（改行）意識性によって、人間は世界とその運動発展の合法則性を把握し、自然と社会を自己の要求に即して改造し発展させていく。（前掲書、一〇頁）

ここで「意識性」は「社会的人間の属性」であるとされているのは、人間の肉体的生命としての有機体が持つ意識を「意識性」というのではなく、あくまでも社会的・政治的生命としての革命的主体が持つ意識こそが重要であるといっているわけである。

これまで見てきたように、チュチェ思想においてもっとも重要な「自主性、創造性、意識性」は、資本主義社会・自由主義社会におけるそれらとは判然と異なる概念である。この点を明確に認識すれば、チュチェ思想の論理整合性およびその論理整合性が持つ果てしない暴力性と抑圧性を理解することができるだろう。

†首領と党の主導

結局、歴史の主体となって自然や社会を改造できるのは人民大衆なのだが、この人民大衆は勝手に自分たちの考えにもとづいて歴史を切り開いていけるわけではない。このことをもっと明確に述べると、以下のようになる。「領袖」というのは「首領」のことである。

人民大衆を歴史の自主的な主体にならせる決定的な要因は、卓越した領袖と革命的党の指導である。(改行)人民大衆は歴史の創造者ではあるが、正しい指導を得てのみ歴史の発展で主体の地位を占め、役割を果たしていけるのである。人民大衆が革命的に意識化、組織化された勢力として結束し、自己の責任と使命を全うしていけるか否かは、正しい指導を受けられるか否かにかかっている。党と領袖の正しい指導を受ける人民大衆だけが、歴史と自己の運命を自主的、創造的に切り開いていく歴史の自主的な主体になれるのである。(前掲書、二九〜三〇頁)

チュチェ思想は思想の回路が複雑ではあるが、結局は人民大衆が個となって自分独自の思考を打ち立てることを源泉から遮断する。自主性・創造性・意識性を司っているのは首領と党なのである。

†事大主義を排す

金日成は、自民族および世界のすべての民族にとっての最大の病弊は事大主義だと規定する。次の言葉は金日成が日本の『世界』誌（岩波書店発行）編集長（安江良介）に語った言葉である。

チュチェ思想を確立するうえで主な隘路の一つは、事大主義思想であります。事大主義は、わが国で久しい前から伝わってきた古い思想です。事大主義者は、自分のものは何でも悪く、自分にはよいものは何もないといい、ひとのものは何でもよいといいます。このように、かれらは自分のものにたいして虚無主義的に接しています。（改行）いうまでもなく、人のものにはよいものもあり悪いものもあるだけに、よいものを学びとることもできます。われわれが事大主義に反対するからといって、排外主義に走ろうとするのではありません。（「日本の政治理論雑誌『世界』編集長との談話（抜粋）一九七二年十月六日」『キム・イルソン　わが革命におけるチュチェについて2』チョソン・ピョンヤン　外国文出版社、一九七五、四五五頁）

事大主義とは、「大きな国、発展した国に仕え、崇拝する奴隷的屈従思想であり、自国、自民族を自ら低く見て蔑視する民族虚無主義思想」である（金日成「チュチェ思想について」）。もともと「事大」は『孟子』に出てくる言葉で、小さな国が「大きな国に事《つか》える」ことである（『孟子』では悪い意味ではない）。

民族虚無主義とは、北朝鮮の『哲学事典』（社会科学出版社、一九八五）によれば、「自分のものには蓋を閉めて見下し、大きな国のものだけをよいとする」思想であり、「民族虚無主義に陥ると人びとは自分の力を信じなくなり、自分のものを発展させようという考えもしなくなり、人のものばかり眺めているような間抜けになってしまう」という。

重要なのは、北朝鮮は「わが国は偉大な国だから事大主義から脱している」とは決していっていないことだ。むしろ自国のなかの事大主義者を剔抉するために、この概念を駆使しているのである。「事大主義は旧社会の遺物として社会主義社会にも一定期間残存する可能性があり、革命と建設の障害になる。人が事大主義をすれば阿呆になり、民族が事大主義をすれば国が滅び、党が事大主義をすれば革命と建設を台無しにする」（『哲学事典』）。

朝鮮民族でいえば、唐に事大した新羅や、明・清に事大した朝鮮王朝、そして米国に事大する南朝鮮（韓国）は、自主性、主体性の欠如した傀儡国家なのである。特に腐敗した米帝に対する南朝鮮の事大主義こそ、思想的毒素にほかならない。

事大主義を根絶するにはどうしたらよいのか。チュチェ思想で徹底的に武装し、人びとの体にチュチェ型の血だけが流れるようにすることが第一だ。そして民族的自負心を持つこと、さらに自国の経済と文化、科学技術などすべての面を発展させなくてはならない。自国が他国よりすべての面で優越するとき、事大主義思想はなくなる（以上、『哲学事典』）。

この論理においては、文明の発展にはまず模倣や憧憬という契機があることが認められていない。他者を模倣したり憧れたりせず、ただひたすら自民族を誇りに思って自国の文明を内発的に発展させなくてはならない。おそらく北朝鮮の文明的発展が遅れた理由のひとつが、ここにある。すべてを自国・自民族という土台のみから純粋に創造する、という純血主義思想の極端な姿が、ここにはある。

†チュチェ思想をどう見るか

チュチェ思想は、はじめは国際関係の中での自主路線を意味した。それに①自主性②創造性③意識性という意味が与えられたのは後のことである。この思想を最高に濃縮すると、そのエッセンスは「人間が主人である」ということである。だがそうするとすぐに、誰でも「ではなぜ北朝鮮の人民は非主体的なのか」という疑問を持つ。このことについて少し考えてみよう。

そもそも北朝鮮はマルクス主義の国家であるから、マルクス主義の科学的な法則性にのっとった歴史観を持つことになった。だがそれに従えば、大国のいいなりになることになるという隘路が待ち構えていた。ここでいう大国とはソ連と中国である。ここで北朝鮮は、ソ連・中国を修正主義・教条主義として批判し、自らは主体的な路線を歩むと宣言したのである。そしてこのチュチェとは人間中心主義であると規定した。北朝鮮は、ソ連や中国とは異なって人間中心主義でゆくと決心したのである。ここで人間というのは朝鮮人のことであり、「ウリ（われわれ）」のことである。ここに、チュチェ（主体）主義＝人間中心主義＝ウリ式社会主義という図式ができあがる（ただし北朝鮮が「ウリ式社会主義」という言葉を公式的に使いはじめるのは、一九九〇年代になってからである）。

そしておそらくこの思想化を推進したのが黄長燁であったが、彼にとってあらかじめ存在したのは人間であった。だが、現実的にはあらかじめ存在したのは金日成であった。それが北朝鮮の政治的現実であった。そしてこの金日成を存在せしめているのはソ連と中国であった。ここに、思想と現実との大きな矛盾が現実化する。

つまり、北朝鮮には①あらかじめ存在するのは金日成であるとする派と、②あらかじめ存在するのは人間であるとする派のふたつがあったことになる。①は日本の国体思想を受け継いでおり、フォイエルバッハ的である。金正日はこちらの立場であった。②は黄長燁の立場である。それゆえ金正日とは相容れず、亡命するしかなかった。

別の言い方をするなら、チュチェ思想は人間を疎外するのである。「朝鮮人」が疎外されたものが「金日成」であり、フォイエルバッハ的にいえばそれは一種の神である。

4 革命思想

†親日派の清算

北朝鮮は建国以前から、親日派に対して厳しい態度を取った。以下は金日成の発言である。

チョソンの資本家階級は、過去に、日本帝国主義と結託してチョソン人民を搾取し抑圧し、「民族改良」とか、「民族自治」などのスローガンをかかげて人民をあざむいてきました。もちろん、日本帝国主義に反対した民族資本家が全くいなかったわけではありません。(改行)日本帝国主義に反対して最後まで勇敢にたたかったのは、チョソンの労働者階級でありました。(中略)日本帝国主義に投降し、それと結託したチョソンの資本家階級が革命を指導しえないのは明らかであります。(中略)いま、われわれが日本帝国主義の手先どもを一掃することにたいして、韓国民主党はもうれつに反対しています。これはけっして偶然なことではありません。韓国民主党は、きのうまで日本帝国主義者と結託していた地主や隷属資本家の集団であります。かれらは、日本帝国主義が敗北するや親米派に早変りして、日本の保護のかわりに、アメリカの保護をもとめています。チョソンの地主や資本家で日本帝国主義の手先にならなかったものはごく少数にすぎず、その絶対多数が日本帝国主義の手足となって、チョソン人民を搾取し抑圧したことは、まぎれもない事実であります。したがって、われわれがこれらの親日地主、隷属資本家、民族反逆者を徹底的に一掃しなければならないのは、きわめて当然なことです。（キム・イルソン「新しいチョソンの建設と民族統一戦線について――各道の党責任幹部をまえにしておこなった演説」〈一九四五年十月十三日〉、チョソン労働党中央委員会党歴史研究所『キム・イルソン著作選集1』、チョソン・ピョンヤン　外国文出版社、一九七〇、三～六頁）

今日にいたるまで韓国が北朝鮮に正統性の劣等感を抱いている理由は、まさに右の金日成の言葉から理解できるかもしれない。金日成のこの主張のポイントは、「地主・資本家こそが親日派であり民族反逆者である」という論理を展開したことにより、「共産主義者でなければ親日問題を解決できない」という強固な枠組みを構築したことにある。これは、階級問題と無関係に「親日行為を清算したかどうか」を事実としてチェックする行為を無化する力を持つ。

事実として、韓国は親日派を清算できなかったことはたしかである。しかし近年、韓国側の歴史検証においては、北朝鮮も親日派の清算は恣意的に行っており、体系性や整合性が欠如していた、という認識が提示されている。

†朝鮮戦争の起源

一九五〇年六月二五日の未明に始まった朝鮮戦争は、北朝鮮が韓国に攻め入るという事態から始まったことが、現在、歴史的に疑う余地のない事実として認定されている。だがこの戦争の始点に関する北朝鮮側の認識は、北から南への「南侵」ではなく、南から北への「北侵」であった。以下は、六月二十六日の金日成による放送演説である（「共和国」は「朝鮮民主主義人民共和国」の意、「リ・スンマン」は李承晩の北朝鮮式発音）。

六月二十五日、売国の逆賊リ・スンマンかいらい政府の軍隊は、三八度線の全地域にわたって共和国北半部にたいする全面的な攻撃を開始しました。（中略）わが祖国の愛国的な全人民が、平和的な方法で祖国を統一するために全力をつくしてきたにもかかわらず、売国の逆賊リ・スンマン一味は、人民にそむき同族あいあらそう内乱をひきおこしました。（改行）ひろく知られているように、必死になって祖国の平和的統一に反対するリ・スンマン一味は、久しい前から内乱の準備をしてきました。かれらは南チョソン人民の血とあぶらをしぼって、気違いじみた軍備の拡張と後方の準備に狂奔しました。かれらは、かつて例のないテロの暴圧によって、南チョソンのすべての民主的な政党、大衆団体を非合法化し、愛国的で進歩的な人びとを逮捕、投獄、虐殺し、リ・スンマンの反動的な制度にたいするわずかな不満の表現にたいしても、きびしい弾圧をくわえました。祖国の独立と自由、民主主義のためにたたかった数十万のわが人民のすぐれたむすこや娘たちが、敵によって投獄され虐殺されました。(中略)リ・スンマン一味は、いわゆる「北伐」を準備する過程で、アメリカ帝国主義者のさしずに従い、チョソン人民の不倶戴天の敵、日本軍国主義者と手を結ぶことさえためらわなかったのです。(キム・イルソン「すべての力を戦争勝利のために——全チョソン人民への放送演説」〈一九五〇年六月二十五日〉、チョソン労働党中央委員会党歴史研究所『キム・イルソン著作選集1』、チョソン・ピョンヤン　外国文出版社、一九七〇、二八六〜二八七頁)

以上のような認識のもと、金日成はこの戦争を「祖国解放戦争」と位置づけた。そして一九五三年の停戦は、この戦争に朝鮮が勝利したという意味であるとこの国家では解釈している。そもそも朝鮮民主主義人民共和国の欺瞞性は、一九四五年に金成柱という青年が金日成を名乗って平壌に登場したときから始まっているが、その後は親日派の清算や土地改革など、正統性を誇ることのできる業績を築き上げつつあった。しかし朝鮮戦争に関する虚偽を練り上げることにより、取り返すことができない欺瞞性が構築されてしまった。

†千里馬運動と青山里方法

一九六〇年代から七〇年代にかけて、北朝鮮は革命を推進するためのさまざまなスローガンを掲げて世界にアピールした。おそらくこの時期が、北朝鮮の全盛期であった。日本に数多くの北朝鮮シンパを形成したのもこの時期であった。

「千里馬運動」は、その朝鮮語発音である「チョンリマ（正確には「チョルリマ」）運動」という言葉で日本社会にも大きな影響を与えた。

なお、金正恩時代には「万里馬《マルリマ》」という言葉が使われている。十年を一年に縮めて疾走する「朝鮮速度」による社会主義建設のキイワードである。

「青山里方法」と呼ばれているものは、金日成によれば、「上級機関が下級機関をたすけ、上部の人が下部の人をたすけ、政治活動を先行させ、大衆を動員して革命課題を遂行すること」（キム・イルソン「チョソン民主主義人民共和国における社会主義建設と南チョソン革命について」〈一九六五年四月十四日〉、チョソン労働党中央委員会党歴史研究所『キム・イルソン著作選集4』、チョソン・ピョンヤン　外国文出版社、一九七一、二四五頁）である。

†苦難の行軍と先軍思想

一九九〇年代に北朝鮮経済は著しく悪化した。一九九六年からの時期を「苦難の行軍」と呼ぶ。「苦難の行軍」とは、金日成の抗日遊撃隊が一九三八年末から数カ月のあいだ、酷寒の満州で日本の討伐隊とたたかいながら転戦したことを指すが、九〇年代に経済の危機を経験した北朝鮮は、この遊撃隊の必死の行軍を国民に追体験させ、不屈の精神力で克服させようとした。「苦難の行軍」の時期に北朝鮮では数十万人といわれる餓死者が出るなど、経済はどん底の状態となった。

一九九八年から一九九九年にかけて北朝鮮経済は好転のきざしを見せ、二〇〇〇年十月に北朝鮮は「苦難の行軍」が終わったことを宣言した。

一九九八年頃から「先軍政治」という言葉が登場する。一九九九年からは「先軍思想」という言葉が出現し、その後ずっと、北朝鮮思想におけるもっとも重要なキイワードとして使用されつづける。金日成の独創的な思想がチュチェ思想であるなら、金正日の独創的な思想が先軍思想だという位置づけで、両者は並列されるようになる。先軍思想とは文字どおり、軍を最優先する思想であり、軍が思想的に変質してはならず、軍こそが思想によってもっとも堅固に武装していなければならないという意味である。抗日遊撃隊が母胎である北朝鮮の原点への回帰ともいえるが、逆にいえば遊撃隊経験のない金正日が、軍を最大の思想の牙城と規定することで、体制側に軍を強固にしばりつける箍《たが》であるともいえる。

†金日成・金正日主義と朝鮮労働党第七回大会

金正恩時代になって、それまで「金日成主義」と呼ばれていた思想は、「金日成・金正日主義」と呼ばれるようになった。さらに「唯一的領導体系確立の十大原則」を打ち出し、「全社会を金日成・金正日化するために一身を捧げて闘争しなければならない」「偉大なる金日成同志と金正日同志をわれわれの党と人民の永遠の首領として、チュチェの太陽として、高く奉じなければならない」などという規定をした。

二〇一六年五月に改正された「朝鮮労働党規約」では、「全社会の金日成・金正日化」が公式的に規定された。

金正恩は、実に三十六年ぶりに開催された二〇一六年五月の朝鮮労働党大会（第七回）において、「全社会の金日成・金正日主義化」を強調した。

全社会を金日成・金正日主義化するということは、社会の全構成員を真の金日成・金正日主義者に育てあげ、政治と軍事、経済と文化をはじめすべての分野を金日成・金正日主義の要求どおりに改造して人民大衆の自主性を完全に実現していくことを意味します。（金正恩「朝鮮労働党第七回大会でおこなった中央委員会の活動報告　二〇一六年五月六日、七日」『金正恩著作集2』白峰社、二〇一七、一五三頁）

これを推進するためには、「自強力第一主義」を高く掲げなくてはならない。それは「自分の力と技術、資源に依拠して主体的力量を強化し、自分の前途をきり拓いていく革命精神」（前掲書、一五六頁）である。金日成と金正日のこのような自力自強の精神は、「朝鮮人民を不可能を知らぬ精神力の最強者に育てあげ、わが祖国をなんぴとも無視できない不敗の強国」にした（前掲書、一五六頁）。この精神を持って、次のことを成し遂げてゆこうと金正恩はいう。①科学技術強国建設②経済強国建設、人民経済発展戦略③文明強国建設④政治的軍事的威力の強化。

この大会で金正恩は、祖国の統一について次のように述べた。祖国を統一し、統一強国をつくるためには、連邦制方式を取るしかない。連邦制とは、金日成の時代から北朝鮮が長いあいだ主張している方式で、一国家として体制を統合するまえに、異なるふたつの体制を保ちながら連邦としてまとまるという案である。韓国でもかつて金大中大統領が、これと同じような方式を主張した。金正恩は、われわれが連邦制を主張しているのに、南朝鮮はいつになったら実現できるかわからない荒唐無稽な「体制統一」を執拗に主張している、という。

相手側の思想と体制を否認し、一方の思想と体制による統一を追求するのは結局、統一を望まず、戦争をするということにほかなりません。人民大衆中心の朝鮮式社会主義はもっともすぐれていますが、われわれは、それを南朝鮮に強要したことがなく、強要しようともしません。この数十年間、敵対勢力はわが共和国の「崩壊」について喧伝しましたが、われわれの思想と体制は日を追っていっそう強固になり、崩壊と破滅の運命にひんしたのは南朝鮮の反動的で反人民的な統治体制であり、反統一的な対決政策です。(前掲書、一九二頁)

南朝鮮、アメリカ、そして周辺諸国は、統一を妨げず、南北の対決をあおりたてず、南北の対話と交渉によって統一と繁栄への道を歩むことを妨害してはならない。以上が、金正恩の主張である。

(本章における北朝鮮の文献からの引用は、三六四頁のものを除いて、すべて北朝鮮あるいは日本で発行された日本語版による)

第十章　大韓民国

1　略史

†大韓民国の起源

大韓民国という国家はいつ建国されたのか。

ふつうの考えでは、一九四八年八月十五日である。この日に李承晩《イスンマン》が大韓民国建国を宣言したからである。しかし、もうひとつの見解がある。大韓民国は一九一九年三月一日（三・一独立運動の日）に建国されたのであり、中国で樹立された大韓民国臨時政府という国家を直接継承したのであって、一九四八年に樹立されたのは国家ではなく政府にすぎない、という主張である。近年、韓国ではこのふたつの見解が尖鋭に対立している。大韓民国憲法の前文に「三・一運動で建立された大韓民国臨時政府の法統（法的正統性）を継承する」という記載があるので、この文のとおりであれば、大韓民国の起源はたしかに一九一九年に遡りうる。またこれらとは別に、「大韓民国」は一八九七年に成立した「大韓帝国」を民主政体に変えたものであり(当然統治者も皇帝から、国民によって民主的に選ばれた大統領に変更)、両者には強い連続性があるという見解も主張されている。大韓帝国こそ、この民族がはじめて持った近代民族国家であったのであり、その意味を過小評価してはならず、大韓民国は大韓帝国を継承したものだという主張である。

近年の韓国で突然「大韓民国の建国はいつだったか」という議論が盛んになった理由のひとつは、北朝鮮との正統性の競争という問題と関係する。北朝鮮が自らの国家としての正統性を、解放前の満州における金日成による抗日活動という「起源」に置いているため、一九四八年に建国した韓国はどうしても不利になる。そのため、一九一九年の三・一独立運動、さらには一八九七年の大韓帝国樹立に大韓民国の「起源」を置くという論理である。金日成(一九一二年生まれ)の抗日活動はどう早く見ても一九二〇年代以降に始まっているので、「三・一独立運動起源説」および「大韓帝国起源説」は韓国の正統性にとって圧倒的に有利となる。

†一九四五〜八〇年代

一九四五年八月の解放は、日本の敗戦とともに、なんの予告もなく突然やってきた。米国からは李承晩が帰国し、中国の大韓民国臨時政府からは金九らが帰国した。またソ連から金日成（金成柱）が帰国した。

解放後のこの混乱した時期の朝鮮を、「解放空間」と呼ぶ。国連による信託統治案への賛成・反対闘争が繰り広げられ、また親日問題を裁く反民族行為特別調査委員会も開かれた。

一九四八年八月十五日にソウルで大韓民国が建国し、同年九月九日には平壌で朝鮮民主主義人民共和国が建国された。

一九五〇年六月二十五日の未明、北朝鮮軍が突如三十八度線を破って南下した。朝鮮戦争の始まりである。北朝鮮軍は一気呵成に釜山付近まで南下したが、米軍を中心とする国連軍が仁川から上陸し、戦線を一気に北へ押し上げた。その後中国の参戦によって戦線は南下と北上を繰り返し、三十八度線近辺で戦況は膠着状態となった。休戦協定が締結されたのは一九五三年であった。協定の当事者は北朝鮮と国連軍であり、韓国は休戦協定にはいっていない。この戦争により、南北合わせて数百万人の朝鮮人が死亡した。米軍を中心とした国連軍の犠牲者も多かったが、中国軍（人民志願軍）の犠牲者はさらに多かった。毛沢東の長男もこの戦争で戦死している。

一九六〇年に実施された大統領選挙で李承晩が当選（四選）したが、この選挙は不正の疑惑にまみれていた。このことを端緒に、教授・学生たちによる大々的なデモが繰り広げられ、その結果、李承晩は下野し、後にハワイに亡命する。これを四・一九革命と呼ぶ。

一九六一年五月十六日に、朴正煕少将がクーデターを起こした。五・一六クーデターと呼ばれる。朴正煕は一九六三年に大統領となる。

朴正煕政権は一九六五年に日本と韓日基本条約および請求権協定を結び、日本と国交を結ぶ。この条約および協定の内容が屈辱的だとして韓国ではデモが繰り広げられたが、朴正煕政権は戒厳令まで出して、条約および協定の締結にこぎつけた。

一九七〇年に、資本に搾取される労働者の悲惨な状況を象徴する事件として、全泰壹《チョンテイル》(一九四八〜一九七〇)の死というできごとが起きた。全泰壹はソウルの東大門にある平和市場の縫製工場で、裁縫と裁断を仕事とする一労働者として、劣悪で苛酷な労働現場を経験した。労働者の人権を主張してデモを行ったが、最後は自分の身体に揮発油を浴びせ、ライターで焚身自殺をした。彼の死のあと、韓国では労働組合運動が盛んになり、全泰壹はたたかう労働者の象徴として深く記憶され、英雄視されることとなった。韓国で全泰壹の名を知らない者はいない。

朴正煕大統領は自らの執権の永続化を図り、一九七二年に維新体制を宣言した。「維新」というとおり、日本の明治維新を模範とする上からの革命を企図したものだった。このことは、野党や在野勢力による猛烈な反対運動を引き起こした。政権はそれらに対して強力な弾圧を加えた。政権が不安定なまま、経済は急速度に成長した。

この当時の弾圧としては、民青学連事件(一九七四)などが有名である。

一九七九年十月、朴正熙は宴会中に、部下である金載圭《キムジエギュ》によって銃で射殺された。これにより、五・一六クーデターから十八年以上続いた朴正熙の長期執権(大統領就任からは十六年)は、突然終わりを告げた。

朴正熙暗殺により軍事独裁政権が終焉したかのように見えたが、同年十二月十二日に、陸軍士官学校十一期生出身の全斗煥《チヨンドウファン》がクーデターを起こし、実権を握った。

八〇年代の性格を規定したのは、一九八〇年五月に全羅南道・光州で起きた光州事件である。民主化運動に参加した光州市民が「暴徒」とされ、韓国軍がこれを武力で惨殺した。市民側は武装して軍に対峙したが、結局、数百人の犠牲者・行方不明者を出して「鎮圧」された。

軍が自国民を虐殺するという光州事件は、現代韓国の根底を根こそぎ覆した思想的なできごとだったということができる。この後、八〇年代から二十一世紀になっても、光州事件の意味を問う芸術作品が、文学、美術、映画などを中心としてつくられつづけた。また、「ストリートの哲学者」といわれる金サンボンのように、「光州事件の哲学」を掘り下げる哲学者もあらわれた。光州事件によって韓国人の霊性は、民衆・市民という新しい霊性の主体の強靭化とともに、多方面で爆発的に力を蓄え、発現することになるのである。その意味で一九八〇年以後の大韓民国は、「光州的霊性」をめぐる生命思想の開新の現場なのだといえる。

一九八一年から続いた全斗煥政権だが、八〇年代半ばの民主化運動は一九八七年に最高潮に達し、ソウルオリンピック開催を翌年に控えていた与党・民正党代表の盧泰愚は、ついに、この年六月、国民に向けた民主化宣言を行ない、大統領の直接選挙制復活などを約束した。ここにおいて、韓国の民主化運動は大きな勝利を達成したといえる。民主化の内容自体は今後の課題だったが、全斗煥政権を終わらせることには成功したのである。

直接選挙の結果選ばれた盧泰愚大統領は一九八八年に就任し、その年のソウルオリンピックを成功させた。

†一九九〇〜二〇一〇年代

盧泰愚大統領はきわめて積極的な「北方外交（共産主義圏との外交関係樹立）」を展開し、一九九〇年にはソ連と、翌々年には中国と劇的に国交を樹立した。

一九九三年には金泳三政権が発足し、「文民政権」として軍の政治への影響力を弱体化させるのに成功した。

一九九八年にははじめての全羅道出身大統領として進歩派の金大中が就任し、日本とは未来志向のパートナーシップを構築するのに成功した。この時期に韓国がもっとも力を入れたのが社会のインターネット化（情報化）であった。その必死でラディカルな実行は、二〇〇〇年代の韓国の成功を準備するものだった。

二〇〇〇年には、金大中大統領が平壌に行き、金正日総書記との劇的な会談を行った。

二〇〇三年に、進歩派の盧武鉉大統領が就任する。

二〇〇七年の大統領選挙で保守派の李明博が当選し、十年ぶりの政権交代が実現する。

二〇一二年、任期をあと少ししか残さない李明博大統領は、独島（竹島）を訪問し、また「天皇訪韓謝罪発言」をして、日本との関係を悪化させる。その年の十二月に行われた大統領選挙では保守派の朴槿恵（朴正熙の長女）が進歩派の文在寅候補をかろうじてしのぎ、当選した。

二〇一六年十一月から、朴槿恵大統領をめぐる不正疑惑に対して国民は劇しいデモを繰り広げた。この数年前から、韓国の若者のあいだで「ヘル（地獄）朝鮮」という言葉が流行していた。就職・結婚・子育て・自宅などを放棄せざるをえない若者たちが、韓国の苛酷な日常を表現した言葉である。社会への不満と既成世代の無策・利益独占に対する批判とが、朴槿恵大統領への個人指弾となって爆発し、弾劾へと雪崩のように向かった。

二〇一七年に朴槿恵大統領が下野し、五月に大統領選挙が行われた。当選したのは、盧武鉉の盟友であった進歩派の文在寅であった。ここに、九年ぶりの政権交代が実現した。

2　政治家たち

†李承晩

大韓民国初代大統領となったのは、李承晩《イスンマン》（一八七五～一九六五、号は雩南《ウナム》、本貫は全州《チョンジュ》）であった。彼は若くして独立協会に加わり、一八九八年に投獄された。出獄後、米国に留学し、プリンストン大学で哲学博士号を取得した。このため彼を「李承晩博士」と呼ぶ人も韓国ではいまだに多い。

一九一九年に上海臨時政府の大統領に推戴されたが、一九二五年に弾劾された。一九四五年の解放後に朝鮮に戻り、保守勢力を糾合して①国連による信託統治反対②南朝鮮単独政府樹立を主張した。一九四八年に大韓民国樹立とともに初代大統領となった。

彼の政治思想の根幹は、強烈な反共思想であった。米国の莫大な援助のもと、金日成に対抗して独裁的な権力を構築することに成功した。彼にも北朝鮮に侵攻する意図はあったが、一九五〇年六月に金日成の軍が南侵してきたことにより、悲惨な朝鮮戦争が始まった。

李承晩のもうひとつの軸は、強硬な反日思想であった。学校では反日教育を徹底し、また

「李承晩ライン」を一方的に設定して多くの日本漁船を拿捕した。このことにより、日本との関係はきわめて険悪となった。

一九六〇年の大統領選挙で四選されたが、その直後に知識人・学生を中心とするデモによって下野を余儀なくされ、ハワイに亡命してそこで死んだ。

†金九

金九《キムグ》（一八七六～一九四九、号は白凡《ペクポム》、本貫は安東《アンドン》）こそは大韓民国建国をめぐって中心的な役割を果たした民族派の巨頭である。

金九が韓国でかぎりない尊敬を集めているのは、彼の自叙伝である『白凡逸志《ペクポムイルジ》』に記された「わたしが願うわが国」と題された次の言葉による。この言葉は、解放後の韓国の方向性を規定する最高水準の名文だとされる。

わたしはわが国が世界でもっとも美しい国になることを願う。もっとも富強な国になることを願うのではない。わたしは他者による侵略に胸が痛んだ人間であるから、わが国が他国を侵略することを願わぬ。われわれの富の力はわれわれの生活をゆたかに満足させればそれでよいし、われわれの武力は他国からの侵略を防ぐ程度で足りる。ひたすらにかぎりなく願うのは、高い文化の力を持ちたいということだ。文化の力はわれわれ自身を幸福にし、さらに他者にも幸福を与えることになるからだ。いま人類に不足しているのは武力ではない。経済力でもない。自然科学の力はいくら多くてもよいが、人類全体を見れば、現在の自然科学だけでも安らかに暮らすには不足でない。人類が現在不幸である根本の理由は、仁義の不足であり、慈悲の不足であり、愛の不足のためである。

韓国において金九は英雄であるから、つねに「金九先生」と呼ばれ、尊敬される。だが韓国人が尊敬する「金九先生」イメージは、実際の金九をかなり変形させたものである。金九が若いころ殺人を犯したこと、「解放空間」における極度の政治的混乱の責任は金九にもあることなどは、韓国ではおぼろげに知られていてもまともに議論される対象ではない。金九という「英雄」は韓国において一種の「聖域」となっている。

†朴正熙

政治家・朴正熙《パクチヨンヒ》(一九一七〜一九七九、号は中樹《チユンス》、本貫は高霊《コリヨン》)は、どのような思想をもって執政したのか。

まず挙げられるのは、祖国の近代化である。

朴正熙は韓国人の本質に対して激烈な批判を展開した。朝鮮王朝は中国の属国であって主体性がなく、改革の精神もなかったと彼はいう。その原因として儒教の停滞性を挙げた。そして韓国人の最大の欠陥は主体性や勤勉さの欠如であるとした。これは基本的には植民地史観と酷似した停滞史観である。この点では北朝鮮の金日成と同じ考えを彼は持っていた。

朴正熙は農村の近代化を企図した「セマウル運動」を展開した。「セマウル」とは韓国語で「新しき村」の意である。この「セマウル運動」に対しては、「農村近代化の成果」を評価する論と、「上からの農村共同体の破壊」を批判する論とが対立しており、歴史教科書でどう書くかという論争が続いている。

朴正熙に反対する陣営は彼を「親日派」と蔑視するが、彼が親日派であったかは軽々に判断できない。たしかに日本と「妥協」して国交正常化を行ったが、これは彼が親日派だったからではなく、祖国の近代化を猛スピードで達成しなくてはならないという切羽詰まった思考による行動であろう。彼はプラグマティストであったが、他方で屈強な精神力の持ち主でもあった。

事実として、朴正熙政権の期間に韓国は、アフリカの最貧国並みの経済水準から飛躍的に離陸し、高度経済成長路線を飛行することになった。しかし韓国の左派はこの事実を一切認めず、朴正熙の「軍事独裁」「親日」「人権弾圧」の側面しか見ようとしない。

田中明*は朴正熙から盧泰愚まで続く軍人出身政権を、「例外の時代」と呼ぶ。朝鮮の長い儒教的伝統からいえば文人による支配が正常なのだが、朴正煕政権はそれを打ち破った。効率性と合理性による統治を行った。この時代の反体制知識人たちは儒教的なメンタリティを持っていたので、軍人による効率的な支配に反対したのだと田中*はいう。

†全斗煥・盧泰愚

全斗煥《チョンドゥファン》（一九三一～、号は日海《イレ》、本貫は完山《ワンサン》）に政治家としての思想があったのかどうか、わからない。「あった」といえば、ほとんどの韓国人は声を高めて否定するであろう。しかしいかに残虐非道な大統領であったとはいえ、八年間執権した大統領になんの思想もなかったといいきるのは間違いだろう。

強いて挙げれば、彼の思想は「韓国の発展」であった。韓国の経済発展を死に物狂いで追求し、朴正煕政権時代に大きくなった財閥をさらに急拡大させた。ソウルオリンピック（一九八八）の誘致に成功したのも、全斗煥大統領の時代であった。

なお、「反日」に変わる対日認識として「克日」を掲げたのは全斗煥である。これは、「わが国の経済発展のためには日本に学ぶ。しかしそれは日本に克つために学ぶのであるから、なんら屈辱的なことではない」という理屈であった。

一九八七年十二月の大統領選挙で勝利した盧泰愚《ノテウ》（一九三二～、号は龍堂《ヨンダン》、本貫は交河《キョハ》）は、一九八八年二月に大統領に就任した。一九八八年は、秋にソウルオリンピックが開かれる年である。韓国はオリンピック開催を直前にして、かろうじて民主化以後最初の大統領を就任させることに成功した。だが盧泰愚は全斗煥の陸軍士官学校同期生であり、盟友であった。つまり、民主化宣言以後も、軍人出身政権が継続することになった。

†金泳三

一九九二年十二月の大統領選挙で勝利した金泳三《キムヨンサム》(一九二七〜二〇一五、号は巨山《コサン》、本貫は金寧《キムニョン》)は、一九九三年二月に大統領に就任した。軍人出身政権はここに終わり、「文民政権」が成立した。

金泳三は「歴史の立て直し(ヨクサ　パロセウギ)」政策を強力に打ち出した。朝鮮王朝の王宮である景福宮の真ん中に建てられていた近代的な朝鮮総督府の建物は、解放後、米軍政の執務拠点や国立博物館として使用されてきたが、金泳三はこの建物を完全に解体して撤去した。

また金泳三は「もっとも韓国的なものがもっとも世界的」とのスローガンのもと、韓国の「世界化」をきわめて積極的に推進した。世界化は国際化とは異なり、韓国内部を国際化するだけでなく、韓国を世界に知らしめ、その存在感をアピールするという意味である。二十一世紀に展開した「韓国ブランド」による世界戦略の初期版ということができる。

金泳三はまた、軍部勢力の政界からの徹底的な排除を企図し、全斗煥、盧泰愚両大統領の出身母体であった陸軍士官学校十一期生の同期会である「ハナ会」を解体した（「ハナ」は朝鮮語で「一」の意）。

金泳三による「歴史の立て直し」や「世界化」は、基本的にはナショナリズム的な政策である。だがこの政権の思想的性格をどう捉えるかに関しては、さまざまな見方がある。

一九九四年には北朝鮮とのあいだで一触即発の危機状態になった（第九章参照）。

一九九七年の年末には、アジア発の金融経済危機が韓国をも襲い、韓国経済は深刻な危機に陥った。これを韓国では「ＩＭＦ危機」と呼ぶ。国家全体が混乱状態になるなかで、金泳三大統領は任期を終える。

金泳三の政治思想は何であったかを特定するのは容易ではない。

†金大中

一九九七年十二月の大統領選挙で勝利した金大中《キムデジュン》（一九二四～二〇〇九、号は後広《フグァン》、本貫は金《キ》海《メ》）は、一九九八年二月に大統領に就任した。

前年後半からの経済危機をどう乗り越えるかが焦眉の課題だった。ＩＭＦ（国際通貨基金）の改革案を全面的に受け容れることが前政権によってすでに決められていた。容赦のない抜本的な経済体質改善を金大中政権は推進した。

一九九八年には日本を訪問し、小渕恵三首相との間で「日韓パートナーシップ宣言」を行った。衆議院での演説では明確に未来志向を打ち出した。日韓自由貿易構想も打ち上げた。この年から韓国は、日本の大衆文化を段階的に開放する政策を実施した。金大中のこのような日本への接近の背後には、経済の苦境により日本と協力せざるをえないという切羽詰まった事情があったことはたしかだが、金大中個人の思想にも大きく関わっている。

金大中の考える新しい地政学は、以下のようなものだ。帝国主義の時代には、朝鮮半島は周囲を中国・ロシア・日本・米国という大国に囲まれて、圧迫と被支配の苛酷な経験をした。その地理的条件は今も同じだが、時代の思想が異なる。グローバル資本主義の時代の韓国は、まわりに中国・ロシア・日本・米国という世界最大の市場が揃っている最高の立地にある。今や韓国は世界で最も良い地理的条件を持った国だ。……このような発想の転換が、ものの見事に時代思想と合致した。韓国は経済危機を乗り越え、グローバルに発展する上昇軌道に乗った。金大中は不屈の理想主義者であったと同時に、偉大なプラグマティストでもあった。

二〇〇〇年に金大中は平壌を劇的に訪問し、金正日と会談をした。金大中は大統領任期中の同年、ノーベル平和賞を受賞した。

†盧武鉉

二〇〇二年十二月の大統領選挙で勝利した盧武鉉《ノムヒョン》（一九四六〜二〇〇九、本貫は光州《クァンジュ》）は、二〇〇三年二月に大統領に就任した。

盧武鉉は貧農の生まれで、高校卒業後に司法試験を受けて弁護士となった。人権弁護士として有名になり、国会聴聞会で重要な役割を果たして国民的な人気を得た。大統領の任期は二〇〇三年から二〇〇八年である。北朝鮮との関係修復に努力する左派の政治家であったが、その経済政策は新自由主義化であった。また、イラク派兵もしている。

盧武鉉大統領の当選は、市民の力によるものだったとされる。「ノサモ＝盧武鉉を愛する集まり」の運動が、国民的なうねりを生み出した。

盧武鉉大統領は、韓国を「東アジアのバランサー」にするという「バランサー論（均衡者論）」を打ち上げた。

市民の力が強くなるにつれて、韓国では「疎通《ソトン》」という言葉が頻繁に語られるようになった。意思疎通の疎通だが、韓国では特に、権力を持つ者とそうでない者とが充分なコミュニケーションを続けることをいう。大統領府と国民とのあいだの「疎通」、行政当局と市民とのあいだの「疎通」、また権力者どうしの「疎通」など、社会のあらゆる場面で意思疎通が十全に保たれていることを理想とする。アドボカシーの韓国版であるともいえるし、韓国民主主義の伝統が朝鮮王朝の士大夫精神（「言路」が通じていることを理想とする）から淵源しているとも解釈できる。

†李明博

二〇〇七年十二月の大統領選挙で勝利した李明博《イミョンバク》（一九四一〜、号は一松《イルソン》、本貫は慶州《キョンジュ》）は、二〇〇八年二月に大統領に就任した。彼は日本・大阪生まれの実業家出身である。金大中、盧武鉉と続いた進歩派の政権から、保守派へと政権交代を成し遂げた。なお、盧武鉉は大統領退任後、自殺した。

李明博は現代建設出身の経済人であったので、経済開発中心の政策を展開した。

また彼は、「四大河川開発」をスローガンにして、全国を開発する計画を発表した。リベラル陣営からは「土木大統領」と劇しい批判を受け、環境破壊が強く危惧された。韓国において環境問題がもっとも強く叫ばれたのが、李明博大統領の時代であった。特に仏教界がこの問題に強く反対した。

李明博政権の時期にはリーマンショックがあり、IMF危機以後最大の経済的苦境を経験した。政権はこれをかろうじて克服し、再び成長軌道に乗せることに成功したが、この過程で韓国は再び大企業(財閥)依存の体質を強化することになった。

†朴槿恵

二〇一二年十二月の大統領選挙で勝利した朴槿恵《パククネ》(一九五二〜、本貫は高霊《コリョン》)は、二〇一三年二月に大統領に就任した。彼女は朴正煕の長女であり、韓国初の女性大統領でもある。就任早々、朴槿恵大統領は韓国外交の重要性の順位は米国・中国・日本の順であることを明言した。異例な発言であるといってよい。また「人文紐帯」という言葉で中国との深い関係を表現した。これは世界第二の経済大国になった中国と切っても切れない関係になったことを明確に示す言葉でもあり、また彼女自身の個人的な好み(中国文化を愛好)に基づくものでもあった。

日本に対しては、二〇一三年三月の「三・一独立記念日」の演説で「加害者と被害者の関係は千年経っても変わらない」と発言して日本人を脱力させた。多くの日本人にとって、これは「関係修復の努力は無意味だ」というメッセージに聞こえたのである。その一方で朴槿恵は、「正しい歴史認識を持つ」ことを日本に対して直接、あるいは外国の要人との会見を通して要求した。一主権国家の一政府が定める「正しい歴史認識」という考えに対して拒否反応を示す多くの日本人は、朴槿恵のこのメッセージに否定的な見解を示した。

3　時代思想の潮流

†民主・民族・民衆

大韓民国のほぼすべての思想は、民主・民族・民衆という三つの概念をめぐる思索であり実践であり闘争であったといってしまってもあながち間違いではない。

李承晩大統領から全斗煥大統領までの四十年間、この国民は「民主を勝ち取る」という志向性をひたすら強化しつづけた。行動としては、最初は学生や市民のデモであり、後にこれに労働者のストライキが加わった。

この過程で、民主を勝ち取るために優先すべきなのは民族なのか民衆なのか、という激烈な論争が起きた。これは民主化運動の陣営で、NL（民族解放派・自主派）とPD（平等派）という二路線の対立として激化した。これは併合植民地時代に出現した「民族主義か社会主義か」という路線対立の延長線上にある思想対立であった。NL（民族解放民衆民主主義革命論）は民族を重視し、PD（民衆民主派）は民衆を重視する陣営であった。

このような路線の対立を抱えながら全体として民主化運動はエネルギーを爆発させ、ついに一九八七年六月の「六月抗争」で政権を屈服させた。民主化運動の激烈な闘争は、一九九一年の「姜慶大事態《カンギヨンデ》」を最後にして一応、収束した。

一九九〇年代の韓国社会における最も重要な勢力は市民であり、最も重要な活動は市民運動であった。一九九四年に結成された「参与連帯」は、この時代を代表する市民運動団体である。参与連帯を率いた朴元淳《パクウオンスン》(一九五六〜)はのちにソウル市長になる。ちょうど日本の東京都知事を一九七〇年代に務めた美濃部亮吉のように、朴元淳はソウル市政においてリベラルな施策を次から次へと打ち出した。

二〇〇八年には、米国産牛肉輸入反対デモが起きた。このときのデモは、一九八〇年代までの悲愴な雰囲気のものとはうってかわり、女子中学生や女子高校生、乳母車を引いた母親や家族連れなどが多数参加した。この現象をどのように解釈するかが、話題となった。ネグリ＝ハートのいう「マルチチュード」がここに実現しているのではないか、という議論がなされた。

二〇一六年には、朴槿恵大統領の腐敗を糾弾する大規模デモが行われたが、このときもデモの特徴は、日常性を基礎においたイベント性（家族の外出のようなデモの姿）・秩序維持の意志（整然としたデモと清潔さ）などだとされた。この頃を前後して韓国では、「集団知性」という言葉が頻繁に語られた。

†左派思想

韓国における左派とはなにか。これはきわめて重要な問題であるにもかかわらず、日本ではさして正確に理解されていないようである。

韓国の左派の最大の思想的特徴は、「国家より民族を」という主張である。韓国の歴代の保守政権は、同じ民族である北朝鮮との敵対ないし対立関係を増幅させてきた。その背後には米国と日本という反動的勢力がある、と左派は考える。

一九八九年に、日本の日教組に似た性格の全国教職員労働組合（略称は全教組《チョンギョジョ》）が結成され、九〇年代以後の韓国教育界の「左傾化」を主導することになる。北朝鮮に対して宥和的な、あるいはそれを賛美するような教育や、反米・北朝鮮寄りの「統一教育」を積極的に推し進めた。その確固たる信念は民族主義である。同じく左派である日本の日教組は表向きは民族主義を前面に出さず反ナショナリズムの姿勢を見せるが、韓国の全教組は韓国の左派の本質をそのまま代表して、民族主義を大々的に打ち出す。

韓国では一九八〇年代、民主化運動の路線対立の混沌のなかから、北朝鮮の革命理論を墨守する「主体思想派」が勢力を強化する。主体思想派はふつう、縮約形の「主思派《チュサパ》」という名で呼ばれる。また北朝鮮の思想に共鳴して北朝鮮の主張に寄り添う人びとは、「従北勢力」とも呼ばれる。

†統一思想

日本からの解放を手に入れたにもかかわらず、民族が分断されてしまうという悲劇を経験した韓国人は、「分断の克服」と「統一」に関して思索・実践・闘争をしてきた。その成果は膨大なものになるが、そのいくつかを紹介する。

そもそも解放空間において「タサリ」を唱えたのは安在鴻《アンジエホン》（一八九一〜一九六五、号は民世《ミンセ》、本貫は順興《スヌン》）である。「タサリ」とは、「タ（すべて）」を「サルリム（生かす）」の意であり、混乱した解放空間で激烈なイデオロギーの対立のみが深刻化し、分断化していく状況のなかで、すべての陣営がともに生きる哲学を模索した。

文益煥《ムンイックアン》（一九一八〜一九九四、号はヌッポム、本貫は南平《ナムピョン》）はプロテスタントの牧師であり、統一運動家である。「統一されなければ民主化ではない」という思想でもっとも尖鋭的な統一運動を行った。

南北分断体制に対して根本的な思索を展開した思想家の代表が、著名な英文学者でもある白《ペク》楽晴《ナクチョン》（一九三八〜）である。そもそも「分断」とは何をいうのか、「統一」とは何を指すのかという問いに対しては、その思想的意味も、日常での含意も、実は曖昧な了解だけが存在していた。白楽晴はそのような状況のなかで、思索し、発言した。彼は、朝鮮半島に二つの完結した国家が並存しているとは見ず、「世界体制」という全体のなかで、朝鮮半島に「分断体制」という権力の形態があり、それが南北に分かれながら連結しているると見るのである（白楽晴『朝鮮半島統一論　揺らぐ分断体制』）。

†選民思想

分断体制と軍事独裁体制を生きる韓国人の生は苛酷であった。この苛酷さを正面から引き受けた思想として、一種の選民思想がある。それは、「韓国は、特にその民衆は、全世界の矛盾の結節点であり中心である」という強烈な意識である。世界の負のエネルギーが全的に結集しているのが、韓国の民衆という存在である。金芝河の「南朝鮮思想」（後述）に典型的に結晶しているが、民衆の信じる新興キリスト教には、このような観念を説くものが多い。

ここからは、ユダヤ民族のような選民思想が生まれてくる。世界の矛盾を解決できるのは、世界の矛盾の結節点である韓国の民衆である、という思考である。また、メシア思想も生まれてくる。キリスト教的な、あるいは弥勒思想的な救世主待望のメンタリティは、一九七〇～一九八〇年代に極大化する。

†併合植民地時代をどう見るか

解放後の韓国において、一九一〇年から一九四五年までの併合植民地期をどう見るかという議論は、活発なようであって実はそうではなかった。つまり、「日本による暴政、収奪」を糾弾する議論は無論盛んに行われたが、それ以外の立場は事実上、公的空間では存在しなかった。

韓国のほとんどの学者の立場は「植民地収奪論」であり、このうちの多くは「内在的発展論」の立場を取った。「植民地収奪論」は文字通り併合植民地期に日本帝国は収奪のみをしたというものである（たとえインフラの整備などがあったとしてもそれは朝鮮のためではなく帝国日本の利益のためだった、という動機論の安全装置がついている）。「内在的発展論」は、朝鮮時代にすでに資本の蓄積、商業の発達、工業の技術の発展など（ないしその萌芽）があったのであり、日本の侵略がなければこれら内発的な近代化・資本主義化の要素が障害なく発展して朝鮮は自力で近代化へと離陸できた、という認識である（したがって「資本主義萌芽論」でもある）。この認識は文化ナショナリズムおよび反日の感情と結びついて、韓国人にとって非常に心地よい歴史認識の枠組みとして機能しつづけている。

これに対しては「植民地近代化論」という正反対の認識がある。併合植民地時代に朝鮮は経済的に発展し、近代化したというものである。ただこれは枠組み自体が不道徳かつ親日的であって、到底許容できない認識であるとされてきた。公的な時空間で「植民地近代化論」を唱えるのは自殺行為に等しかった。日本の政治家が「植民地支配ではいいこともした」と発言すると「妄言」として断罪されるように、韓国人が公的に「植民地近代化論」を唱えるのは「妄言中の妄言」なのである。

ところが一九九〇年代から、韓国のごく少数の経済学者が、実証的な経済史の研究成果をもとに、この「植民地近代化論」を公式に堂々と唱えるようになった。代表的な論者は安秉直《アンビョンジク》*、李栄勲《イヨンフン》*などである。彼らの議論では、次のように主張される。韓国経済は一九三〇～一九三八年および一九六〇年代以降の工業化によって高度成長した。一九一一～一九三八年の実質経済成長率も三・七％と非常に高かった。総固定資本形成率、国内貯蓄率ともに一九三〇年代には高くなっている。産業構造も変化して、併合植民地期に農業→食料品・繊維→金属工業・機械工業・重化学工業と大きく発展した。このような統計を提示したあと、安秉直*は次のようにいう（以下、安秉直*著、荻生茂博訳「韓国近現代史研究の新たなパラダイム――経済史を中心として」『自然と実学』第三号、二〇〇三、一一二～一三七頁より）。「韓国の伝統社会の内部から資本主義的諸関係が必ずしも自生的に発生する必要はなく、外から入ってくる資本主義を受容できる能力が韓国側にあるのかどうかが問題となる」。そして答えは、資本主義を受容することができる体制と主体が韓国にはあった、というものである。近代以前の東アジアには共通して「小農社会」があったのだが、日本の場合はこの内部から資本主義の自生的発展があったため、西欧資本主義から挑戦を受けたときに資本主義への自己変身が可能だった。だが中国や韓国では、「小農社会」の内部に自生的な資本主義の発達がなかったため、資本主義諸国に従属したり植民地に包摂されたりした、という。安秉直*は次のように語る。

> 従来の韓国近代史の研究では、韓国が日本の植民地に包摂されて以降、農業は疲弊し、民族資本は没落していき、労働者は非熟練工や土建業の自由労働者として堆積していった、という見解が強かった。しかし最近の実証研究によれば、そのような見解は客観的な事実ではなく、帝国主義批判のためのイデオロギーであることが明らかになった。（中略）韓国農民は、植民地体制下において農作業の改良や水利施設の普及に積極的に参加した。（中略）朝鮮人所有の工場は、第一次大戦の好況に助けられて一九一六年以降相当に発展したのであって、一九四〇年には、朝鮮における全工場数七千百四十二のうち六〇・二%を占めるに至っていた。（中略）植民地体制下では抑圧と搾取もあったが開発もあった。植民地搾取と開発とはコインの両面であって、開発のない搾取は、公々然とした古代中世的な略奪にすぎないのである。植民地時期の韓国人は植民地開発事業に巻き込まれていった。しかし、それは植民地権力や日本人資本に奉仕するためではなく、自分たちの生活を維持するためであった。そし

て、その過程を通して、彼らは活発に成長していったのであり、（中略）このように植民地体制下でも活発に発揮されていた韓国人の活動力が、独立後の韓国では一層活発に発揮され、それが一九六〇年代以降の経済発展の原動力となったのである。

安秉直*や李栄勲*の立場を韓国では「ニューライト」と呼ぶ。ニューライトの登場により、韓国社会は文字通り騒然となった。当然、左派だけでなく一般の「愛国者」「民族主義者」たちからも激烈な批判を受けることとなった。「親日派」という最悪のレッテルを貼られもした。だがニューライト側は、左派や「愛国者」「民族主義者」たちは「個人」という存在をまったく直視していない、と反論する。民族のまえにまず個人がいるのであり、国民がいる。その個人や国民は主体性や制度というもののなかにいる。その主体性や制度の性格を研究しないで、アプリオリに「民族」という実体があるかのように語るのは間違いだ、というのがニューライトの立場である。安秉直*はいう。

日帝時代の植民地史を経済成長史という脈絡で考察することは「民族の正気」を大きく毀損する行為であるには違いない。しかし、韓国近現代史が「民族の正気」というイデオロギーから解放されない限り一つの科学として成立し得ないということも、また間違いないことであろう。韓国近現代史において「純粋なもの」「伝統的なもの」「民族的なもの」のみを残し、それ以外の全てのものを除去したとしたら、韓国近現代史は完全に空中分解してしまうだろう。それ故、我々は韓国近現代史を構成する要素が「韓国的なもの」か「外来的なもの」かを問題にするのではなく、「韓国的なもの」によってであれ「外来的なもの」によってであれ、我々が我々の近現代的な「生」をどのように開拓してきたのかを考察の中軸に置かなければならないのである。現代の韓国人が新しい「生」を開拓するに当たっては、当分の間は、やはり経済発展がその中軸になるだろう。

そして「一国史的視角」を持つ「内在的発展論」は必然的に、北朝鮮の社会主義的自立経済論という一国社会主義に結びつくのだという。安秉直*のこの論はきわめて強い説得力を持つ。大韓民国が経済発展至上主義で突き進んでいるかぎり、ニューライトの打ち出したこの枠組みに対抗するのは困難なのである。

だが安秉直*のこの議論には盲点もある。そのひとつを挙げるなら、はたして彼のいう「我々が我々の近現代的な「生」をどのように開拓してきたのか」という問いに対する答えとして、「この百年間の韓国人の「生」がそんなによいものだったのか」という問いが提起されうる。それを問題にしたのが、二〇〇〇年代に登場した「植民地近代性論」である。これは従来の

「収奪論」とは異なり、「たしかに植民地時代に韓国は近代化したかもしれない。だがそれは望ましいものではなかった。軍隊的・帝国主義的価値の暴力的注入、資本主義的な画一化、権威主義的な教育による規範の自己内面化、経済至上主義、環境の破壊、共同体の破壊、伝統文化の破壊など、総じて植民地的近代とは、「よき生」を構築したといえるものではなかった。植民地近代化論は、ここのところを見誤っているというものである。これはミシェル・フーコーやポストモダンの議論を土台にしており、ウルトラ・モダンな世界観を土台にしている「植民地近代化論」とは世界観がそもそもまったく異なる。この「植民地近代性論」もまた大いに説得力のある議論である。だがやはり、「経済発展をすでに果たしたあとの、余裕のあるポストモダン的議論」ということもできる。

4　思想家たち

†柳永模

柳永模《リユヨンモ》（一八九〇〜一九八一、号は多夕《タソク》、本貫は文化《ムヌア》）は一八九〇年、ソウルに生まれた。十六歳でキリスト教を信仰する。一九一〇年および一九二一〜二二年に五山学校で教鞭をとる。

一九一〇年の弟の死を契機に、正統的なキリスト教からはずれて彼独特の哲学を編み出すようになり、崔南善*が創刊した雑誌『青春』に文章を発表するようになる。一九一八年一月十三日から、「きょうを生きる」という実践を始める。今日という一日を永遠のように生きる、という一種の修行であり、これ以後柳永模は、自分が今まで生きてきた時間を年齢ではなく日にちで数えることにする。一九三五年には京畿道高陽郡に転居し、農業を始める。

彼は韓国語の原初的な意味を探求するいとなみのなかで、独創的な哲学をつむいでいった。たとえば「スム（いき＝息）」という韓国固有語を、生命の根本と考えて、これと自我や精神や宇宙との関係を思索した。

柳永模によれば、「ナ（わたし）」は位置だけがあって存在はない（位而無）。そしてすべては「スム（いき＝息）がやすむこと（消息）」である。「宇宙は消息であり、ハヌニム（神）は消息主でいらっしゃり、私は消息・だ」。つまり「ナ（わたし）」はひとつの「いきがやすむチョム（点）」にすぎない。このように「ナ（わたし）」は間接的にある。まことにあるのは「センガク（生覚＝思考）」である。「センガク」が精神世界の主人である。「センガク」は「生命の光りを明るくするもの」である。「センガク」はキリスト教では愛に、儒教では道に、仏教では法になる。そしてハヌル（天）は「ひとつのセンガク、虚空のセンガク」を表す。この虚空を「トンビム（空っぽであること）」という。そして「マルスム（お言葉＝言葉の息）」が存在である。

精神から「マルスム」が出、「マルスム」から「セサン（世の中）」がつくられた。宇宙は「マルスム」によって創造されたのである。

このような柳永模のラディカルな「韓国語で哲学すること」は咸錫憲に影響を与え、また現代韓国の哲学者たちにも強い影響を与えている。

†咸錫憲

咸錫憲《ハムソッコン》（一九〇一～一九八九、号は信天《シンチョン》、本貫は江陵《カンヌン》）は解放後最大の思想家のひとりであり、植民地時代から一九八〇年代まで長く活躍した。一九〇一年三月十三日、平安北道の海辺の農村で生まれた。父の咸亨択《ハムヒョンテク》は漢方医であった。一九二一年、五山学校に補欠生として入学した。ここで九月、柳永模に初めて出会う。

一九二〇年代に彼は東京高等師範学校に留学し、内村鑑三と出会って金教臣《キムギョシン》らとともに内村の無教会主義に深く傾倒した。彼が『聖書朝鮮』に連載した『トゥッ（志＝意味）から見た朝鮮の歴史』は、大きな影響力を持った。その後クエーカーに傾倒したりしたが、解放後は柳永模の影響を受けて「シアル」という概念を軸に独自の哲学を展開し、『シアルの声』という雑誌を発行して時局に対しても盛んに発言した。「シアル」の「シ」は「種」、「アル」は「卵」という意味であり、「シアル」は柳永模による造語である。咸錫憲はこの語に、「社会の底辺で暮らす草の根の民衆」という意味をこめた。

一九五八年、雑誌『思想界』八月号に、「考える民であってこそ生きる――六・二五のたたかいが与える歴史的教訓」を発表して当局に拘束される。朝鮮語で「考える」は「センガクハダ」であるが、これは「生覚する」という漢字語であり、単に「think」するという意味だけでなく、「生命が覚醒する」という含意がここにはある。

咸錫憲は民主化運動にも積極的に関わり、ノーベル平和賞候補にもなった。

†朴鍾鴻

朴鍾鴻《パクチヨンホン》(一九〇三～一九七六、号は冽巌《ヨラム》、本貫は密陽《ミリヤン》)は京城帝国大学哲学科を卒業し、梨花女子大学校やソウル大学校の教授を歴任した、解放後韓国の哲学界における最も重要な人物のひとりである。彼はソウル大学校に、韓国で初の「韓国哲学」講座を開設した。彼の格調高い講義は、当時の学生たちに大きな刺戟とビジョンを与えたという。「韓国哲学」という新しい概念に接した若者たちの熱気は、後の「ウリコッ(われわれのもの)」への高い評価という韓国文化の大きな軸を形成したといえる。

彼はなによりも、韓国人としての主体意識を持つことを、若者に説きつづけた。民族的な主体意識こそもっとも重要であり、自由民主思想も科学技術の発展もすべて、民族的主体意識の土台の上にこそ花開くと熱く語った。彼の著作は哲学的であるにもかかわらず、大量の読者を獲得した。なお、一九六八年に書かれた以下の文中の「務実力行（誠実であることと実践すること）」とは主に朱子学の哲学を、「経世沢民思想」とは主にいわゆる「実学」を指している。

主体意識とはすなわち民族正気である。もしこの主体意識から遊離するならば、どんな思想もわれわれのものとして生かすことができない。われわれのものとなることができない以上、依然として他者の真似でしかありえず、それはたましいの抜けた形骸にすぎない。しかし、いつまでもそうしているだけではならない。主体意識は、民衆たちのいつわりのない底辺の生活自体がまことになればなるほど、厳然と感じとられるしかないものであるためである。したがって民族解放思想は主体意識の昂揚と切り離すことができないことがわかる。そして、（韓国では――小倉注）その自覚が、務実力行と経世沢民思想の高調とともに展開されてきたのだ。（中略）われわれが今日、はじめて突然、近代的な思想に接するようになったのではない。われわれがいま克服しようとするものとほとんど異なることのない苦難を、われわれの先人たちも経験し、正しい生の道を開拓するためにたたかってきたのである。（朴鍾鴻『韓国の思想的方向』七六頁）

このような彼の語りが、当時の青年たちをどれほど強く鼓舞したかを、わたし（小倉）は数多くの人から直接聞いた。同じ時期に北朝鮮でもまさに「主体思想」が花開いていたわけだが、これは独裁者を支える思想としてしか結局、機能しなかった。それに対して朴鍾鴻による「主体意識」の強調は、その後の韓国の民主化・経済発展に大きな影響を与えたのである。

朴鍾鴻の哲学的な貢献の第一は、わたし（小倉）の考えでは、韓国においてはじめて、「否定」という概念を正面から深いレベルで捉えたことである。朝鮮思想史にこれまで足りなかったのは、否定という運動であった。日本思想史も同断であり、西田幾多郎に至ってはじめて「否定」が全面的・肯定的に導入されたといえる。朴鍾鴻はこの意味で、韓国において西田の役割を果たしたともいえる。両者ともヘーゲルの強い影響を受けている。

韓国で朴鍾鴻は、朴正熙政権のもとで「国民教育憲章」（一九六八）を起草した人物として、特にリベラル陣営からは評判が悪い。「国民教育憲章」は、大韓民国の国民（特に青少年）が持つべき道徳心、公共心、愛国心などを説いたもので、学校で暗誦させられた。これは日本の「教育勅語」を模倣したものだという批判が根強くある。たしかに形式的には「教育勅語」に似ているともいえるが、「国民教育憲章」は愛国心という土台のうえに国際的な人材として育ってゆくための心構えを説いたもので、内容的にはむしろ日本文部省の「期待される人間像」（一九六六）に近い。また、これは一九九〇年代終わりからの韓国におけるグローバル化（世界化）のコンセプトとも合致しているものであり、「国民教育憲章」はリベラルな韓国人に批判されながらも、その後の韓国人の心性の基礎をつくったものとして位置づけられうる。そもそもヘーゲル哲学を極め、「否定」の研究で一家をなした彼が、独裁政権を単純に全面肯定するような思想を国民に強要するはずもない。韓国における朴鍾鴻批判には、戦後の一時期日本においてなされた西田幾多郎批判にも似た浅薄な視角が多分に含まれている。

†金芝河

金芝河《キムジハ》（一九四一〜、本貫は金海《キメ》）はソウル大学校美学科を卒業したあと、詩を書きはじめた。韓国の腐敗しきった支配階級を徹底的に批判した「五賊」などの詩によって体制側から危険視され、逮捕されて死刑判決を受けた。金芝河救済運動は国境を越えて日本でも力強く展開した。金芝河の「南朝鮮思想」は、世界でもっとも苛酷な被支配と矛盾と理不尽を凝縮した地が朝鮮半島であり、そのなかでも「南」の民衆こそが、世界の抑圧の集積点だとする一種の選民思想である。

　彼はなによりも、民主主義への燃え上がるような希求を詩語に結晶しえた天才であった。「灼ける渇き」（一九七四）という詩がある。

夜明けの　裏道で
お前の　名を書く　民主主義よ
私はお前を忘れて久しかった
訪《おと》なうこともなく　あまりにも　久しかった
わずか　ひとかけらの記憶
灼けつく胸の　のどの渇きの
記憶たどって
お前の名を　人知れず書く　民主主義よ（中略）
息こらし　噎《むせ》び泣きつつ
お前の名を　人知れず書く
灼きつく　のどの渇きで
灼きつく　のどの渇きで
民主主義よ　万歳《マンセー》（部分。李恢成訳、『不帰』所収）

彼はまた、日本をはじめとする外国勢力に対する強烈な批判精神を詩語にした。日本批判の詩は「桜賊歌」（一九七一）、「五行」（一九七三）など多いが、やはり圧巻は「糞氏物語」（後に

「糞海」と改題、一九七四）であろう。解放後も続く日本による韓国への横暴や搾取や収奪を、伝統劇の激烈な台詞まわしのリズムを取り入れて攻撃した。

鮮人ぐっすり　天真爛漫　眠ってる　ヤマトよ！
日本刀を抜け　掠奪だ　搾取だ
底までかっさらい　最後までやってしまえ
提携も　合作も　なんでもかでも
植民に突っ走る　帝国よ　万歳！（部分。塚本勲訳、『不帰』所収）

一九九一年、韓国民主化運動が劇的な最終段階を迎えた時期に、学生たちが次々と自殺をするという事態が生じるや、金芝河は保守紙『朝鮮日報』に、「死ぬな」というメッセージを載せた。このことが学生運動側から猛反発を受け、「金芝河は死んだ」という痛烈な批判を受けることになった。この時期が、金芝河に対する評価が「英雄」から「反動」へと急変した重要な転換点であった。

この経験のあと、彼は一九九〇年代の半ばから「包越」という概念を盛んに主張しはじめる。この言葉は日本の京都学派・高橋里美の哲学における重要な概念だった。このことを思想史的に見ると、解放後の韓国哲学は、朴鍾鴻の「ヘーゲル的否定＝近代」から金芝河の「京都学派的包越＝近代の超克」へと移行したのだといえる。時代は韓国的ポストモダンの萌芽期であった。学生運動が近代的世界観に固執して終焉を迎えつつあったとき、金芝河はすでに「次の思想」へと脱皮していたのだった。

以後、金芝河は生命思想運動に邁進することになる。彼の思想的視角は近代批判へと収斂され、「ハンサルリム運動」となる。「ハン」は「ひとつの＝大きな」、「サルリム」は「生かし＝暮らし」という意味である。張壹淳と金芝河の思想を土台とした「ハンサルリム運動」は、環境問題と人間の生の質を高める実践（無農薬農作物の販売、原発反対運動など）を積極的に展開している。「ハンサルリム運動」は、日本の生活協同組合（生協）に学んでいるが、賀川豊彦と金芝河の接点がここに結ばれることになった。

†李御寧と金容沃

李御寧《イオリヨン》（一九三四〜、号は凌宵《ヌンソ》、本貫は牛峰《ウボン》）は若くして韓国を代表する文芸評論家として名を成した。彼の思想的土台は記号論である。一九八〇年代には『縮み志向の日本人』という卓抜な日本文化論を発表し、日本でも有名になった。ソウルオリンピックの総合プロデューサーを務めた後、初代の文化部長官（文化省大臣）となった。

李御寧はつねに時代とともに呼吸した思想家であり、同時代を絶妙に分析するだけではなく、来たるべき韓国の像をきわめて巧みに提示することのできる天才であった。一九九九年には、「産業化には遅れをとったが、情報化には先頭に立とう」というスローガンを提示した。これは、近代の出発点においては、近代（産業化）という思想に適合した日本のほうが韓国より先んじたが、脱近代の出発点（まさに現在）においては、脱近代（情報化）という思想により適合した韓国が、日本や世界をリードできるのだ、という考えであった。彼がこの説を唱えた後の十年間を見ると、まさに彼が時代を予言したかの様相が現実化した。

また李御寧は、デジタルとアナログのどちらかに偏るのではなく、その合体としての「デジログ」こそが未来のあるべき文明・文化の姿であると主張したり、西洋の二項対立とは異なる三項（三すくみ、三太極＝三つ巴）による世界観こそが世界を救うとする「ジャンケン文明論」を展開するなど、鋭い感覚で次々と独創的な文明論・文化論を提唱している。

また一九八〇年代から韓国では、一種の「東洋哲学ブーム」が起きる。おそらく民主化を達成する過程で、韓国人が近代化への疑問を強く感じたことと関連がある現象だったのだろう。金容沃《キムヨンオク》（一九四八〜、号は檮杌《トオル》、本貫は光山《クアンサン》）の『東洋学、いかにすべきか』がベストセラーになった。金容沃は高麗大学校の教授だったが、一九八六年、韓国の政治状況を批判して「良心宣言」を出し、大学を辞した。彼の真摯な問いは、韓国社会の民主化と学問と韓国人の精神的な根源とを独創的に語ろうというもので、当時の若者たちから絶大な人気を得た。

†知性人

日本語ではあまり使われないが、韓国語では頻繁に使われる言葉のひとつに「知性人」がある。日本語の「知識人」と似ているが、根本的に異なる語である。本質的かつ強靭な道徳性が土台にあり、その上で古今東西の教養を身につけ、間違ったものを正してゆくために権力に抵抗する行動力を具えた人物を、韓国では知性人と呼ぶ。朝鮮時代の「ソンビ」(主に在野の潔癖な道徳主義者)という人間類型を継承した概念であろうと思われる。

解放後の韓国の歴史は、ある意味で「知性人の歴史」でもある。「日帝」の圧政とその残滓への抵抗、李承晩政権の腐敗への抵抗、朴正熙政権から盧泰愚政権までの暴力的な「軍事政権」への抵抗を主導したのは知性人たちであったし、知性人たちがいなければこれらの抵抗は機能しなかったかもしれない。単に大規模なデモを繰り広げてスローガンを掲げたから民主化されたわけではない。大韓民国という坩堝を焼く「精神」が、この国には明確に存在した。知性人は保守であっても進歩であっても構わないが、強靭な道徳性と幅広い教養と不屈の抵抗精神がなくてはならない。

†現代の哲学・思想

韓国は一九八〇年代以降、新しい哲学的・思想的段階に突入した。一九八〇年の光州事件、その後の民主化運動、一九八七年の民主化宣言が大きな契機となった。

「光州事件の哲学」を打ち出して、哲学と韓国人の日常を結びつけようと精力的な活動をしているのは金サンボン（一九六〇～）である。「ストリートの哲学者」と呼ばれる彼は、道ばたに立って、市民、民衆とともに哲学を語る。「お互い主体性（ソロ・チュチェソン）」という概念で民主主義の哲学的根拠を探りつつ、現実変革の左翼的立場を掘り下げる。彼の射程は哲学言説にとどまらず、財閥（大企業）独占の韓国経済改革や環境問題、学閥批判など、韓国人の生の全般にわたる。光州事件以後、韓国の哲学的位相は劇的に変化したのである。

「わたしたちの言葉（ウリマル）で哲学すること」を提唱しているのは李其相《イギサン》である。彼は「韓国語の哲学」の元祖ともいえる多夕・柳永模の哲学を継承して、韓国語の固有語（漢字語でない語彙）によって、固有語を、哲学している。

金サンボンはドイツでカント哲学を学び、李其相はドイツでハイデガー哲学を学んだ。日本の哲学研究者がカントやハイデガーを学んでも、現実問題と劇しく切り結ぶ実践者に一向にならないのと比べると、韓国哲学の実践的生命力の強さを実感する。廣松渉亡きあとの日本の哲学は、韓国の現代哲学に比べると、現実と切り結ぶ力が弱すぎるのである。

†綺羅星のような思想家たち

振り返って見ると、解放後の大韓民国においては、綺羅星のような思想家たちが輩出し、社会を前進させてきた。日本でも戦後は、丸山眞男、鶴見俊輔、久野収、清水幾太郎、加藤周一、梅棹忠夫、柄谷行人、山崎正和、梅原猛などの思想家が活躍した。だが堺屋太一以降、「オピニオン」と「資本の論理」が合体してしまい、その結果、結局はオピニオン・リーダーも消えた。そういう知の類型が消えたこと自体はよいことだったかもしれないが、「オピニオン」はみずからの死の際に思想もともづれにしていってしまい、結局、なにもかも消えたのである。

だが、韓国はそうではなかった。思想家の使命を、社会がその包容力を逸脱しながら必死に包容した。社会は、みずからが持っている既存の枠組みでは理解できない思想家の言葉を、みずからの枠組みを破壊してまで包容しようとしたのである。苦痛は思想家と社会の双方の共有物であった。苦痛を媒介にして思想家と社会は「相生する弁証法」という矛盾を生きようとした。それが韓国近代であった。

韓国の思想家をすべて語ることはできないので、ごく一部の人士だけ紹介する。

張俊河《チャンジユナ》（一九一八～一九七五）は言論人・政治家であった。彼が一九五三年に発刊した雑誌

『思想界』は当時の韓国社会で大きな影響力を持った。『思想界』は咸錫憲の「考える＝生覚する民であってこそ生きる」や金芝河の「五賊」といった問題作を掲載し、そのたびに筆禍事件を起こした。また彼の著書『石枕』は多くの読者を獲得した。

張壹淳《チャンイルスン》（一九二八〜一九九四、号は青江《チョンガン》など）は生命運動家である。金芝河とともに農民運動をしたあと、「ハンサルリム（大きなひとつの生かし＝暮らし）」という、日本の生協運動に似た生活＝生命運動を展開した。

金泰昌《キムテチャン》（一九三四〜）は日韓を舞台にして「公共哲学」という概念を打ち立てた思想家である。東京大学出版会から「公共哲学シリーズ」（全二十巻）などが刊行されている。

解放後の韓国では、文学も盛んだったがそれと同時に文学批評も盛んとなった。もっとも代表的な文学評論家として、李御寧《イオリヨン》、金賢《キムヒヨン》、趙東一《チヨドンイル》、金允植《キムユンシク》、崔元植《チエウオンシク》などがいる。

5　宗教

†仏教の生命力

併合植民地期に朝鮮仏教は日本に協力もし、また抵抗もした。その傷跡が解放後にも深く残ることになる。解放空間で仏教革新総連盟が結成され、土地改革問題や僧侶の妻帯の問題が議論された。一九五四年には浄化運動が展開され、妻帯僧を批判し寺から追放するという事態にまでなった。

仏教信者の数は一九六〇年代に急激に増えた。一九六四年に仏教徒は百万人だったが、一九六九年には五百万人になった。当時の執権党であった共和党が仏教を庇護したことが大きな理由のひとつである。朴正煕の共和党の指導層には仏教信者が多かったため仏教を庇護し、軍僧制度を創設したり、ブッダの生誕日を国民の休日にしたりした。だが軍事政権とのあまりの距離の近さが、後に民主化の動きの中で仏教界にとって大きな荷物となっていく。

一九九〇年代には、それまでの併合植民地期および軍事独裁期における仏教界の矛盾や歪みを総決算するような勢いで、大きな改革運動が展開された。僧侶の資質や修行の問題を含めて、総じて「仏教界の道徳性を回復する」という大きな動きであった。「民衆仏教」や「民族仏教」という概念を掲げる勢力が、宗団の民主化を唱えて改革運動に邁進した。

†頓悟漸修と頓悟頓修

法頂《ポプチョン》（一九三二〜二〇一〇）スニムはもっとも大きな尊崇を集めた高僧であった（「スニム」は僧侶に対する尊称）。「無所有」を説いた著書はベストセラーとなった。彼は高麗の知訥以来の伝統である「頓悟漸修」を継承した。しかし彼の「頓悟漸修」観は伝統そのものではなく、やはり時代の要請を積極的に取り入れたものとなっている。つまり、民主化の過程における社会実践（これを漸修と解釈する）と悟り（頓悟）とを強烈に結びつける軸としての、頓悟漸修なのである。

ブッダ釈迦牟尼の場合、菩提樹の下での悟りは頓悟であり、四十五年間の教化活動で無数の衆生を救ったことは漸修に該当する。これが仏教のふたつの翼である智慧と慈悲の道でもある。悟ったあとの修行は汚染を防ぐだけでなく、あらゆる行をあまねく磨いて自己と隣人をともに救うことである。（中略）わたしたちは頓悟漸修を、自己の形成と衆生の救済として解釈することができる。そして正しく知ってこそ正しく行うことができ、そういう行の完成こそ完全な解脱であり涅槃であるといえる。衆生界は果てしないのに、自分ひとりだけ頓悟頓修に終わるならば、それは正しい修行ではなく、智慧と慈悲をいのちとみなす大乗菩薩ではない。（法頂、「刊行辞」、『普照思想』第一輯、一九八七）

ここで法頂が批判している頓悟頓修とは、曹渓宗の性徹《ソンチョル》（一九一二〜一九九三）スニムの立場を指している。信者から絶大な信仰を集める性徹は、それまでの韓国禅の伝統を破る挑戦的な姿勢で求道を続けたのである。彼は、一九八一年に『禅門正路』を著し、朝鮮禅の正統である「頓悟漸修」を否定し、「頓悟頓修」を唱えた。性徹は曹渓宗の僧正であったが、その寺は海印寺《ヘインサ》で、知訥（頓悟漸修）は松広寺《ソングァンサ》だったので、これは海印寺と松広寺の対立の様相を呈しもした。朝鮮禅の正統に真っ向から否を唱えた性徹のこの哲学は、韓国仏教界に大きな衝撃を与えただけでなく、彼のカリスマ的な人気もあって社会的なイシューにまでなった。

†社会のなかの仏教

また、民主化運動は仏教界とも密接に連動した。そもそも韓国の政権は、宗教界と強い関係を結ぶことが多かった。李承晩政権はキリスト教勢力と深く関係し、朴正煕政権は仏教界と深く関係した。全斗煥、盧泰愚政権も朴正煕政権を踏襲した。「軍人出身の三人の大統領の時期に、韓国仏教界は政権と癒着して腐敗した」という批判が、韓国社会で声高に語られるようになっていた。韓国仏教界の内部からも自浄の必要性が強く唱えられ、韓国仏教の革新、「民衆仏教」の深化、曹渓宗の改革などが次々に行われた。

また一九九〇年代に曹渓宗内部において起きた劇しく醜い権力闘争を反省の契機として、「参与仏教」という概念が華々しく登場した。これは、民主主義の問題、環境問題、資本主義の問題、植民地主義の問題など、現代のあらゆる問題に正面から向き合おうとする仏教の社会参与思想である。

韓国社会の腐敗や機能不全、不寛容などの問題から逃げずに、韓国仏教のあらゆる資源を使って取り組もうとする試みは、日本仏教界の社会実践よりもはるかに力強い。特に環境問題に関しては、大きな成果を挙げている。

雑誌『在家連帯』創刊準備号（二〇〇一年三月）でチョン・ウンギは次のように語る。


参与仏教が既成教団ともっとも鮮明に異なるように見えるのは、解脱に対する定義が超世間的（lokuttara）理解から世間的（lokiya）理解に変わったことだ。これにより社会・政治的な状況に対して批判を加えそれを改革しようとする、組織的な努力が重視される。戦争と虐殺、植民主義、社会的不平等、人種的憎悪と階級的暴力、経済的不均衡のような世間の問題に対して積極的に対処し、このような問題の解決がニルヴァーナに行く近道であると認識する。


「社会へ、社会へ」という韓国仏教のダイナミックな動きは、日常性の維持と個体化、体制順応に染まりきった（その意味で腐敗しきった）日本仏教界が真摯に学ぶ対象ではないだろうか。

雑誌『参与仏教（Engaged Buddhism）』創刊号（二〇〇一年五月）では、「教団自浄運動の方向と課題」に関する座談会が行われ、「韓国の宗教権力と市民社会」という特集が組まれている。つまりここには、既成仏教の腐敗に対する強い批判精神が溢れている。

宗教と女性の問題にも、仏教界は取り組んだ。そのひとつの概念が「女性仏教」である。一九七九年に発刊された雑誌『女性仏教』の創刊辞は、次のように主張している。

昔からわが国では、宗教、特に仏教においては理論や教学以前の実践においてほとんど女性の独壇場ではなかったか、と思います。李朝五百年間の抑仏政策によって、男性社会で仏教が大きく蔑視されることにより、ついに仏教は女性社会の独占物になったのかもしれません。それにもかかわらず韓国の仏教では女人禁忌の間違った伝統と女性仏子の数的優位という現実が生み出した乖離のため、仏教の生活化を通じた大衆仏教の具現に大きくつまずいているというのが実情です。（中略）韓国の仏教ではいまだに「三千大千世界である男性の煩悩をすべて合わせてもひとりの女人の業障にすら満たない」という女人無視の悪い風潮がはびこっているので、仏教の現代化のためには大変遺憾なことであるだけでなく、人間救済の仏教がどうしていまだに女性救済の教えになれないのかという大きな疑いすら持つときがあります。（李根培〈慧惺〉「創刊の辞」、『女性仏教』創刊号、一九七九）

この雑誌は、女性と仏教に関する韓国ではじめての雑誌であった。それまでは女性と仏教に関する雑誌も本もなかったのである。

†キリスト教

韓国キリスト教は、植民地時代末期に日本に協力したという過去のため、解放後はその傷の痛みを持っていた。しかし李承晩の自由党はキリスト教信者がその主流だったため、政権は積極的にキリスト教を庇護した。そのためもあり、解放後にキリスト教は急激な信者の増加を経験した。

信者数は特に朝鮮戦争後に急増している。これはひとつには極端な不安心理が影響していることは明らかであろう。同族が数百万人殺しあう悲惨な戦争を経験し、隣人や家族すら信じられないという究極の孤絶的絶望を経験したのが、一九五〇年代の韓国だったのである。だがもうひとつの要因がある。それは米国の影響、というより戦略であった。日本の残した財産を接収した米国は、特にプロテスタントに有利な払い下げをしたし、またプロテスタントを積極的に育成した。そもそも質の高い教育事業と医療事業を展開してきたプロテスタントだが、その急激な成長には、米国の全面的な支援という要素も大きかった。

朴正熙大統領の時代、特に維新体制の時代に、民主化運動に対してキリスト教が果たした役割も大きかった。一九七六年には、三・一節にソウルの明洞聖堂にて「民主救国宣言」を行い、クリスチャン十八名が起訴された。一九七〇年代から九〇年代にかけての長い間、カトリックの金寿煥《キムスファン》枢機卿（一九二二〜二〇〇九）は絶大な信頼を集めて、知識人や民衆の求心力となった。彼は一九六九年に韓国人として初めて枢機卿となった、現代の「韓国的霊性」の代表人物である。

また一九七〇年代から民主化運動と連動する形で、「民衆神学」が隆盛した。これは中南米における解放神学と教理上の類似を示す新しい信仰運動であった。民衆神学運動の重要な担い手は、徐南同《ソナムドン》、安炳茂《アンビョンム》、玄永学《ヒョンヨンハク》である。

またプロテスタント系の一部には、伝統的なシャーマニズムの影響を強く受けている教会がかなりある。理性的な信仰ではなく、かなり神がかった絶対者に対する服従を要請するような信仰形態である。

†社会のなかのキリスト教

韓国キリスト教は、信仰だけを説くのではない。その強い実践力は、日本のキリスト教をはるかに、否、まったく比較にならぬほど凌駕している。日本のキリスト教が個人の魂の救済に関心を集中させているのに対し、韓国のキリスト教は個人だけでなく世界のあらゆる貧しい人びとの救済という大乗的な志向を強烈に持っている。現在もキリスト教を信じる韓国の若者たちが世界のあらゆる国に出かけてボランティア活動をしている。もちろんそこには宣教という使命がある。

一例を挙げれば、コットンネ(「花の里」の意)というカトリックの実践団体がある。最初、乞食に食を与えるという地道な活動から始めた呉《オ》ウンジン神父は、韓国社会におけるありとあらゆる「捨てられた人びと」を忠清北道の広大なコットンネに集めて、巨大福祉地域をつくりあげた。身体障害者、精神障害者、行き倒れ、乞食、親に捨てられた赤ん坊、末期症状の患者など、この社会で行き場のない人びとを「愛」によって救おうという一大福祉村ができあがったのである。その思想は「愛とは、分かち与えることではない。すべてを与えることだ」「貧しい人を通して神のもとへゆく」「われは汝のみを愛する。汝に罪があろうとなかろうと」「施しを受ける力があるだけでも、主の恩寵」という、「捨てられた側」「愛を受ける側」のみを絶対視する徹底的なものである。コットンネの愛の共同体は、国家や自治体や私企業がやろうとしてもできない霊性的な「愛の福祉」を果敢に、大々的に実践して韓国社会に衝撃を与えつづけている。

コットンネに限らず韓国キリスト教の強靭な霊性的実践力は目を見張るものがある。教会や聖堂のなかに閉じこもって少数の静かな信者だけを相手に信仰を続けている日本のキリスト教とは、その意志も実践も霊性も、天と地ほどの違いがある。ただし韓国キリスト教のあまりに強い教勢拡張主義と競争主義はこの社会でつねに大きな問題となっていることも事実であり、キリスト教関係の摩擦と軋轢は日常茶飯事である。

キリスト教にかぎらず、仏教など韓国の宗教に対しては、韓国社会からの批判が多い。それぞれの宗教や教団にはそれぞれ固有の問題があるが、「韓国宗教界」全体の問題としては、あらゆる宗教や教団や組織などが強固に自己聖域化をして、他からの批判を寄せ付けず、独断的に教化・運営をしているという指摘が多い。したがって自己の腐敗を正しく認識することも是正することもできず、政治家やメディアも報復が怖くてその「聖域」に触れることはできない。このような宗教聖域化の問題は、韓国宗教界の強力なダイナミズムと実践性とも関連する問題であるだけに、改革していくのが難しい。

†儒教

一九八〇年代までの韓国は、近代化の時代であった。近代化と儒教は相性が悪いように見えるが、そうではない。「儒教的近代化」とか「儒教資本主義」などという言葉があるように、近代ないし近代化という概念と儒教は、一方で反発しあうものでありながら、他方で惹きあうものでもあった。勤勉性、規律性、画一性、自己陶冶型の主体性、教育や知への情熱、家父長制と会社や近代国家の相性のよさなどが、儒教と近代の合体を推進した。だが一九九〇年代に韓国社会はポストモダン化を経験しはじめる。このとき、儒教はフェミニズムやカルチュラル・スタディーズからの強い非難を受けることになったし、また近代的な価値自体が批判されると同時に儒教の特質も魅力のないものに転落してしまった。そもそも韓国近代とは、儒教的な主体性と国民国家的な主体性を合体させた朴鍾鴻（韓国の丸山眞男と呼んでもいい）式の「主体化の時代」であったのだから、その「主体」自体を批判するポストモダンの到来とともに窮地に陥ったのは当然のことだった。ここまでは、日本より約二十年遅いが日本社会が経験したこととほぼ似たような軌跡だったといえる。

だが、衰退し揶揄の対象にまでなった儒教的価値ではあるが、二〇〇〇年代に入って復活のきざしも見せた。ここが日本との違いである。前兆は、一九九〇年代に起きた「朝鮮王朝の再評価」である。近代化が一段落し、ポストモダンが到来するとともに、韓国では「儒教＝朱子学の再評価」という動きが起きた。近代の時代には、右に述べたように儒教は隠微な形で近代化勢力と合体していた。だがそれはあくまで見えない形で合体していたのであり、社会の表層の表象においては儒教や朱子学、そしてその体現である朝鮮王朝は、当然批判の対象であった。つまり儒教と近代の「隠微な合体」を隠蔽するかのように、表面（たとえば映画など大衆文化の表象）においては「儒教と朝鮮王朝への蔑視・無視・揶揄」が行われていたのが韓国近代だったのである。ところがポストモダンの時代になると、儒教を否定しなくてはならない強い動機は、この社会には実はもうすでに存在しなかった。フェミニズムやカルチュラル・スタディーズは、後からやってきた単なるイベントだったのである。もうすでに結果がわかっているスポーツの試合を、時間をずらして後からテレビで放映するようなものだった。すでに十二ラウンド闘いつづけたボクサーに、まだ一ラウンドしか闘っていない別のボクサーがパンチを浴びせるようなものだった。

このような「再現イベント的韓国ポストモダン」が要求したのが、朝鮮王朝の再評価だったのである。まず、歴史学者（保守的な国史学者）たちによる老論派の再評価が始まった。それまでの近代化の時代には、朱子学は停滞の思想とされ、「実学」こそが進歩の思想とされた。朱子学のなかでも李退渓や李栗谷は国民がかぎりなく尊敬する偉人であるから批判はできず、もっとも悪いのは朝鮮を停滞させた老論派だとされた。だが韓国近代化の大成功とポストモダンの到来とともに、「どの思想が朝鮮を停滞させたのか」という議論は陳腐で魅力のないものになってしまった。それよりも、「どの時代がもっとも道徳的に高く、文化的に高かったのか」という問いが国民の主要関心事となった。そのときに登場したのが、「朝鮮王朝の再評価」なのであり、英祖・正祖という英明な王へのかぎりない讃歌だったのである。

なぜ韓国ポストモダンでは儒教が再評価され、復権したのだろうか。理由は多様である。近代化を達成したと自己認識した韓国人が、近代化の過程で否定しすぎた自国の文化を再発見しようとしたこと。ポストモダン的な再現前の時代にあって、朝鮮王朝のさまざまな文化記号（王宮、衣装、飲食など）が大衆文化において華麗に再創造され、そのきらびやかな表象が海外においても高く評価されたこと。これらが重要であるが、もっとも重要なのは次のふたつである。ひとつは、英祖・正祖に代表されるような清廉で高潔な道徳性と哲学性の絶頂（理想的な哲人政治）が、朝鮮王朝にあったという再発見の驚きと誇りの感覚。そしてもうひとつは、かつて腐敗した独裁政権に立ち向かい、闘争し、民主化を勝ち取った「われらの栄光の抵抗精神」は、実は儒教的な士大夫の純粋な道徳志向性という精神風土がもたらしたものだという認識。

この最後の認識こそは、近代化の時期に力を持った「民衆が変革の主体」という枠組みに根本的な変更を加えるものである。だが韓国の歴史において儒教が「変革と抵抗の霊性」でありつづけたことは事実なのであり、この土地において儒教は「全面的に守旧」でもなく「全面的に変革」でもない、「保守と変革の多面体」でありつづけたのも事実なのである。日本で中島隆博*が「批判儒教」といい、アメリカでステファン・アングル*が「プログレッシブ儒教」というものの実践を、東アジアでもっともラディカルに推進しているのは韓国であるといって間違いないだろう。

†シャーマニズム

民主化運動と強く連動しながら、一九八〇年代以降、一気に公的な認知を受けたのが、巫俗（シャーマニズム）であった。それまでは儒教的・キリスト教的な価値観から見て、シャーマニズムは迷信・邪信として極度に蔑視されていた。社会の下層の女性の熱烈な信仰によって命脈を保っていたといってよい。

一九八〇年代以降にシャーマニズムが評価されるようになった理由は三つあった。ひとつは、外来の宗教・思想（儒教・仏教・キリスト教）ではない民族オリジナルの宗教・思想としてシャーマニズムに光を当てるものである。もうひとつは、日本や米国による近代化の弊害を克服する内在的思想資源としてシャーマニズムを高く評価するものである。三つめは、民主化運動の主体である「民衆」の思想として、基層民衆の信仰であるシャーマニズムに注目するものである。

一九八〇年代には、金芝河や黄晳暎などがシャーマニズム的世界観を発掘し、作家的霊性による再解釈を加えて作品化した。

結局、極端な蔑視を受けつづけながらシャーマニズムは女性たちからますます広い信仰を集めている。大韓勝共敬信聯合会（シャーマンの連合団体）に登録している巫堂（シャーマン）

の数は十万人を超えており、これは、司祭の数としては他の宗教よりも多い。

6 文学

†文学の困難さ

解放後の韓国において、文学は思想的営為であった。日本の戦後文学も思想ではあったが、韓国では「思想でない文学」の棲息可能範囲は日本より極端に狭小であった。このような傾向を反映して、文学をめぐる言説は、戦後日本におけるそれとはかなり異なる様相を呈した。もちろん韓国文学自体に日本の影響がないとはいえないから、大きな流れにおいては、戦後日本文学の「参与」「内向」などという概念で語られる傾向性が、韓国にもなかったわけではない。むしろ強く存在したといったほうがよい。だが、それらの傾向性を語る言説が、日本と韓国では異なっていた。

大きな枠組みでいえば、文学をめぐる問題群は、「リアリズムか、モダニズムか」「民族文学か、民衆文学か」などという議論の形式で、激烈に議論された。前者の枠組みの議論は日本にもももちろん存在したが、韓国においては、モダニズムが併合植民地時代に日本を通してはいってきたという事情があるため、日本での議論より複雑だし、より高い政治性を帯びることになったのである。また後者の枠組みは、階級闘争と反帝国主義を前面に押し出す北朝鮮が確固として韓国文学者の目の前に現前しているので、これもまた日本での議論よりもずっと複雑だし、高度に政治的である。いずれにせよ韓国文学においては、いかなる論争が展開されようとも、その状況は日本よりもずっと政治的なのである。

そのほんの一端を紹介しよう。現代韓国を代表する文学評論家のひとりである崔元植《チエウオンシク》*は、「盲目的な近代追従とロマン主義的な近代否定を越えて、資本主義と一国社会主義を越えて、近代性の戦取と近代の撤廃を自らの内に統一することを模索する民族文学運動」を唱える。だがこれに対して評論家の李光鎬《イグアンホ》*は、崔*のこの考えはたしかに均衡は取れているが、「民族文学」を神話化し永遠化するものだと批判する(李光鎬*「矛盾としての近代文学史――二〇世紀の韓国文学史に関する批判的仮説」、尹相仁・渡辺直紀訳『韓国の近現代文学』法政大学出版局、二〇〇一、五三頁)。このように、韓国では文学がなにを理想としてなにをどう書かなくてはならないかが、つねに鋭い批判精神とともに政治と関連づけて語られるのであり、このような話法は文学評論のみならずあらゆる評論に共通しているのである。

†詩

大韓民国は詩の国だといわれるくらい、詩人と詩と詩集が社会に溢れており、またそれらが社会に強い影響を与えてもいる国家である。

詩人の申東曄《シンドンヨプ》（一九三〇〜六九）は、百済の故地である扶余《プヨ》を中心とした忠清道《チュンチョンド》の人びとの歴史的記憶と心性を、劇しい詩語で表現した。「表皮は去れ」（一九六四）、「だれが空を見たというのか」（一九六九）、長編詩「錦江」（一九六七）などの作品が静かな叫びを言語化している。

表皮は去れ。
東学の年、熊津《コムナル》の、あの雄叫びだけ生き続け、表皮は去れ。（「表皮は去れ」部分）

一八九四年、全羅道《チョルラド》・忠清道《チュンチョンド》一帯（「熊津」はその一地名。かつて百済の都、今の公州《コンジュ》）で蜂起した東学農民軍を歌っている。朝鮮の民衆の希望を担った東学農民軍は、朝鮮政府軍と外国勢力によって千々に粉砕された。その後にやってきたのは、植民地支配、戦争、解放、また戦争、軍事独裁、近代化、産業化……すべてが「表皮」であった。

だれが空を見たというのか。
だれが、雲ひとつなく晴れた空を見たというのか。（「だれが空を見たというのか」部分）

これも中東曄の詩の言葉である。韓国に残ったのは、つねに暗く天空を覆う雲である。それは日本・近代・イデオロギー・独裁・軍政・資本主義などという名の雲なのである。そのため韓国の民衆は天空を見ることができない、と彼は謳った。

労働運動を題材にして詩を書く詩人もあらわれた。代表的な人物は朴労解《パクノヘ》(一九五七〜)である。彼の衝撃的な第一詩集『労働の夜明け』(一九八四)は、一九七〇年代から八〇年代の労働現場の絶望と希望をあらわに表現した。

だが、民主化運動が一応の成果を挙げた後、文学の一部では、早くも「民主化以後」の雰囲気と感性を描く作品が登場した。民主化運動への邁進と、その後の虚脱感を描いた崔泳美《チエヨンミ》(一九六一〜)の『三十、宴は終わった』(一九九四)はそのなかでももっとも鮮烈な印象を投じた。

†小説

併合植民地からの解放という事態は、この民族の文学的想像力を一気に爆発的に解放したわけではなかった。最初はとまどいがあった。日本語で書いていた奴ら、日本人に媚を売って書いていた奴らをどう扱うか、という問題にも対処しなければならなかった。親日文学の問題である。解放空間のイデオロギー的混沌および朝鮮戦争の悲惨な現実は、もちろん文学的想像力を著しく刺戟した。だがそのような創造力の混沌が文学表現の絶頂として結実するのは、朴景利《パクキョンニ》（一九二六〜二〇〇八）という天才作家を待たねばならなかった。彼女は大長編小説『土地』を一九六九年に書きはじめ、二十五年をかけて一九九四年に完成させた。朝鮮王朝末期から日本の敗戦までを描いたこの大河小説こそ、「解放後韓国人の文学」の絶頂のひとつである。朴景利には『土地』のほかに『波市』『金薬局の娘たち』などの小説がある。

一九六〇年代から七〇年代には、「第三世代文学」とも呼ばれる一連の新しい小説家たちが続々と登場した。彼らは一様に、解放後に教育を受けた「ハングル世代」であった。李清俊《イチョンジュン》、趙世熙《チョセヒ》、韓勝源《ハンスンウォン》、尹興吉《ユンフンギル》、金源一《キムウォンイル》、崔仁浩《チェイノ》、宋基淑《ソンギスク》、全商国《チョンサングク》、黄皙暎《ファンソギョン》、朴婉緒《パクワンソ》、韓水山《ハンスサン》、文淳《ムンスン》太《テ》、李文烈《イムニョル》などがこの時代の代表的な小説家である。

趙世熙（一九四二〜）は、傑作の誉れ高い連作小説集『こびとが打ち上げた小さな球《たま》』において、開発と近代化によって社会の片隅に追いやられる庶民の歪んだ世界観を描いた。

黄皙暎（一九四三〜）はヴェトナム戦争や光州事件を経験した世代の尖鋭な政治意識を、伝統的な民衆演劇やシャーマニズムの力強いリズム感を持った文体で小説に描いた。また彼は文化運動にも精力的に取り組んだ。代表作として『客地』や全十巻の大作『張吉山』などがある。

あとがき

本書のタイトルは『朝鮮思想全史』となっているが、企画当初のタイトルは『入門 朝鮮思想史』であった。朝鮮思想の通史がわかる入門書がこの社会にはどうしても必要だという考えから書きはじめた。だが書いているうちに分量が増え、結局、書肆《しょし》の判断により『朝鮮思想全史』というタイトルになった。

「全史」と看板を掲げるほどの度胸は、わたしにはもとよりない。「この人物については十ページを費やしても足りない」と思っても、紙数の都合や叙述の流れの関係で、たった一行で済ませてしまっている場合も多々ある。一行も、一語も言及できなかった重要な人物もたくさんいる。全体的に舌足らずで、説明不足である。忸怩《じくじ》たるものがある。

だが少なくとも、本書一冊を読めば、神話から現代まで、儒教や仏教から文学まで、朝鮮思想の全体をざっと見渡すことはできる。そういう本はこれまでなかった。日本だけでなく、わたしの知るかぎり韓国にもない。この点だけが、本書の価値であろう。ただ道教や風水地理に関してはわたしは詳しくないので、叙述が大変粗略になってしまったし、また科学や芸術にも言及できなかった。科学についてはわたしは門外漢なので書けなかったのだし、芸術に関しては原稿を書いたものの紙数の関係ですべて削除した。

書いた原稿は最終的に膨大なものになったが、一冊の新書におさめるためにばさばさとたくさん捨てた。それらを拾い集め、さらに少しずつ少しずつ書き足し、いつの日かもっと詳しい「全史」を書こうと思っている。

＊

尊敬する姜在彦《カンジェオン》先生がマッコリを飲まれながら、「あなたの批評がいちばん効いた」とやわらかな口調でおっしゃったのは、もう十数年も前のことだ。姜在彦先生は日本における朝鮮思想史研究の第一人者であるだけでなく、この道の開拓者であられる。その先生が『朝鮮儒教の二千年』（朝日選書）という名著を二〇〇一年に出されたのだが（現在は講談社学術文庫に入っている）、わたしが雑誌にその書評を書いたのである。「朱子学（性理学）の原理主義者たちであった新進士大夫（士林派）を批判し、いわゆる「実学」を高く評価するのはわかるが、原理主義者たちが展開した理気論をあまり低く評価すると、朝鮮精神史の大事な部分が見えてこないのではないか」とわたしは書評で語った。これに対して、姜在彦先生は「この評がいちばん効いた」とおっしゃったのである。先生はその学究生活の最初からずっと、朱子学的理気論を低く評価され、「実学」を高く評価されておられた。

わたしはソウル大学の哲学科大学院で一九八八年から八年間、三八六世代といっしょに勉強した（三八六世代とは、一九八〇年代に学生運動をした、一九六〇年代生まれの、年齢が三十代の人たちを指す、一九九〇年代にできた言葉）。だからわたしは、韓国の三八六世代からかなり強い影響を受けている。それはひとことでいえば理念に対する燃えるような信奉であり、道徳性への燃え上がるような自己同一化だ。わたしから見ると彼らのその尖鋭化させた道徳意識の根源は、はるか百年以上前の衛正斥邪《えいせいせきじゃ》思想にも見られた、朱子学の理にあるように思えた。実際、当時は学界でも「実学」評価一辺倒の時代は終わり、朝鮮時代の朱子学の本拠陣営である老論派が再評価されていた。韓国において民主化の激烈な運動がなぜ朝鮮時代の朱子学への高い評価とシンクロするのか、というのは、一九八〇年代の韓国の空気を吸った者でなければわからない。

わたしもその影響を受け、一時は自分がごりごりの朱子学者になろうとまでしたものだ。韓国留学当初は自分がごりごりの東学徒になろうとしていたことを考えれば、ずいぶんと変わったものである。ごりごりの朱子学者になろうとする者の意識は、次のようになる。つまり、世間に生きる自分以外のすべての人が不道徳的で、偽者で、濁気を持った、正されるべき人間のように見えてしまうのである。世界で正しいのは、孤独で抑圧されて苦しむ、道徳的に立派な自分だけになる（もちろんそれは虚構の自分である）。こうなったらもう、間違った世間に対して「衛正斥邪」運動を展開するしかない。

だが、その後の韓国社会における悲惨なまでの理念崇拝の惨状は、やがてわたしの考えを変えることになった。理念が空回りしはじめ、やがて理念は理念のためのものになって自己回転をはじめ、他者をまったく寄せ付けなくなる。わたしはやがて、朱子学的理念に失望し、呆れ果てることになった。

いまでは姜在彦先生とかなり同じ見解を持っている。それは原理主義的な士林派への批判意識であり、朝鮮知識人の理念信奉への批判である。

朱子学をどう見るかという点が定まらないかぎり、朝鮮思想を語ることはできない。わたしの場合は、ようやくそれが定まってきたような感じがする。だからようやく、朝鮮思想史を語ることができはじめている。

＊

本書は拙著『入門　朱子学と陽明学』『新しい論語』につづき、ちくま新書編集長の松田健氏との仕事となった。朝鮮の全思想史を一冊の新書で俯瞰するという無謀な試みは、全面的に松田氏の勇断がなければ実現しなかった。心から感謝する。

最後に、私事にわたることで恐縮だが、わたしの亡き父がかつてヴェトナムの歴史に関する新書を書いたとき、できあがった本があまりにも（非常識なほど）分厚いので、「新書でこんな分厚い本を書いてどうするんだ」とわたしは思い、そのことを父にいった。父の答えは、「ヴェトナムはすごいんだよ、ヴェトナム人はすごいんだよ」のひとことであった。そのすごいヴェトナムを語るには、これでも紙数が足りない、と彼はいいたかったのだろう。新聞記者だった若かりし頃ヴェトナム戦争を数年間取材して、日本に帰ってきたときには完全な反米主義者になっていた父であった。ヴェトナム人の底力（霊性的底力といってよい）を戦争という現場で直接体験したのだろう。

いま、朝鮮思想史（のようなもの）をまがりなりにも書き終えてみて、父と同じことをわたしも思っている。「朝鮮（韓国）はすごいんだよ、朝鮮人（韓国人）はすごいんだよ」。いまわたしが語りたいのは、このひとことのみである。

二〇一七年九月　京都七条にて

小倉紀蔵

朝鮮思想史を学ぶための文献

＊朝鮮語から翻訳されたものも含め、日本語で読める、入手・閲覧しやすい書籍のみを記す（入手・閲覧しにくいが重要なものも若干ある）。論文や朝鮮語の文献は載せていない。

全般・通史

尹学準『オンドル夜話――現代両班考』中公新書、一九八三
小川晴久『朝鮮文化史の人びと』花伝社、一九九七
小倉紀蔵『韓国は一個の哲学である――〈理〉と〈気〉の社会システム』講談社学術文庫、二〇一一
小倉紀蔵『心で知る、韓国』岩波現代文庫、二〇一二
梶村秀樹『朝鮮史の枠組と思想』研文出版、一九八二
川村湊編『知の攻略　思想読本　韓国』作品社、二〇〇二
姜在彦『歴史物語　朝鮮半島』朝日選書、二〇〇六
姜萬吉著、旗田巍・宮嶋博史訳『分断時代の歴史認識』學生社、一九八四
金教斌著、金明順訳『人物でみる　韓国哲学の系譜――新羅仏教から李朝実学まで』日本評論社、二〇〇八
金哲央『人物・近代朝鮮思想史』雄山閣、一九八四
金哲央『朝鮮民族の美一〇〇点』スペース伽耶、二〇一七
鄭鎮石・鄭聖哲・金昌元著、宋枝学訳『朝鮮哲學史』弘文堂、一九六二
西垣安比古『朝鮮の「すまい」――その場所論的究明の試み』中央公論美術出版、二〇〇〇
野間秀樹編『韓国・朝鮮の知を読む』クオン、二〇一四
古田博司『東アジア・イデオロギーを超えて』新書館、二〇〇三
古田博司『朝鮮民族を読み解く――北と南に共通するもの』ちくま学芸文庫、二〇〇五

古田博司・小倉紀蔵編著『韓国学のすべて』新書館、二〇〇二
朴忠錫著、飯田泰三監修、井上厚史・石田徹訳『韓国政治思想史』法政大学出版局、二〇一六

儒教

阿部吉雄『日本朱子学と朝鮮』東京大学出版会、一九六五
小川晴久『朝鮮実学と日本』花伝社、一九九四
小川晴久・張践・金彦鍾編『日中韓思想家ハンドブック　実心実学を築いた99人』勉誠出版、二〇一五
川原秀城・金光来編訳『高橋亨朝鮮儒学論集』知泉書館、二〇一一
韓亨祚著、片岡龍監修、朴福美訳『朝鮮儒学の巨匠たち』春風社、二〇一六
姜在彦『朝鮮儒教の二千年』朝日選書、二〇〇一
鄭聖哲『朝鮮実学思想の系譜』雄山閣、一九八二
中純夫『朝鮮の陽明学――初期江華学派の研究』汲古書院、二〇一三
裵宗鎬著、川原秀城監訳『朝鮮儒学史』知泉書館、二〇〇七
邊英浩『朝鮮儒教の特質と現代韓国』クレイン、二〇一〇
朴倍暎『儒教と近代国家』講談社選書メチエ、二〇〇六
李泰鎮著、六反田豊訳『朝鮮王朝社会と儒教』法政大学出版局、二〇〇〇

仏教

江田俊雄『朝鮮仏教史の研究』国書刊行会、一九七七
鎌田茂雄『朝鮮仏教史』東京大学出版会、一九八七
鎌田茂雄『新羅仏教史序説』東京大学東洋文化研究所、一九八八
金煐泰著、沖本克己監訳『韓国仏教史』禅文化研究所、一九八五
金知見・蔡沢洙『新羅仏教研究』山喜房仏書林、一九七三
金龍泰著、蓑輪顕量監訳、佐藤厚訳『韓国仏教史』春秋社、二〇一七

田村円澄『古代朝鮮仏教と日本仏教』吉川弘文館、一九八〇

西学・キリスト教

浅見雅一・安廷苑著『韓国とキリスト教』中公新書、二〇一二
姜在彦『西洋と朝鮮――異文化の出会いと格闘の歴史』朝日新聞社、二〇〇八
徐正敏『韓国キリスト教史概論――その出会いと葛藤』かんよう出版、二〇一二
山口正之『朝鮮西教史――朝鮮キリスト教の文化史的研究』、雄山閣、一九六七
柳東植『韓国のキリスト教』東京大学出版会、一九八七

道教・風水地理

崔昌祚著、三浦國雄監訳、金在浩・渋谷鎮明共訳『韓国の風水思想』、人文書院、一九九七
車柱環著、三浦國雄・野崎充彦訳『朝鮮の道教』人文書院、一九九〇

シャーマニズム

崔吉城『韓国のシャーマニズム――社会人類学的研究』弘文堂、一九八四
崔吉城著、真鍋祐子訳『恨の人類学』平河出版社、一九九四

文学・文字

尹学準著・田中明訳詩『朝鮮の詩ごころ――「時調」の世界』講談社学術文庫、一九九二
姜仁淑著、小山内園子訳『韓国の自然主義文学――韓日仏の比較研究から』クオン、二〇一七
金思燁『朝鮮文学史』金沢文庫、一九七三
金台俊著、安宇植訳注『朝鮮小説史』平凡社東洋文庫、一九七五
金哲著、渡辺直紀訳『植民地の腹話術師たち――朝鮮の近代小説を読む』平凡社、二〇一七
金文京『漢文と東アジア――訓読の文化圏』岩波新書、二〇一〇

金両基『ハングルの世界』中公新書、一九八四
崔碩義『放浪の天才詩人 金笠』集英社新書、二〇〇一
薛盛璟著、大谷森繁監修・西岡健治訳『春香伝の世界――その通時的研究』法政大学出版局、二〇〇三
野間秀樹『ハングルの誕生――音から文字を創る』平凡社新書、二〇一〇
波田野節子『李光洙――韓国近代文学の祖と「親日」の烙印』中公新書、二〇一五
李光鎬編、尹相仁・渡辺直紀訳『韓国の近現代文学』法政大学出版局、二〇〇一
林容沢『金素雲『朝鮮詩集』の世界 祖国喪失者の詩心』中公新書、二〇〇〇

近代思想・ナショナリズム

飯沼二郎・姜在彦編『近代朝鮮の社会と思想』、未来社、一九八一
木村幹『朝鮮／韓国ナショナリズムと「小国」意識――朝貢国から国民国家へ』ミネルヴァ書房、二〇〇〇
姜在彦『近代朝鮮の思想』、未来社、一九八四
田中明『韓国の民族意識と伝統』岩波現代文庫、二〇〇三
月脚達彦『朝鮮開化思想とナショナリズム――近代朝鮮の形成』東京大学出版会、二〇〇九
鄭大均『韓国のナショナリズム』岩波現代文庫、二〇〇三

朝鮮時代

河宇鳳著、井上厚史訳『朝鮮実学者の見た近世日本』ぺりかん社、二〇〇一
河宇鳳著、金両基監訳、小幡倫裕訳『朝鮮王朝時代の世界観と日本認識』明石書店、二〇〇八
川原秀城『朝鮮数学史――朱子学的な展開とその終焉』東京大学出版会、二〇一〇
川原秀城編『朝鮮朝後期の社会と思想』勉誠出版、二〇一五
金泰俊『虚学から実学へ――18世紀朝鮮知識人 洪大容の北京旅行』東京大学出版会、一九八八
夫馬進『朝鮮燕行使と朝鮮通信使』名古屋大学出版会、二〇一五
山内弘一『朝鮮からみた華夷思想』山川出版社、二〇〇三

朝鮮末期・大韓帝国

イザベラ・バード著、時岡敬子訳『朝鮮紀行』講談社学術文庫、一九九八
姜在彦『朝鮮の開化思想』岩波書店、一九八〇／明石書店、一九九六
趙景達『異端の民衆反乱――東学と甲午農民戦争』岩波書店、一九九八
趙景達『朝鮮民衆運動の展開――士の論理と救済思想』岩波書店、二〇〇二
趙景達『近代朝鮮と日本』岩波新書、二〇一二

併合植民地

飯沼二郎・姜在彦編『植民地期朝鮮の社会と抵抗』、未来社、一九八二
尹海東著、沈熙燦・原佑介訳『植民地がつくった近代――植民地朝鮮と帝国日本のもつれを考える』三元社、二〇一七
川瀬貴也『植民地朝鮮の宗教と学知――帝国日本の眼差しの構築』青弓社、二〇〇九
姜在彦『日本による朝鮮支配の40年』朝日文庫、一九九二
金完燮著、荒木和博・荒木信子訳『親日派のための弁明』草思社、二〇〇二
金振松著、川村湊監訳、安岡明子・川村亜子訳『ソウルにダンスホールを――一九三〇年代朝鮮の文化』法政大学出版局、二〇〇五
金哲著、田島哲夫訳『抵抗と絶望――植民地朝鮮の記憶を問う』大月書店、二〇一五
徐智瑛著、姜信子・高橋梓訳『京城のモダンガール――消費・労働・女性から見た植民地近代』みすず書房、二〇一六
趙景達『植民地期朝鮮の知識人と民衆――植民地近代性論批判』有志舎、二〇〇八
趙景達『植民地朝鮮と日本』岩波新書、二〇一三
鄭大均編『日韓併合期ベストエッセイ集』ちくま文庫、二〇一五
永島広紀『戦時期朝鮮における「新体制」と京城帝国大学』ゆまに書房、二〇一一
柳宗悦著、高崎宗司編『朝鮮を想う』筑摩叢書、一九八四

朝鮮民主主義人民共和国の思想

伊豆見元・張達重編『金正日体制の北朝鮮――政治・外交・経済・思想』慶應義塾大学出版会、二〇〇四
井上周八『チュチェ思想概説――愛と統一の実践哲学』雄山閣出版、一九八七
大内憲昭『朝鮮民主主義人民共和国の法制度と社会体制』明石書店、二〇一六
尾上健一『自主・平和の思想――民衆主体の社会主義を史上はじめてきずく朝鮮とその思想を研究し実践に適用するための日本と世界における活動』白峰社、二〇一五
小倉紀蔵『北朝鮮とは何か――思想的考察』藤原書店、二〇一五
小此木政夫編著『北朝鮮ハンドブック』講談社、一九九七
小此木政夫・徐大粛監修、鐸木昌之・坂井隆・古田博司責任編集『資料　北朝鮮研究I政治・思想』慶應義塾大学出版会、一九九八
黄長燁著、萩原遼訳『金正日への宣戦布告――黄長燁回顧録』文春文庫、二〇〇一
徐大粛著、古田博司訳『金日成と金正日――革命神話と主体思想』岩波書店、一九九六
徐大粛著、林茂訳『金日成』講談社学術文庫、二〇一三
鐸木昌之『北朝鮮　首領制の形成と変容――金日成、金正日から金正恩へ』明石書店、二〇一四
和田春樹『北朝鮮――遊撃隊国家の現在』岩波書店、一九九八
和田春樹『北朝鮮現代史』岩波新書、二〇一二

大韓民国の思想

尹健次『現代韓国の思想――一九八〇―一九九〇年代』岩波書店、二〇〇〇
大西裕『先進国・韓国の憂鬱――少子高齢化、経済格差、グローバル化』中公新書、二〇一四
小倉紀蔵編著『現代韓国を学ぶ』有斐閣選書、二〇一二
韓培浩著、木宮正史・磯崎典世訳『韓国政治のダイナミズム』法政大学出版局、二〇〇四
木宮正史『韓国――民主化と経済発展のダイナミズム』ちくま新書、二〇〇三
木村幹『韓国における「権威主義的」体制の成立――李承晩政権の崩壊まで』ミネルヴァ書房、二〇〇三

崔章集著、中村福治訳『韓国現代政治の条件』法政大学出版局、一九九九
白楽晴著、李順愛・文京洙・鄭章淵・朴一訳『朝鮮半島統一論』クレイン、二〇〇一
真鍋祐子『烈士の誕生――韓国の民衆運動における恨の力学』平河出版社、一九九七
モシムとサリム研究所、大西秀尚訳『殺生の文明からサリムの文明へ』神戸学生青年センター出版部、二〇一四
李榮薫著、永島広紀訳『大韓民国の物語――韓国の「国史」教科書を書き換えよ』文藝春秋、二〇〇九

原典の日本語訳

一然著、金思燁訳『完訳　三国遺事』明石書店、一九九七
大村益夫・長璋吉・三枝壽勝編訳『朝鮮短篇小説選』上・下、岩波文庫、一九八四
覚訓著、小峯和明・金英順編訳『海東高僧伝』平凡社東洋文庫、二〇一六
韓龍雲著、安宇植訳『ニムの沈黙』講談社、一九九九
伝　許筠著、野崎充彦訳注『洪吉童伝』平凡社東洋文庫、二〇一〇
姜沆著、朴鐘鳴訳注『看羊録――朝鮮儒者の日本抑留記』平凡社東洋文庫、一九八四
金九著、梶村秀樹訳注『白凡逸志――金九自叙伝』平凡社東洋文庫、一九七三
金仁謙著、高島淑郎訳注『日東壮遊歌――ハングルでつづる朝鮮通信使の記録』平凡社東洋文庫、一九九九
金素雲訳編『朝鮮民謡選』岩波文庫、一九三三
金素雲訳編『朝鮮童謡選』岩波文庫、一九三三
金素雲訳編『朝鮮詩集』岩波文庫、一九五四
金富軾著、金思燁訳『完訳　三国史記』明石書店、一九九七
金薫著、蓮池薫訳『孤将』新潮社、二〇〇五
呉知泳著、梶村秀樹訳注『東学史――朝鮮民衆運動の記録』平凡社東洋文庫、一九七〇
洪大容著、夫馬進訳注『乾浄筆譚――朝鮮燕行使の北京筆談録』1・2、平凡社東洋文庫、二〇一六・二〇一七
崔碩義編訳注『金笠詩選』平凡社東洋文庫、二〇〇三
申維翰著、姜在彦訳注『海游録――朝鮮通信使の日本紀行』平凡社東洋文庫、一九七四

申在孝作、姜漢永・田中明訳注『パンソリ――春香歌・沈晴歌他』平凡社東洋文庫、一九八二
趙義成訳注『訓民正音』平凡社東洋文庫、二〇一〇
月脚達彦訳注『朝鮮開化派選集――金玉均・朴泳孝・兪吉濬・徐載弼』平凡社東洋文庫、二〇一四
野崎充彦編訳注『青邱野談――李朝世俗譚』平凡社東洋文庫、二〇〇〇
朴殷植著、姜徳相訳注『朝鮮独立運動の血史』全二巻、平凡社東洋文庫、一九七二
朴趾源著、今村与志雄訳『熱河日記――朝鮮知識人の中国紀行』全二巻、平凡社東洋文庫、一九七八
李光洙著、波田野節子訳『無情』平凡社、二〇〇五
李重煥著、平木實訳『択里志――近世朝鮮の地理書』平凡社東洋文庫、二〇〇六
李舜臣著、北島万次訳注『乱中日記――壬辰倭乱の記録』全三巻、平凡社東洋文庫、二〇〇〇・二〇〇一
李退渓著、難波征男校注『自省録』平凡社東洋文庫、二〇一五
李弥勒著、平井敏晴訳『鴨緑江は流れる――日本統治を逃れた朝鮮人の手記』草風館、二〇一〇
李陸史著、安宇植訳『李陸史詩集』講談社、一九九九
柳成竜著、朴鐘鳴訳注『懲毖録』平凡社東洋文庫、一九七九

＊北朝鮮の金日成、金正日の著作は、全集、著作集、著作選集などの形で日本語版が何種類か出版されている。またテーマ別で白峰文庫からシリーズ化されて刊行されている。金正恩の演説集などは、以下のものがある。
『金正恩著作集』白峰社、二〇一四
『金正恩著作集2』白峰社、二〇一七

人名索引

（＊は近代以降の研究者／朝鮮人名の読みは朝鮮語読み）

あ行

か行

さ行

た行

な行

は行

ま行

や行

ら行

わ行

ちくま新書
1292

朝鮮思想全史《ちょうせんしそうぜんし》

二〇一七年一一月一〇日　第一刷発行

著　者　小倉紀蔵（おぐら・きぞう）

発行者　山野浩一

発行所　株式会社 筑摩書房
東京都台東区蔵前二-五-三　郵便番号一一一-八七五五
振替〇〇一六〇-八-四一二三

装幀者　間村俊一

印刷・製本　株式会社 精興社

乱丁・落丁本の場合は、左記宛にご送付ください。
送料小社負担でお取り替えいたします。
ご注文・お問い合わせも左記へお願いいたします。
〒三三一-八五〇七　さいたま市北区櫛引町二-六〇四
筑摩書房サービスセンター　電話〇四八-六五一-〇〇五三

ISBN978-4-480-07104-0 C0210

ちくま新書

990 入門　朱子学と陽明学　小倉紀蔵

儒教を哲学化した朱子学と、それを継承しつつ克服しようとした陽明学。東アジアの思想空間を今も規定するその世界観の真実に迫る、全く新しいタイプの入門概説書。

1043 新しい論語　小倉紀蔵

『論語』はずっと誤読されてきた。それは孔子をシャーマンとして捉えてきたからだ。アニミズム的世界観に基づく新解釈を展開。東アジアの伝統思想の秘密に迫る。

953 生きるための論語　安冨歩

『論語』には、人を「学習」の回路へと導き入れる叡智がある。その思想を丁寧に読み解き、ガンジー、サイバネティクス、ドラッカーなどと共鳴する姿を描き出す。

906 論語力　齋藤孝

学びを通した人生の作り上げ方、社会の中での自分の在り方、本当の合理性、柔軟な対処力――。『論語』の中には、人生に必要なものがすべてある。決定的入門書。

877 現代語訳 論語　齋藤孝訳

学び続けることの中に人生がある。――二千五百年間、読み継がれ、多くの人々の「精神の基準」となった古典中の古典を、生き生きとした訳で現代日本人に届ける。

1079 入門　老荘思想　湯浅邦弘

俗世の常識や価値観から我々を解き放とうとする「老子」と「荘子」の思想。新発見の資料を踏まえてその教えをじっくり読み、謎に包まれた思想をいま解き明かす。

1099 日本思想全史　清水正之

外来の宗教や哲学を受け入れ続けてきた日本人。その根底に流れる思想とは何か。古代から現代まで、この国のものの考え方のすべてがわかる、初めての本格的通史。